문학의 쓸모

문학의 쓸모

인쇄 2010년 2월 5일 | 발행 2010년 2월 10일
지은이 · 김성렬 | **펴낸이** · 한봉숙 | **펴낸곳** · 푸른사상사
등록 제2-2876호
주소 서울시 중구 을지로3가 296-10 장양B/D 7층
대표전화 02) 2268-8706(7) | **팩시밀리** 02) 2268-8708
메일 prun21c@yahoo.co.kr / prun21c@hanmail.net
홈페이지 www.prun21c.com

@ 2010, 김성렬

ISBN 978-89-5640-736-4 93810

값 17,000원

☞ 21세기 출판문화를 창조하는 푸른사상에서는 좋은 책을 만들기 위해 노력하고 있습니다.
저자와의 합의에 의해 인지는 생략합니다.

이 도서의 국립중앙도서관 출판시 도서목록(CIP)은 e-CIP 홈페이지(http://www.nl.go.kr/cip.php)에 서 이용하실 수 있습니다. (CIP제어번호 : CIP2010000254)

문학의 쓸모

김성렬 비평집

푸른사상
PRUNSASANG

문학의 쓸모 | 머리말

  책 제목이 '문학의 쓸모'여서 요즘 흔히 거론되는 문화 컨텐츠 운운의 실용적 논의에 초점을 맞춘 책인가 하는 분이 있을지도 모르겠다. 물론 이 책은 그런 책이 아니다. 그러면 그 반대쪽에서 문학이 가진 무용의 용에 주목하여 문학예술의 미적인 초속성超俗性과 그 위안을 말하려는 것이냐 한다면 그런 것도 아니다. 이 책이 말하는 문학의 쓸모는 후자 쪽에 더 가깝겠지만 그것의 현실적 무중력성을 문제 삼는다.

  새로운 세기를 맞은 이후 약 10년 간의 우리 문학을 돌아보건대 그 간의 문학은 위에서 말한 문학의 두 가지 역능 중에서도 후자 쪽, 즉 문학예술의 유미적이며 초속적인 성향에 심히 몰두해 온 듯하다. 이러한 경향은 정확히 말하면 1990년대 중반부터 생기기 시작하여, 젊은 작가들을 중심으로 파괴/해체/초속의 위반을 즐기는 경향이 심화되어 왔다. 위반과 월경越境이 주된 흐름이 되자 어떤 경우 분열적 자기의식의 무한증식에 빠져 자폐적이고 자위적인 공상의 경지에 몰두하는 경우조차 드러내고 있는 것이 지난 10여년의 문제적 양상이다.

  우리 문학이 이러한 양상을 드러내게 된 저간의 사정은 김윤식 교수가 잘 지적한 것처럼 '80년대의 '우리는 인간이다'란 명제가 '90년대의 '우리는 벌레다'라는 명제로 전환된 데 잘 요약된다. 1980년대 말 동구 공산권과 소련의 붕괴 이후 우리 사회의 민주화 및 탈산업화, 자본주의제의 단독질주를 경험하면서 우리는 인간성 속에 자리한 음습한 욕망과 승인하기 힘든 모순을 정면으로 마주친 바 있다. 그리하여 우리의 절망과 환멸이 불러 낸 냉정한 자연주의는 발터 벤야민이 말한 '자본주의 이후의 세상은 지옥'이라는 그 지옥 속에서 우울증과 자폐증에 걸린 인간을 즐겨 그리거나 환멸스런 현실에 대한 공격을 일쑤 일삼아 온 것이다. 이 와중에 우리 문학 스스로도 이러한 신경증에 사로잡힌 감이 있는데 이를 의식하지 못하고 계속 파괴와 해체에 골몰하거나 현실과 환상을 구분치 못한 채 자위적 공상에만 들메어 있는 것은 바람직하지 않다는 것이 나의 판단이다.

문학은 종교에 못지않게 초속을 꿈꾸지만 그러한 열망에도 불구하고 이 세속을 버리지 못하고 비천한 세상 위를 낮게 나는 것, 달리 말하면 출세간에서 출출세간의 경계로 회귀하는 것, 또 달리 말하면 성聖과 속俗의 경계선 상에서 지둔하고 어리석게 꿈틀거리면서도 그 지양을 모색하고 실천하는 것이 문학의 쓸모라는 것은 나만의 생각이 아닐 것이다. 문학에 몸담은 우리는 그러므로 인간성의 모순과 존재의 불모성을 자각하면서도 더 나은 세계를 꿈꾸고 그 꿈의 실천을 위해 문학하는 행위로써 참여해야 한다. 나는 이 지점쯤에서 우리가 문을 재도載道의 한 방편으로 이해했던 선조들의 후손임을 기억하는 일이 필요하다고 본다. 물론 오늘의 문학은 두말할 것도 없이 그때의 문文과는 다르지만 요컨대 우리는 문장으로 경세經世와 지지至知를 성취한 DNA를 몸속에 간직하고 있는 후예들인 것이다. 논리적 교착이 엿보이는 알랭 바디우의 사도 바울론과 아감벤의 메시아주의를 굳이 거론하면서 시대와 역사에 대한 참섭의 정당성을 증거 해야 할 필요가 무엇이겠는가. 문학하는 이치고 세상사에 대한 고민과 가르침에 대한 열정이 없는 이는 없을 것이다. 인간성 속에 이미 숱한 모순이 내재하고 그 인간이 주시하고 만드는 세상이 모순투성일 수밖에 없다는

문학의 쓸모

것을 인정하지만 그런 만큼 우리의 참여가 필요하고 참여와 개선을 기하는 인간 누구나가 바람직한 세상, 올바른 세상이 무엇이라는 생각에 일정 정도의 공통분모는 반드시 있다. 이 공통분모로 세상도 변화시키고 문학도 겸하여 변해 가는 것이다.

  새로운 십년이 시작하는 올해 신춘문예의 경향이 사람들 사이의 따뜻한 연대와 어려운 삶 가운데서의 희망을 모색하는 작품들이 주를 이룬다는 전언을 보았는데 나의 판단이 전혀 그른 듯하지 않아 위안을 얻는다. 이 책의 제1부는 '문학의 쓸모'를 나름으로 탐색하고 그것을 현장의 문학에 적용한 글들이다. 이 글들에서 파괴와 자학의 정조에 잠긴 우리 소설들을 문제 삼고 문학의 진정한 위안에 대해 거론하였다. 제2부는 문예창작학과의 교수로 학생들을 가르치면서 더 나은 문학교육을 위해 고심하고 모색하는 중에 나온 아이디어들을 정리한 글들이다. 이 글들도 문학의 진정한 쓸모를 고심하는 모색의 연장선상에 놓여있다. 제3부는 근현대 작가 중 난해한 작가로 지목되는 몇 명의 작가들에 대한 이해를 돕고 새로운 해석을 기하고자 한 글들이다.

  그동안 쓴 글들을 모으다 보니 나의 게으름으로 진작 책으로 묶었어야 할 글을 이제야 낸다는 자괴를 금치 못하겠다. 굴곡이 심한 삶을 경과하다 보니 '90년대에 쓴 글들도 한 권 분량이 될 터인데 때를 놓쳐 그럴 기회를 잃어버린 것이 아쉽다. 그 중에 정 빠뜨리기 아쉬운 것들은 이 책에 묶었다. 글 쓴 시기가 제법 되어서 읽고 이해하기에 혹 난관을 초래할 글이라 짐작되는 경우는 그 시기들을 밝혀 두었다. 그렇지 않은 글들은 본문 중에 쓰인 시기가 짐작될 만한 내용들이 포함되어 있는 경우이다.

나의 글들을 보니 새삼 내가 배운 스승들이 떠오른다. 프린스턴에서 독문학을 하신 석학인 신일희 현 계명대 총장님, 조동일 선생님, 남기심 선생님, 임형택 선생님, 김흥규 선생님—세상의 바닥으로 떨어지자는 심정으로 입학한 계명대학교에서 나는 문학이나 어학 분야의 기라성 같은 은사를 만나는 행운을 누렸다. 고려대 대학원에서 만난 은사들에게서도 또한 많은 가르침을 입었지만 나의 사유의 뼈대와 글쓰기의 방식은 이런 분들로부터의 배움으로부터 굳어진 듯하다. 교내에 사택이 있어 스승들을 쉬이 뵐 수 있는 행운을 누렸는데 그런 기회를 통해 가르침과 연구에 몰두하는 스승들의 일상조차도 염탐(?)했던 나는 무례한 행운아였다. 그 분들의 발끝에 미치지도 못할 학자가 되어 있음이 부끄럽고 성취도 턱이 없지만 그 분들에게 배운 고마움은 새삼 표하고 싶다.

　나의 학문이 계속 이어질 수 있도록 해주고 이 책의 발간까지도 지원해준 대진대학교에 감사를 표하지 않을 수 없다. 그리고 어려운 시기에 출판을 선뜻 허락해 주신 푸른사상사의 한봉숙 사장님, 보기 좋은 한 권의 책으로 만들어준 김세영 선생님과 편집부의 다른 분들께도 고마움을 전한다. 마지막으로, 나와 고락을 같이 하며 한결같은 마음으로 나를 도와온 아내, 자기 몫을 잘하며 건강하게 잘 자라주는 아들 동린이에게도 고마움을 전한다.

2010년 1월, 연구실에서
저자 씀

문학의 쓸모 | 차례

■ 머리말 • 5

제1부 한국문학의 바람직한 전개를 위하여

복수의 미학 — 한국 포스트모더니즘 문학의 한 형상 • 15
  1. 김영하의 『빛의 제국』으로부터 • 15
  2. 한국인에게 부재한 복수의 심성 • 16
  3. 내면을 상실 당한 자의 복수극 — 『빛의 제국』 • 18
  4. 복수극의 현재적 양상들 • 21
  5. 복수의 미학, 그 연원 • 23
  6. 복수의 미학을 넘어 • 24

신물나는 환멸, 환상, 해체 • 27

가족 소재 소설로 읽는 한국 근현대 소설의 과거·현재·미래 • 36
  1. 머리말 • 36
  2. 개념의 정의와 문제 분석의 틀 • 39
  3. 개화기와 일제 강점기의 아비들 • 42
  4. 1950년대 — 무능한 아비들과 훼손된 딸들 • 46
  5. 1960년대~1980년대 — 본격적 근대형성기의 아비들 • 48
  6. 1990년대 이후 — 일상 속으로 하강한 아비들과 사라진 남근 • 55
  7. 마무리를 대신하여 • 60

대중문학 60년의 자취와 전망 • 63

매니아 예찬 • 73

한국인의 애정관 — 문학 텍스트를 통한 통시적 고찰 • 82

차례

제2부 문예창작교육 – 무엇을, 어떻게

문예창작교육의 현황과 전망 • 103
  1. 문예창작학과의 정체성으로부터 • 103
  2. 창작교육 과연 가능한가 • 105
  3. 창작 기법과 교재 계발의 지속적 필요성 • 107
  4. 창작정신의 전수 방법 • 108
  5. 문학 환경의 변화에 따른 대응 문제 • 110
  6. 문학인의 자의식으로 • 114

문학과 문학교육, 무엇이 문제인가 • 117

디지털 시대, 독서의 의의와 교육 방법 • 129
  1 디지털 시대의 성격 • 129
  2. 디지털 환경이 파생시키는 문제 • 130
  3. 독서의 의의 • 134
  4. 독서교육의 방법(1) • 139
  5. 독서교육의 방법(2) • 142
  6. 맺는말 • 145

잘 쓰기를 원하는 분들에게 • 147

문학의 쓸모

제3부 근현대 작가론

성스러운 아비 되기의 근대적 성격 — 김승옥 론　　• 153
   1. 머리말 • 153
   2. 죄의식의 근원 • 156
   3. 성스러운 아비 되기의 사적史的 의의 • 162
   4. 위악의 변모 양상과 소설 세계 변모의 상관성 • 171
   5. 맺는말 • 177

완벽한 주체의 추구, 그 시대적 성격 — 장용학 론(1)　　• 179
   1. 머리말 • 179
   2. 자유에의 갈망과 매저키즘적 추동력 • 181
   3. 고결한 자아, 비속한 세계 • 186
   4. 사생아 의식의 함의 • 190
   5. 완벽한 주체의 추구, 그 시대적 성격 • 194
   6. 맺는말 • 198

부부재 의식의 궤적 — 장용학 론(2)　　• 200
   1. 머리말 • 200
   2. 장용학 문학의 정점 — 『원형의 전설』 • 202
   3. 『원형의 전설』 이후 • 212
   4. 맺는말 • 222

차례

솔직한 폐쇄, 그 성취와 위험 ─ 하일지의 『경마장…』 시리즈에 대하여 • 224

이해조 신소설의 재평가　　　　　　　　　　　　　　　　• 242
　　　─ 소설미학적 성취와 한계 및 그 연원에 대한 분석을 중심으로

  1. 머리말 • 242

  2. 이해조 신소설에 나타난 소설미학적 성취의 사례 • 245

  3. 구성 측면에서 본 이인직 신소설과의 비교 • 259

  4. 사실주의적 성취의 연원 • 262

  5. 범작 양산量産의 연원 • 265

  6. 맺는말 • 271

제1부
한국문학의 바람직한 전개를 위하여

복수의 미학
— 한국 포스트모더니즘 문학의 한 형상

1. 김영하의 『빛의 제국』으로부터

최근 들어 김영하의 『빛의 제국』을 일독했다. 이 책이 나온 것이 2006년 6월인데 그때 필자는 외국에 있었던 터라 뒤늦게 이 책을 잡게 되다.* 김영하의 작품은 웬만큼 따라 읽어온 셈인데 이번에도 그만이 구사할 수 있는 독특한 마력에 이끌려 영화보다 더 재미있게 읽었다. 그런데 이번에 그의 작품을 읽으면서 현재 우리 문학이 드러내는 중요한 한 경향이랄까, 창작을 추동하는 한 에너지랄까 하는 것이 '복수의 원념'에 있음을 깨닫는 중요한 계기를 얻었다.

사랑과 화해를 그 궁극의 지향으로 해야 할 문학이 복수심에 의해 추동되다니 이 무슨 소리인가. 『빛의 제국』의 중요한 한 캐릭터인 소지현이 자신의 문학관을 털어놓는 대목에 그 단서가 숨어 있다. 북한에서 남파되어 운동권에 스며들었다가 그의 직속상관이 숙청되는 바람에 끈 떨어진

---

* 이 글은 『시와 문화』 2007년 겨울호에 실린 것이다.

연격이 되어 남한 사회에서 그림자 같은 존재로 살고 있는 이 작품의 주인공 김기영에게 한때 운동권의 인연으로 계속 친분을 이어오는 소지현이 그의 속마음을 털어놓는 다음과 같은 대목.

"그런데 왜 우리나라 소설에는 그런 부분이 빠져 있는지 모르겠어. 집을 사수하는 이야기 말야. 얼마나 많은 사람들이 집과 가정을 강탈당하면서 사는데. 이를테면 요즘같은 신용불량의 시대에 수많은 남자들이 얼마 안 되는 빚 때문에 평생을 걸고 장만한 집이 남에게 넘어가는 걸 그냥 지켜보고만 있잖아. 왜 아무도 무기를 들지 않지?

왜 농성을 하거나 분신자살을 하지 않는 거지? 우리 대학 시절엔 잘 알지도 못하는 사람이 고문당했다고 궐기를 했는데, 그 사람들이 지금은 모두 한 집안의 가장으로서 이 시대의 중핵이 되어 살고 있는데, 왜 자기 집을 사채업자나 은행에 빼앗기면서도 무기력하게 당하고만 있을까?"

…(중략)…

"미국 서부영화를 보면 순 그 얘기잖아. 누군가 자기 집과 농장을 빼앗으면 죽을 때까지 저항하고, 그래도 안 되면 복수를 하잖아. <u>우리에겐 왜 복수의 문화가 없을까? 그렇게 심한 일들을 당하면서 왜 복수하는 얘기는 발달하지 않았을까?</u> 우리 소설 중에 복수를 다룬 소설, 형은 본 적 있어?"

"없는 것 같아. 그러고 보니 용서는 많이들 하는 것 같은데." (246면, 밑줄은 인용자)

중학교의 국어 교사이면서 소설가인 소지현이 털어놓는 이 대목은 한국문학의 현재적 전개양상을 이해하는 데 매우 의미심장한 단서를 제공한다. 아닌 게 아니라 한국문학에는 김기영이 동의하듯이 처절한 복수극이 없다.

2. 한국인에게 부재한 복수의 심성

설화에서부터 우리의 원형적 심성과 서구의 그것은 다르다. 서구의 경우 복수의 문화가 정립(?)되어 있다는 것은 이 사람들 설화의 원조격인 이디프스왕을 떠올리면 금방 납득이 될 일이다. 자신을 버린 부모를 죽이고 또 간음하는 이디프스, 패륜을 범한 이디프스를 다시 징치하는 운명(혹은 신). 프로이트가 그의 자연주의적 인간 통찰의 탁월한 소재로 삼은 이 비극에 복수를 기필코 실현하는 서구의 원형적 심성이 숨어 있다면 과언일까? 한국인의 원형적 심성을 잘 보여주는 것으로는 마침 요즘 황석영이 자기 소설의 원료로 삼은 바리데기 설화를 들 수 있다. 같이 버려진 신세인데도 바리는 어떠했는가? 자신을 버린 부모가 중병에 걸려 죽을 지경에 처했음을 알고 바리는 구간지옥을 가로질러 생명수를 구해 와 자신의 부모를 살려낸다. 같이 버려진 신세인데도 이처럼 결말이 다르다. 동양 삼국 중에서 중국은 과문하여 확언할 수 없으나 일본의 경우는 실제 역사적 사건인 충신장忠臣藏 이야기 같은 것을 되새겨 본다면 복수의 문화가 명백히 존재한다. 억울하게 죽음을 당한 주군의 복수를 위해 절치부심한 끝에 주군을 죽음으로 몰아넣은 자의 목을 베고 전원이 할복 자살한 47명의 사무라이 이야기가 그것인데 이 실화는 일본에서 영화, 가부키, 연극 등으로도 만들어져 세계적으로 알려져 있는 터이다. 이보다 더 참혹한 복수극도 있다. 자기 아이가 떡을 훔쳐 먹었다고 떡집 주인에게 혼나는 것을 보고 아이의 결백을 증명하기 위하여 아이의 배를 가르고 떡집 주인조차 그 자리에서 목을 날린 사무라이 이야기 같은 경우이다.

    우리에게는 이런 잔혹한 설화 혹은 사실의 내림이 없으니 복수극이 있을 수가 없는 것이다. 일제 시대를 경험한 세대들의 전언에 의하면 무사도에서 배태된 단기斷氣 정신을 숭앙하는 일인日人들이 '조선인들은 패해도 패했다고 승복하는 정신이 없다'고 했다지만, 그런 딸깍바리의 자존심이 오늘의 한국을 있게 한 원동력이 된 것을 그때의 일인들은 몰랐을 일이다. 이야기가 자꾸 가지를 치는데 이쯤하고, 어쨌거나 한국문학은 어떤 지난한 삶을 다루더라도 화해와 사랑이 작품의 결말을 이루거나 암시되면서 끝나는 경우가 대부분이라 할 수 있을 것이다.

3. 내면을 상실 당한 자의 복수극 —『빛의 제국』

그러나 복수는 요즘의 한국문학에는 다반사로 드러나는 모티프이다. 작중인물의 입으로 복수의 문학이라는 문제 제기를 한 『빛의 제국』부터가 복수는 작품의 탄생을 가능케 한 추동력으로 작용한다. 이 작품의 주인공 김기영은 자의와는 전혀 상관없이 외부 세계의 강압에 의해 남파 간첩이 된 인물이다. 주사파 운동권이 자생하던 1980년대 남한의 한 대학에 잠입하여 대학 운동권의 동태 파악 및 주체 사상의 은밀한 파급이라는 지령을 받고 대학 운동권으로 암약하던 그는 북에 있는 그의 직속상관이 숙청되자 남한 사회에 가정까지 일군 상태에서 사회적 정체성이 모호한 존재가 되어 버린다. 그런 상태로 보내기를 십여 년, 스물일곱 정도의 나이에 남파된 그는 하릴없이 남한 사회의 전형적 중년 남자가 되어 있다. 이런 그에게 갑자기 귀환하라는 북의 지령이 떨어지면서 그가 겪는 하루의 공황 상태와 혼돈이 이 작품의 중심 스토리 라인이다. 결국 그는 그를 면밀히 추적해 온 국가정보원에 자의반 타의반의 체포를 당하고 자신의 동료 스파이들을 몇 명 밀고해 주는 조건으로 자신의 일상 속으로 다시 복귀한다. 이런 결말에 이르러서야 김기영 자신도 이미 그런 방식으로 국정원에 밀고되어 있던 상태임을 알게 된다.

스파이—아니 간첩이란 게 우리에게는 더 실체감 있는 호명이지만, 이런 낯선 존재의 삶을 참으로 생생하게, 그리고 흥미진진하게 그려낸 것은 김영하가 처음이다(사실은 장용학의 『원형의 전설』에 나오는 '이장'이란 인물이 이런 인물로는 원조격이라 하겠으나 다소 관념적이어서 실감이 덜하다). 김영하는 어떤 연유로 이처럼 낯선 인물을 지금-여기로 불러내었을까? 『문학동네』, 2006년 겨울호에 서영채와 나눈 대담, 「내면없는 인간의 내면을 향하여」에 작가의 창작 동기가 의외로 솔직히 개진되어 있다. 간첩 이야기는 김영하적 발상임을 두말없이 인정하면서, 그러나 왜 하필 간첩인가를 묻는 서영채의 물음에 작가는 다음과 같이 답한다.

> 넓게 보자면 이 소설 역시 『검은 꽃』과 같은 궤도에 있는 소설입니다. 『검은 꽃』이 멀리 떠나서 유배되는 사람들의 이야기라면, 다시 말해 일종의 '비자발적 이민자'들의 이야기라면, 『빛의 제국』역시 서울로 '옮겨 심어진' 사람의 이야기거든요. 비록 같은 언어를 쓰는 같은 인종의 사람이 사는 세상이지만 실은 영원히 스며들 수 없는 삶으로 내던져진 사람의 이야기죠. 저 역시 그런 경험을 겪은 바 있습니다. 별다른 사전 정보 없이 대학에 들어갔는데, 들어가 보니 정말 딴 세상이었어요. 바깥세상과는 다른 노래를 부르고 다른 책을 보고 다른 옷을 입고, 여자들은 화장과 장신구를 하지 않고, 연애는 금지되어 있는, 그런 세계 안으로 던져진 거지요. 지금 이 소설을 읽는 이십대들은 그런 느낌을 잘 모르겠지만, 그 시기에 대학에 들어갔던 많은 평범한 학생들은 소설의 주인공 기영이라는 인물이 느낀 것과 거의 흡사한 기분을 느꼈을 거예요. 그런데다가 대학가는 86년, 87년, 88년, 89년, 한 해가 다르게 엄청난 변화를 겪었기 때문에 매년 새로운 세상이었어요. 어떤 팸플릿 하나에 대학의 이념적 지형이 바뀌어버리기도 하고 전체적인 투쟁의 방향이 달라지기도 했지요. 『빛의 제국』을 쓰게 된 중요한 동기 중의 하나도 이렇게 급변해 온 지난 이십 년, 제가 경험한 그 이상한 연대를 돌아보자는 것이었습니다. 그것은 작가가 된 이후 늘 품고 있던 생각이었습니다.
> ─『문학동네』, 2006년 겨울호, 104면

이 글에서 '옮겨 심어진' 자들이란 작품에서는 간첩으로 형상되지만,

실인 즉 1980년대라는 격랑의 시기 속에 내던져진 당시 젊음의 다른 이름인 것을 알 수 있다. 이들은 시대의 격랑 속에 내던져져 차분히 자신의 주체를 정립할 기회도 없이 역사와 시대의 대의를 위하여 격심한 투쟁의 나날을 보냈던 세대이다. 달리 말해 알 수 없는 운명에 의해 주체의 진로가 좌우된 그런 시기를 보낸 세대였다. 대담에 의하면 김영하는 임수경이 평양 축전에 참가했을 때 남학생 파트너로 선정되었다고 한다. 그러나 우연한 곡절로 그 계획이 무산되는 바람에 뉴스의 핵심 인물이 되지 못했고, 만약 그때 그곳에 참석했더라면 자기는 오늘날 작가는 되지 못했을 것이라는 흥미있는 비화를 털어놓는다. '내면없는 인간의 내면'이란 조어가 어떻게 성립된 것인가를 잘 알게 해주는 대목이다. 더구나 그가 겪은 90년대 이후도 서태지를 중심으로 한 반문화 담론과 철지난 유럽식의 저항 담론, IMF 사태에 의한 인간의 경제동물화 등의 격심한 변화로 점철된 시기이므로 내면을 차분히 바라볼 시대적 여건을 만날 수 없었음을 토로한다. 작가는 이 대담에서, 그러므로 '나는 속았다' 식이 아니라, '과연 지금껏 나를 구성했던 내용이 무엇인가, 과연 나는 그것을 알고 있는가'에 창작의 초점을 두었다고 말하고 있지만 위에서 소지현이 언명한 대로 자신이 거쳐온 시대에 대한 적개심 혹은 복수심이 이 작품을 더 강하게 추동한 것으로 생각된다. 김기영이 인식하는 이 세계는 르네 마그리뜨의 밤과 낮이 동시에 공존하는 초현실주의 그림인 '빛의 제국'과 같은 것이다. 속이고 속으면서 이유도 모른 채 세계에 휘둘리는 삶의 실상은 모순되고 상극되는 두 가지 요소가 기묘하게 공존하는 르네의 그림과 같은 것이라는 것이 김기영의 시각이자 작가의 시각이다. 작품의 결말이 불연속성과 비인과성이 초래하는 온갖 모순과 부조리를 덮어둔 채 평온한 일상을 반복하는 김기영의 아침으로 설정된 이유는 이 때문일 것이다. 그러므로 『빛의 제국』이 겨냥한 것은 기의와 기표가 일치하지 않는 이 세계의 불연속성과 비인과성, 그것이 초래하는 모순과 부조리의 삶 자체이다. 저마다 온갖 어두운 과거를 지닌 인물들이 나날의 삶에 뚜렷한 이유도 없이 추종하는 우울한 현실을 그린 이 작품은, 그러나 작가가 『나는 나를 파괴할 권리가 있다』를 펴내던 즈음 "영원히 변하지 않을 것 같은 시스템을 조소하고, 정치적 무관심을 적극적으로 옹호하며, 일하지 않을 권리, 게으를 권리를 찬양하고, 국가가 하는 모든 일을 저주하며, 죽어도 좋다고 생각하던 격렬하던 심사"(『나는 나를 파괴할 권리가 있다』, 2판 1쇄 「작가의 말」)에서는 많이 정제된 거리를 확보하고 있다 해야 할 것이다.

4. 복수극의 현재적 양상들

배신과 복수의 전사前史를 오늘의 우리 문학에서 훑어볼 때 제일 앞자리에 서는 것은 하일지의 『경마장 가는 길』일 것이다. 소련과 동구 공산권이 무너지던 1980년대 말이 지나자 바로 새 연대의 첫머리를 충격한 이 소설은 변심한 애인을 두고 사랑의 지속을 집요하게 요구하던 한 대학강사–지식인의 실연기라 할 만한 것이었다. 이 작품의 주인공 R은 학위논문까지 대필해 주며 사랑을 믿어 의심치 않았던 J에게 배신당하자 온갖 회유와 끈질긴 구애를 거듭한다. 그러나 이 작품의 결말은 R이 결말에 산사山寺를 돌면서 마음을 갈아 앉힌 끝에 소설가로 변신하는 정도에 이르는 것으로 그친다. '90년대 이후의 우리 문학이 불교 혹은 산사를 많이 등장시킨 것은(가령 신경숙, 은희경, 정영문, 윤대녕들의 소설이 그렇다) 이처럼 배신감을 가라앉히려는 하나의 방책으로 그것의 효용에 유의한 것이라 할 것인데, 어쨌든 하일지의 결말은 온건한 것이라 할 만 했다. 왜냐하면 '90년대 중반 이후로 접어들면서 배신감에 떠는 작중인물들은 유혈이 낭자한 채 죽음의 어두운 그림자와 함께 하는 인물들이 많았기 때문이다. 그 전조격의 작품은 역시 김영하의 『나는 나를 파괴할 권리가 있다』였다. 자살안내원이란 독특한 인물이 등장하여 죽음의 어두운 그림자를 우리의 곁에 앉힌 이 작품 이후 백민석의 『목화밭 엽기전』, 김경욱의 「누가 커트 코베인을 죽였는가」, 백가흠의 여러 단편들, 박형서의 「논쟁의 기술」 등에는 죽음과 폭력이 넘치며 선혈의 비릿한 냄새가 가득하다.

　백민석의 『목화밭 엽기전』은 우리나라에서 제일 살기 좋다는 과천을 하필 공간 배경으로 설정하여 스너프 필름을 찍기 위해 청소년들을 납치하고 살해하는 끔찍한 야수 한창림과 박태자를 등장시킨다. 그리고 이들의 직업 역시 공교롭게 대학강사와 과외교사이다. 겉으로는 멀쩡한 지식인이라 할 인물들이 벌이는 그로테스크한 살인 행각을 통해 작가는 인간이 과연 야수와 다를 것이 무엇이 있는가를 묻는다. 박형서의 「논쟁의 기술」만 해도 논쟁에 필요한 기술을 보여줄 것 같지만 의외로 작품은 마키아벨리식 상대 제압 방법을 나열하고 있으며 결말은 상대를 살해하는 것으로 맺고 있다.

　문학에서만 사정이 이랬던 것이 아니란 것은 영화판에서도 쉽게 확인할 수 있는 일이다. 멀리 갈 것도 없이 박찬욱 감독의 복수 삼부작 시리즈가 그것이다. '복수는 나의 것', '올드 보이', '친절한 금자씨' 등이 그렇지 않은가? 이 영화들은 합리적 법질서가 해결해 주지 못하는 복수를 사적 차원에서라도 해결해야 한다는 들끓는 복수심으로 가득 차 있고, 하여 화면은 끔찍한 폭력과 붉은 유혈로 낭자하다.

5. 복수의 미학, 그 연원

도대체 이러한 배신감과 복수의 스토리는 어디에서 연원한 것일까? 일차적으로는 기의와 기표가 일치하지 않는 이 세상의 불연속성과 비인과성에서 그 연원을 찾을 수 있을 것 같다. 특히 우리가 부동하는 가치로 믿어온 자유, 정의, 진리 등의 덕목들이 유동적이며 기의와 기표간의 미끄러짐이 유독 심하다는 데서 배신감이 유래한 것으로 추정된다. 김영하가 1980년대의 운동권에 가담했다가 그 이후의 시대 상황의 변화에 따라 경험한 열패감이 그 좋은 예가 될 것이다. 폭력과 유혈과는 거리가 있지만 이기호가 흙먹는 아이라는 황당한 이야기를 고안해낸 것도 그의 자전소설「갈팡질팡하다 내 이럴 줄 알았지」에서 드러내 보여주었듯이 중고교생 시절에 동네 폭력배들에게 여덟 차례나 구타당한 부당하고 우연한 경험에 기반한 것임을 유추할 수 있게 하는 점에서 기의와 기표의 미끄러짐에 좌절한 경우를 본다.

두 번째로는 1980년대에 유년시절이나 혹은 성장기를 보낸 1970년대생들의 애정 결핍증을 들 수 있을 것 같다. '80년대에 유년 시절이나 성장기를 가진 이들 세대는 정통성이 결여된 군사정권 하에서 양적 성장이 제일의 가치가 된 시대에, 일터로 나간 부모들과 떨어져 아파트먼트 키드가 되어 컬러텔레비전을 벗삼아 자란 세대들이다. 이들의 애정 결핍증과 컬러 TV로 표상되는 대중문화 경사성은 백민석의『헤이, 우리 소풍간다』,『내가 사랑한 캔디』들에 잘 각인되어 있다. 김경욱의「누가 커트 코베인을 죽였는가」는 드라마 속의 이야기를 실제 현실로 착각하고 드라마 안에서 배신녀로 나오는 탤런트를 추적하여 마침내 살해하는 편집적인 인물의 이야기이다. 그런데 편집증이란 어릴 적에 부모로부터 박대받았으나 이것의 발설을 금지당하여 무력감과 고립감을 경험한 이들에게서 드러나는 증상이란 점에서 애정 결핍증이 한 원인이다. 역시 그렇게 폭력적이라 할 수는 없지만 천운영의 데뷔작「바늘」도 어머니에게 버림받은 못생긴 여자 아이가 문신사가 되어 사람들에게 결핍된 힘, 동물적 파워의 상징물들을 그려주는 것으로 자신의 결핍을 대신하는 인물의 이야기인 점에서 애정 결핍증이 작중 인물을 움직이는 동력임을 알 수 있게 한다. 한때 우리 문학에 유행하다시피 했던 불륜 소재의 소설들도 이런 맥락에서 파악할 수 있다. 가령 전경린의『내 생에 단 하루뿐일 특별한 날』은 미흔이란 여주인공이 남편의 외도에 의해 그때까지 억눌려져 있던 열정이 촉발되어 다른 남자를 만나 불같은 사랑을 나눈 후에 파멸에 이르는 소설이다. 가정이 파괴되고 혼자서 외딴 소도시에 자리 잡은 이후 새로운 아침을 느끼는 미흔을 통해 작가는 여성 주체의 자기 발견과 재생을 보여주지만 남편의 외도를 알기 전까지 가정 밖에 몰랐던 여주인공이 그 이후 억압된 열정을 분출한다는 것에서 불륜의 동기가 남편(혹은 남편으로 대변되는 남자들 일반)의 불륜에 대한 반사적 충동-복수심에서 비롯한 것임은 부정할 수 없다. 시에서도 온갖 비속어와 욕설을 날 것 그대로 호출하여 아버지와 어머니를 절단하고 삶아버리기조차 하는 김민정의 경우는 기의와 기표가 일치하지 않는 시대의 복수심, 버림받은 자의 원념이 그녀의 시작詩作을 뜨겁게 달구는 원료로 짐작된다.

6. 복수의 미학을 넘어

우리는 지금까지 복수의 미학이 현재 우리 문학의 중요한 특질이 된 그 배경을 살펴 보았다. 그 중에서 두 번째 사항, 즉 부모로부터 버림받은 애정 결핍증이란 작가의 개인적 약력이나 작중 인물의 개인적 형상의 특징으로 환원시킬 일은 아니다. 위에서 언급했지만 요즘의 젊은 세대는 부모가 모두 일터로 나가버린 뒤 고립 속에서 성장하는 경우가 많은 만큼 이는 사회적 맥락으로 치환될 수 있는 하나의 시대적 신경증상이다. 버림받은 아이라는 것은 물신이 인간 욕망의 끝없는 확장을 주도하는 주재자가 된 시대, 경쟁이 사회 운용의 제1원리가 된 시대에 우리 서로가 서로를 버리고 그리하여 사랑이 메말라가는 우리의 시대 환경과 유비 관계를 이루는 하나의 상징적 현상이다. 배신감에 떨고 원념이 맺혀 희망보다는 절망에 쉽게 기울며 밝은 하늘보다는 더러운 시궁창에 시선을 쉽게 주며 폭력과 죽음의 악다구니에 골몰하는 복수의 문학이 우리 문학의 두드러진 현재적 양상이 되어 있는 것은 이런 이유 때문이다.

일상의 삶에서 우리는 진정성이 진정을 가장한 허위에 패퇴당하고 우연이라 할 밖에 없는 재앙에 의해 개인의 일상이 불행의 소용돌이 속에 말려들고 징벌되어야 할 자들이 오히려 포상되는 사례를 너무나 빈번하게 만난다. 이른바 인과응보는 하나의 풍문으로 화하고 있는 듯한 우울한 현실에서 울적한 마음은 폭력과 유혈이 질펀한 복수극에서 캠플 주사를 맞은 듯한 일시적 카타르시스를 얻을 수 있다. 필자의 경우도 지식인 세계의 이중성과 추한 욕망을 낱낱이 까발린 하일지의 『경마장 가는 길』이 나왔을 때 뜨거운 박수를 보낸 기억이 있다. 이러한 복수극들은 인간성 속에 내재한 추한 욕망과 허위성을 핍진하게 드러내 보여줌으로써 하나의 심리적 카타르시스 효과를 넘어 인간의 자기동일성에 대한 집념을 파괴하고 주체와 그것이 속한 시대를 반성케 하는 기능을 가진다. 이것이 복수극이 가지는 미학이다.

그러나 복수극이 이 정도의 인식과 방법적 성찰 하에 이루어진다면 다행이겠으되 그렇지 않은 작품도 문학이나 영화에서 넘치니 문제다. 폭력과 잔인성을 하나의 상업적 코드로 이용하려는 영화나 자신도 의식 못한 복수심으로 자폐적이며 자위에 가까운 작품들을 내놓는 듯한 작가도 제법 보이는 오늘의 현실은 비판받아 마땅하다. 그리고 개인 주체와 시대의 문제를 환기시키는 복수극들이라 하더라도 이러한 성찰을 가질 필요가 있다. 기표와 기의의 불일치가 포스트모더니즘의 철학적 근거가 되어 있음은 대개 동의하는 바인데, 우리는 기의와 기표의 불일치 또는 미끄러짐에만 주목하여 좌절하고 한탄하기만 할 것인가 하는 점이다. 비록 기의와 기표는 불일치하더라도 우리는 대화로써, 다시 말해 대화의 맥락 속에서 이들의 일치와 만남을 확인할 수 있다. 하버마스가 진작 주장한 바 있는 대화가 가진 이러한 효용과 가능성 때문에 우리는 시대와 역사에 기대를 가지는 것이다. 돌아보라. 갈지자 걸음을 걸어온 우리의 시대와 역사이지만 우리는 스스로를 성찰하고 역사를 의식하는 이들에 의해 더디지만 공동의 선과 행복이 실현되는 방향으로 시대와 역사를 변모시켜 왔다. 겨울의 노래만 부를 것이 아니라 봄의 노래도 불러야 하고 또 듣고 싶은 이유가 여기에 있다.

신물나는 환멸, 환상, 해체

1

　근래에 발표되는 우리 창작물들은 '환멸'을 그 주된 정조나 주제의식으로 내세우는 경우가 많다. 특히 젊은 작가들의 경우가 그렇다. 이들은 나이의 편차는 있지만 대체로 1970년대에 태어나 '80년대나 '90년대에 10대, 20대를 보낸 작가들이다. 가령 2001년 등단하여 활발한 창작을 하고 있는 백가흠의 소설 세계는 어둡기만 하다. 가학과 피학으로 점철된 폭력이 그의 첫 소설집인 『귀뚜라미가 온다』의 거의 모든 소설을 뒤덮다시피 하고 있다. 그의 소설에는 구원이 없다. 표제작인 「귀뚜라미가 온다」는 '능도'라는 조그만 섬에 사는 두 가족이 등장한다. 여자가 열 몇 살이 더 많은 연상녀 연하남의 관계인 횟집의 두 남녀는 동물적인 성행위를 일삼고, 베니어판으로 칸막이 한 옆집의 '달구 분식'의 사십 가까운 노총각인 달구는 술만 먹으면 자신의 노모를 폭행한다. 희망이라는 출구가 없어 보이는 이들의 삶은 '귀뚜라미'라는 귀여운 이름에 어울리지 않는 태풍의 내습으로 횟집 여자와 달구의 노모가 죽음을 당하는 것으로 끝난다. 「배꽃이 지고」라는 서정적인 제목의 단편도 실상은 '병출'이라는 정신박약자와 역시 정신박약자인 그의 아내 '개순'이가 과수원 주인에게 폭행당하며 착취당하는 삶을 그리고 있다. 과수원집 주인 남자인 중늙은이는 자기 아내조차도 늘 폭행하는 악한이다. 때리고 처참하게 맞으면서, 그리고 능욕당하며 사는 이들의 모습은 지옥도 그 자체이다.

2004년에 『세이렌』이란 단편집을 낸 오현종의 경우도 발이 참 예쁘다고 칭찬했던 사랑하는 남자가 떠났다고 해서 제 발목을 작두로 잘라버리는 여주인공을 등장시킨다. 엽기적이며 자학적인 폭력이 등장하고 있는 것이다.

연령대는 이들과 다르지만 최근에 주목받는 활동을 하고 있는 권여선의 경우도 「약콩이 끓는 동안」이란 단편에서 어둡고 절망적인 세계를 그린다. 사고의 원인이 무엇인지는 드러나 있지 않지만 하반신 마비의 사고를 당한 채 주위에 대한 의심, 증오, 자학을 일삼는 국악인 노교수, 이 아버지에 기대 자립의 염 없이 살아가면서도 자기들끼리 반목하는 두 아들, 불구가 된 노교수를 도와주느라 파견된(?) 여자 조교 — 이들의 삭막한 삶을 그리는 소설은 아무 죄 없는 여자 조교가 이 집에 들렀다 가는 중 교통사고를 당해 역시 사지마비를 당하는 불행을 그리는 것으로 끝난다.

참으로 우울하고 어두운 세계들이다. 그러나 거론한 작가들의 경우는 그나마 요즘 유행하는 환상성은 덜한 편이다. 박민규, 김경욱, 손홍규, 천명관, 박형서, 조하형 등 연령대와 관계없이 요즘의 작가들은 또한 환상성을 소설의 주된 재료로 활용하는 것이 특징이다. 손홍규의 「갈 수 없는 여름」은 주인공이 자신이 도려낸 또르르 흘러내린 눈알을 다시 집어넣는 장면을 등장시킨다. 이쯤 되면 박민규가 자신의 모든 귀찮고 즐겁고 슬픈 것들을 냉장고에 집어넣었다가 '카스테라'로 변형시켜 내놓는 것은 약과이다. 이기호는 어린 시절 방공호에 갇힌 경험으로 흙을 파먹기 시작하여 흙요리를 계발해내는 주인공을 등장시키기도 하고, 천명관은 세상에 태어났을 때 이미 칠 킬로그램이다가 열네 살이 되기 전에 백 킬로그램을 넘어선 여성 자이언트 춘희의 일생을 사실적 시공간과 이야기 전개의 필연성 따위는 아예 무시한 채 환상의 자가증식이라 할 방법으로 방대한 장편을 그려내기도 했다.

이들이 활용한 환상은 어떤 측면에서 리얼리즘적 수법보다 현실의 리얼리티를 포착하는 데 더 효과적이라는 평가를 때로 받기도 한다. 하지만 이기호, 심윤경, 백가흠, 오현종, 손홍규 등의 젊은 작가들과 허물없는 선후배소설가의 입장에서 대화를 나눈 박범신의 토로처럼 '소설이 재미가 없다. 이런 방향으로 가면 소설과 독자 사이의 불화가 필연적일 수 밖에 없다'는 지적이(『박범신이 읽는 젊은 작가들』, 131면) 우리에겐 더 큰 설득력으로 다가온다.

'해체'는 이들 작가들이 요즘 모두 착용하는 현실 파악의 한 안경이지만, 요즘의 대표적 해체는 가족 해체이다. '90년대에 불륜 소재를 억압받는 여성들의 비상飛翔의 한 방식으로 활용하던 여성 작가들은 요즘 들어 가족 해체를 마치 시대의 이슈처럼 내거는 형국이다.* 윤성희, 강리나, 천운영, 김애란 등은 기존의 가족 개념에 강한 회의를 표시하며 '홈 홈 스위트 홈'이란 구호가 실은 초기 자본주의 중산층들이 조작한 허구적 개념임을 즐겨 폭로한다. 윤성희의 경우는 저마다의 사연으로 깨어진 집을 뛰쳐 나온 인물들이 새로운 가족을 만들어 나름의 노동으로 먹고 살면

---

* 가족 해체, 붕괴 등에 몰두하는 최근 소설의 창작 경향과 그 기원, 극복의 방안 등에 대해서는 이 책의 「가족 소재 소설로 읽는 한국 근현대 소설의 과거·현재·미래」를 참고할 것.

서 그 중에 제일 막내라 할 여고생을 학교에까지 보내주는 대안가족의 형태를 「U턴 지점에 보물을 묻다」란 단편에서 선보이기까지 한다.

2

그러나 이런 작품들은 대개 절절한 현실성―리얼리티를 느끼기 어렵다는 점에서 독자를 소외시키고 있다는 지적을 피하기 어렵다. 그렇게 포악한 인간만이 우리가 사는 세계의 일원인가, 냉장고에 집어넣은 세상의 희로애락이 카스테라로 변신한다는 것은 결국 알레고리에 불과한 우화적 기법이 아닌가, 혈연으로 이루어진 가족도 저마다의 갈등으로 시끄러운데 남남으로 뭉친 새로운 가족이 과연 가족 해체의 대안이 될 수 있겠는가 등으로 그들이 제시하고 만들어낸 세계는 공감을 같이 하기가 어렵다.

요즘의 영화들도 그렇다. 컴퓨터 그래픽의 발달에 힘입어 요즘 영화들은 온갖 활극, 기기묘묘한 장면들을 펼쳐 보여주지만 모두 만화 같기만 해서 요즘의 영화들에서 일말의 카타르시스를 느끼기는 참으로 어렵다. 아예 판타지를 내세운 『반지의 제왕』 같은 경우는 그나마 그러려니 하고 결말을 알기 위해 세 편 모두를 보았지만 『해리포터』 시리즈는 이제 더 이상 관람 의욕을 자극하지 않는다. 사실적 구성으로 된 스릴러인가 하고 본 「데자뷰」란 영화도 시간을 거슬러 올라가서 이미 지나간 시간을 되돌려 놓는다는 허황한 스토리에 지나지 않았다.

왜 문학은 환멸로부터 비롯한 환상, 해체에 기울고 있으며 대중예술인 영화 또한 환상에만 자꾸 기대려는지를 분석하는 것은 어렵지 않다. 그 연원을 파악하는 데는 멀리 갈 것도 없다. 요즘 우리들의 보편적 상식과 감각을 뒤집어 놓는 탈레반들의 인질극과 같은 것이 그 연원의 대표적 사례이다. 종교적 극단주의에 몰입하여 무고한 사람들을 자신들의 정치적 이해관계의 볼모로 삼는 탈레반에게서 우리는 종교란 무엇인가를 다시 묻는다. 이라크가 테러의 배후라는 거짓된 정보로 이라크를 침공하여 한 나라, 나아가 온 세계를 혼돈과 불안 속에 몰아넣고 있는 부시 대통령의 근본주의 기독교란 것도 우리를 혼란스럽게 하기는 마찬가지다. 그리하여 마침내 요즘 화제를 모으는 리처드 도킨스의 『만들어진 신』이라는 책까지를 접하게 된 우리들이다. 1980년대 말 사회주의 국가들의 붕괴로 인간 내부의 모순과 욕망을 직시하게 된 이후로 신자유주의 이데올로기의 등장과 함께 급속하게 진행되고 있는 세계화―자본주의제의 전지구화라는 현상 앞에서 우리가 느끼는 절망과 좌절감은 마침내 그동안 기피되어 온 '신은 없다'라는 명제가 과학적으로 주장되는 이 현실 앞에서 신선한 충격조차 얻지만 그러나 암담함은 더해진다.

그러니 부르조아 모더니티에 맞서 절망과 좌절―환멸 그 자체라는 미적 모더니티를 내세우는 요즘의 작가들을 이해 못할 바는 아니다. 그리고 또 한편으로, 우리가 사는 지구로부터 수백 광년 떨어진 곳에 있는 은하계들이 대충돌을 하여 우리 은하보다도 열 배는 더 큰 규모의 은하계가 생겨날 것이라는 알지 못할 우주의 신비도 접하고 보면, 박범신이 대화한 젊은 작가들이 거의 이구동성인 듯이 답하는 '요즘 우리 사는 세계가 너무 복잡하고 다단해서 뭐가뭔지를 일도양단할 수 없지 않냐'는 발언도 이해가 된다. 박민규가 그의 『핑퐁』에서 우주의 별은 무한하고 신비하게 반짝이고 지구에서는 온갖 학살, 폭력이 일어나고 있는 현실을 두고 '그래서 우리더러 어쩌라는 말이냐'라는 자조적인 대화를 내뱉고 있음도 이쯤에서 이해되는 일이다.

그러나 그렇다 하여, 아니 오히려 그러므로 우리는 문학과 예술의 한

기능인 위안의 기능을 포기할 수는 없는 일 아닌가? 다 알다시피 예술은 한 철의 노동과 시련을 보낸 후 얻은 수확물들을 두고 페스티발을 벌인 데서 유래한 것이다. 삶의 어려움과 고단함을, 혹은 부박함과 건조함을 디오니소스적 몰입과 황홀로 씻어버리고자 한 데서 예술이 기원한 것임은 우리가 다 알고 있는 사실이다. 예술이 우리에게 주는 인식기능은 요즘의 문학, 심지어 대중예술인 영화조차가 우리에게 충분히 발휘하고 있는 터이나 다른 한 축인 위안 혹은 재미의 기능은 거의 무시되고 있는 것이 아닌가 하는 것이 문학·문화의 한 주류를 이루는 흐름에 대한 나의 판단이다.

3

사람이 살다 보면 삶을 억누르는 여러 계기들이 있어 울적함, 분노 등에 빠지는 경우가 다반사이다. 이럴 때 사람들은 한 권의 소설책이나 시집을 찾고 영화관도 찾는다. 그런데 그렇게 찾아든 책이 혹은 영화가 더 어둡고 컴컴한 세계만을 보여주거나 이해하기 어려운 환상 또는 만화 같은 환상만을 보여준다고 할 때 수용자의 마음이 어떠할까? 환멸에 대한 환멸밖에 남지 않을 것이다.

얼마 전 개인적으로 울적한 일이 있어서 시간이나 죽일 양으로 DVD 대여점에 들러 아무런 기대없이 「그 여자 작사, 그 남자 작곡」이란 영화를 빌려 왔다. 그런데 그 영화가 의외로 재미있었을 뿐만 아니라 영화의 주제가 울적한 마음을 위무해 주기까지 하는 것이었다. '80년대에 한때 잘 나가던 가수이던 휴 그랜트가 폭발적 인기를 얻고 있는 신세대 아이돌 가수로부터 새로운 곡을 가져오면 자기와 같이 공연해 주겠다는 파격적 제안을 받는 것으로 영화는 시작되는데, 여기에 우연히 개입한 드루 베리모어가 작사를 한 것이 아이돌 가수에게 어필하여 휴 그랜트는 재기의 기회를 얻게 되고, 그런데 작사자의 원래 의도와는 상관없는 엉뚱한 곡을 붙인 아이돌 가수 때문에 드루 베리모어는 이를 거부하려 하고, 한물간 가수 휴 그랜트는 어떻게든 채택되어 보려고 여자와 갈등을 벌이고…. 이런 이야기다. 이야기는 로맨틱 코미디의 정석을 걷지만 필자가 여기서 어떤 위안을 받았는지는 일일이 다 밝히고 싶지는 않다. 다만 한 가지 이 영화에서 기억에 남는 에피소드－신세대 아이돌 여 가수가 휴 그랜트에게 곡을 맡긴 이유가 그럴 법하다는 것. 섹시한 춤을 불교적 열반과 관련시켜 교묘한 대중적 아이템을 계발한 이 신세대 인기가수는 자기가 어린 시절 부모가 이혼을 했고 그 울적하던 시기를 휴 그랜트의 노래가 있어 그 시기를 견딜 수 있었다는 이유로 그에게 곡을 의뢰하게 되었다는 것이다.

예술이란 것이 이런 정도의 위무적 성격을 가지고 있다는 것은 누구나 인정할 만할 사실일 것이다. 지금 문단에서 혹은 예술계에서 활발한 활동을 하고 있는 이들 중에서도 한때 힘들었던 자신의 삶을 위안해 준 문학 혹은 영화 때문에 그 길로 접어들게 되었다는 이면사 같은 것은 우리가 종종 접하는 고백들이다.

그런데 지금 젊은 작가들이 내놓는 문학, 혹은 대중적 상업 영화들이 우리에게 이런 기능을 다하고 있는 것인가를 묻는다면 여기에 자신 있게 답할 수 있을는지? 물론 문학의 경우 값싼 위안을 전면에 앞세우고자 한다면 그것은 통속문학에 지나지 않을 것이고 문학은 우리의 삶이 왜 고단하고 아프며 힘든 것인가를 성찰적으로 제기하는 것이 그 본분이다. 그러나 그렇다 하더라도, 동연배의 젊은 비평가마저도 자기 연배의 작가의 작품을 읽으며 그들의 문제성을 인정하는 일면으로 요즘의 젊은 작가들이 일상적 소통의 장을 잃어버린 채 세속적 생활세계 자체를 거부하는 채로 살아간다면 그것이야말로 또 다른 악몽이 아닐까고(정여울,「가족 담론의 해체 VS 문학의 카오스」,『문예중앙』, 2006년 여름호) 회의를 표명하는 것을 본다면 요즘 젊은 작가들이 독자를 소외시키고 심지어 정떨어지게 만드는 일면이 있음은 분명하다.

  그런데 원로 작가인 박범신이 한참 후배격인 젊은 작가들과 대화를 나눈 기록에서 재미있는 것은 2000년 전후에 등단하여 요즘 막 자신의 존재를 알리는 젊은 작가들 중에 전업작가가 많다는 사실이다. 연봉으로 친다면 오륙백만원, 기껏해야 천만원 정도를 벌면서도 전업을 자처하고 있는 젊은 작가들에게, 자신의 세대는 문학에 몰두하기 전에 모두들 우선 먹고 살 것이 급선무였다고 진솔한 회고담을 들려주는 박범신에게 마음의 박수로 공감한 필자는 이것은 어쨌거나 특이한 문학사회학적 요인이라는 인상을 강하게 받았다. 실상, 요즘 젊은 작가들의 창작 배경에 빈부의 양극화 현상이 한 중요한 요인으로 작용하며, 가난으로 고립되고 소외된 작가들이 자신의 단자적 개별성을 극단으로 밀고나감으로서 그것이 거꾸로 타자와의 소통을 가능케 한다는 지적이 이미 있기도 했다(심진경,「미저러블 개인주의, 단자 윤리의 생태학」,『문예중앙』, 2006년 봄호). 그러나 좀 더 엄밀한 진단이 따라야 하겠지만 요즘의 작가들은 '90년대 중반 이후 김영하가 대표적으로 선보인 '급진적 허무주의'의 자장 속에서 아직도 자유롭지 못하고 무의식 중에 그것을 시류로 받아들이고 있는 것은 아닌가 하는 혐의도 필자는 강하게 갖는다. 요컨대 교환가치가 판을 치는 이 시기에 더욱 주변으로 밀려난 젊은 창작가들이 속도의 경쟁에 반발하면서 요즘은 먹을 것이 부족하여 궁궁하는 판은 아닌 마당에 왜곡된 개인주의나 나르시즘에 빠져 자신들의 환멸을 더욱 엽기적이고 폭력적으로 혹은 관념적으로 내놓는 것은 아닌가 하는 생각도 해보는 것이다.

요즘 젊은 작가들에 대한 사념이 이러하던 판에 황석영이 내놓은 『바리데기』를 재미있게 읽었다. 대가의 솜씨라 할까, 북한·중국·영국 등 세계를 무대로 하여 파란곡절한 삶을 펼쳐가는 '바리'의 삶이 우리의 삶을 다시 한 번 돌아보게 만들고 삶의 진정한 생명수를 구하는 일은 어떻게 가능할까를 숙고하게 하는 힘을 이 작품은 가지고 있었다. 무엇보다 좋았던 것은 온갖 처참한 곤경을 당하면서도 운좋게(?) 살아남는 바리의 삶이었고, 그 운좋던 바리도 자신의 아기를 잃는 참상을 당하지만 그러나 다시 재생의 계기를 얻는다는 이야기의 전개 양상이다. 우리의 설화 속에서 서사의 틀을 찾고 그 속에서 환상과 현실을 적절히 얽어 리얼리티를 구현한 대가적 솜씨는 다음으로 다가왔다는 것이 솔직한 독후감이다.

박범신이 만난 젊은 작가들 중에는 아기를 갖는 것이 싫고도 두렵다는 작가들이 있었는데 나는 이들의 생각도 언젠가 변할 것이라 짐작해 본다. 그것이 우리의 삶이고 또한 리얼리즘이기 때문이다.

가족 소재 소설로 읽는 한국 근현대 소설의 과거 · 현재 · 미래

1. 머리말

　최근의 우리 문학은 물화된 세계에 대한 환멸, 환멸스런 현실로부터 출구를 찾지 못하는 데서 오는 망상(혹은 환상), 기존의 가치와 삶에 대한 해체를 그리는 데 에너지를 소비하는 양상이다. 2000년대 한국소설은 죽음의 소설이며 수많은 시체, 환영들이 출몰하고 있다는 진단이나[1], 세계에 미만한 폭력을 즐겨 그리는 한 젊은 작가가 토로하는, '아이를 낳기 싫고 그럴 자신도 없다' 는 자기 고백적 발언에서[2] 우리는 현금의 한국문학이 그리는 우울하고 어두운 지형도를 확인한다.

　요즘 많이 거론되고 동시에 창작되고 있는 가족 소재 소설의 경우 또한 '가족의 해체' 또는 '가족의 붕괴' 가 담론의 핵을 이룬다. 가족들은 서로

---

* 이 연구는 2007년 한국학술진흥재단의 지원을 받아 수행되어 『한국문예창작』 2008, 12에 게재 되었다. 지원해 준 학진에 감사를 표한다.
1　허병식, 「2000년대의 한국소설과 환상의 몫」, 『시작』 제19호, 2006년 겨울호, 77면.
2　박범신, 「백가흠, 오현종과의 대담」, 『박범신이 읽는 젊은 작가들』(문학동네, 2007), 89면에 실린 백가흠의 발언이다.

증오하고, 그리하여 버리고, 떠나고, 심지어 혈연과 관계없는 사람들이 모여 새로운 가족을 이루기도 하며, 아비는 조롱받거나 부재한다.[3] 요컨대 개인이 돌아가 쉴 곳이며, 자신의 존재 확인을 가능케 하는 것이라던 '가족'의 개념이 기성의 통념과는 다르게 완전히 부정, 해체당하고 있는 양상인 것이다.

본 연구는 이처럼 가치의 무정부 상태를 노정하는 한국문학의 양상 중에서도 가족 소재의 소설을 중심으로, 가족은 왜 지금 해체·부정되고 있는가, 그것이 목표하는 바-의식적, 무의식적이든 간에-는 바람직한가, 그렇지 못한가라는 가치 판단을 기하고, 앞으로 전개될 한국소설에 대한 제언을 기하기 위하여, 한국 근현대의 소설들 중 가족 소재 소설을 팰러스phallus[4]의 모색과 전환이라는 관점에서 살펴보려 한다.

가족 소재 소설에 대한 연구는, 1990년대 중반 이후 한국문학 혹은 문화계에 포스트모더니즘이 막중한 위세를 발휘하면서 가족을 보는 시각이 달라진 창작물들이 많이 등장함에 따라 상당한 논의가 이루어져 왔다. 문학 속의 가족 해체 또는 가족 붕괴 양상이 '가족이 실제로 해체되고 있다는 사실을 반영하는 사회학적 자료가 아니라 우리가 지금 가족을 앓고 있다는 징후'라는 진단에서부터[5], '오늘날 문제되는 한국사회의 가족 해체는 '기존의 성관념이 해체되고 있음을 의미한다'[6], '현재의 가족 거부는

---

3 본론에서 거론되겠지만 김영하의 「오빠가 돌아왔다」, 강영숙의 『리나』, 윤성희의 「U턴 지점에 보물을 묻다」, 백가흠의 「귀뚜라미가 온다」, 김애란의 「달려라 아비」 등의 소설은 이런 양상을 대표적으로 확인케 해주는 사례들이다.
4 잘 알려진 라캉의 개념으로 '남근'이라 해석되지만, '중심 가치', '새로운 이상'이라는 의미로 해석될 수도 있는 개념이다. 이에 대해서는 2장에서 상론한다.
5 이광호, 「왜 지금 가족을 말하는가」, 『포에티카』 제2호, 1997년 여름, 19면.
6 이남호, 「최근 한국 소설에 나타난 가족의 해체」, 『한국문학평론』, 1997년 가을호, 186면.

새 가족을 열망함의 다른 표현이다'[7], '탈근대적 개인의 새로운 발현을 예고한다'[8]는 등의 수많은 담론들이 이미 제기되어 있는 상태이다.

    기존의 논의들이 본 연구에 도움이 되는 자료들임은 물론이지만, 선행 논의들은 가치 판단을 유보하고 있으나 본고는 현재의 가족 해체 소설들에 가치 판단을 내리고자 하는 데서 우선적 변별성을 얻으려 한다. 다시 말해, 가족 해체를 다루는 소설들이 새로운 징후라거나 가족이라는 집단성을 떠나 탈근대적 개인 주체를 확립하려 한다거나 하는 등의 현실 진단적 판단을 넘어, 과연 가족 해체라는 현상을 그리는 것이 이러한 논의보다 더 나아간 의미를 어떤 지점에서 판독할 수 있는가 하는 점과 그것의 긍·부정성 여부를 가늠하여 앞으로 한국소설의 전개에 도움이 될만한 제언을 보태고자 하는 것이 본 연구의 의도이다. 이러한 제언을 마련하기 위하여 본 연구는 한국 근현대 소설사에서의 남근phallus을 소설 속의 아비가 상징한다고 보고 그를 중심으로 한국근현대소설사를 재구성 해보고자 한다. 동시에 이러한 재구성의 과정에서 한국문학에서의 '근대'를 수정하여 설정하는 방식 또한 아울러 제기하고자 하는 것도 이 글이 목표하는 또 다른 과제이다. 이러한 문제들을 다루기 위해 본고는 개화기 이후의 한국소설 전반에 대해 투시경을 갖다 대지 않을 수 없는데 그렇다 하더라도 거론의 대상이 되는 텍스트들은 지면의 제약 상 매우 한정적일 수밖에 없다. 이에 따라 텍스트가 이 글의 논지에 봉사하는 작품 위주로 선별되지 않았는가 하는 의문을 가질 수도 있겠으나 지금까지 많이 거론되어 그 표본성을 인정받을 만한 작품을 선택하여 텍스트의 시대적 성격을 예증한

---

7 황도경·나은진, 「한국 근현대문학에 나타난 가족담론의 전개와 그 의미」, 『한국문학이론과 비평』 제22집, 2004. 3, 254면.

8 우미영, 「현대소설과 가족의 탈근대」, 『한국문예비평연구』 제21집, 2006. 12, 48면.

다면 이 문제는 어느 정도 해소될 수 있으리라 본다. 그리고 역시 지면의 제약 상 소설 텍스트의 인용은 본문에 포함시키는 방식으로 논의를 진행키로 한다.

2. 개념의 정의와 문제 분석의 틀

본 연구가 주제로 삼는 문제와 관련하여 '가족 소재 소설'이란 용어의 개념을 정리해 둘 필요가 있다. 가족학의 관점에서 가족에 관한 정의는 수없이 많다. 가족원은 가족을 유지하기 위해 기능하며 사회의 존속을 책임지고 안전하게 지킨다는 구조기능론적인 정의에서부터 가족이 하나의 집단을 이룸으로써 사회 혹은 가족 내부에서 최소의 비용으로 최대의 보상을 얻으려 한다는 교환이론적 정의, 가족은 여성을 억압하고 착취하고 평가절하하는 기능을 해 왔다는 페미니즘적 관점의 정의 등[9], 일일이 거론할 수 없는 가족에 관한 정의가 존재한다. 이러한 다양한 정의가 시사하는 바처럼, 최근에 와서는 가족은 결코 단일한 개념이 아니고 신성하고 자연스러운 제도도 아니며 사회의 성격과 역사적 조건에 따라 언제든지 변할 수 있는, 가변적인 개념이라 함이 설득력을 얻고 있다.[10] 요즘의 소위 가족 해체 소설들 — 기존의 가족관을 뒤짚는 소설들은 이러한 관점에 서있는 것이라 하겠고 이러한 관점은 사건과 사물에 대한 인식이 역사와 사회적 환경의 변화에 따라 달라져 왔다는 점에서 설득력을 가진다.

본 연구는 이러한 관점을 참조하되 이에 더해 가족 소재 소설은 가족

---

9 박경란·이영숙·전귀연 공저, 『현대가족학』(학지사, 2001), 39~51면 참조.
10 다이애너 기틴스저, 안호용 외 역, 『가족은 없다-가족 이데올로기의 해부』(일신사, 1997), 5~7면 참조.

관계-부부관계, 부모와 아들의 관계, 부모와 딸의 관계, 남/여 형제 간의 관계 등을 모두 포괄하고 있는 그야말로 가족 내부의 관계를 중심으로 사건이 전개되는 소설로 그 개념을 한정하려 한다. 그러나 이러한 제한을 두어도 실상 가족은 사회의 축도요, 소설 속의 모든 사건은 가족으로부터 시작하는 것이므로 가족 소재 소설이란 것의 범위는 매우 포괄적인 것임을 피할 수 없다는 점은 전제해 둘 밖에 없다.

최근의 가족 해체 담론에 이르기까지의 가족 소재 소설사에서 이 글이 특별히 해석의 준거로 두는 것은 아비의 존재에 대한 굴곡과 변모의 양태이다. 최근의 가족 해체 담론도 결국 가부장권의 해체와 긴밀한 관련을 맺고 있으며 아비로 표상되는 권력은 우리의 근대 설정에 유의미한 지표가 될 수 있기 때문이다.[11] 이와 관련하여 가족 소재 소설의 전개를 고찰할 때 참조할 수 있는 해석의 틀은 라캉이 제기한 인간의식의 발달 과정에 관한 담론이다. 그에 의하면 인간의식의 발달은 상상계로부터 상징계로 진입하는 과정으로 설명이 된다.[12] 상징계로의 진입이란 '남근phallus' 상징에 의해 인간의 의식 및 행동이 제약을 받는 과정으로 정의된다. 이때 남근이란 단순히 부권 혹은 남성의 상징이란 개념으로 한정되는 것이 아니라, 세상의 모든 일을 제약하는 지침·원리이면서 사람들이 가닿고자 하는 이상 혹은 유토피아라는 측면에서 "늘 그리워하면서 한 발 늦어 놓치는 어떤 것"이다.[13] 이렇게 볼 때 사람들의 삶은 남근을 얻고자 하는 끊

---

11 이른바 '아비서사'에 관하여는 많은 논급이 있어 왔으나 아비의 존재를 근대문학의 형성 과정과 관련하여 논한 경우는 없는 것으로 파악된다.
12 이하, 라캉의 phallus에 대한 개념 정의는 권택영, 『라캉, 장자, 태극기』(민음사, 2003), 70~90면 참조.
13 같은 책, 74면.

임없는 추구의 과정이요, 반복의 과정이다. 사람들은 자기가 이상으로 하는 남근에 닿았을 때 그것의 허망함을 경험하고 일순 죽음에 닿았다가 그로부터 빠져 나와 새로운 남근을 향한 고난의 항해를 반복할 수밖에 없다는 것이 라캉의 인간 해석이다. 이러한 관점에 설 때 우리의 근대는, 라캉이 명시하지는 않았지만, 이성의 차가움으로 무장한 과학적이며 합리적인 상징계의 아버지(혹은 남근)를 향한 끊임없는 추구의 과정으로 연역할 수 있다.[14] 우리의 근현대 소설은 이러한 남근 상징이 실제 아비로 형상화되어 표출되는 경우가 많았으므로 아비에 표상된 시대적 의미를 중심

---

14 근대(modern)는 논자가 선 관점에 따라 백가쟁명이라 할 정도로 많은 개념 규정이 있어 왔으나 마셜 버만이 『현대성의 경험』에서 언급한 것처럼 과학적 발견, 생산의 산업화, 도시화, 민족국가의 탄생, 자본주의적 세계시장의 성립 등에서 근대의 외형적 특징을 규정한 데는 무리가 없어 보인다(윤호병·이만식 역, 현대미학사, 2004, 26~27면 참조. 이 책의 원제는 『견고한 모든 것은 대기 속에 녹아 버린다』이다). 그러나 철학(형이상학)적 개념 규정을 기할 때에는, 이성에 기반하여 대상을 타자화하는 '주체'의 성립이라는 조건을 빼놓을 수 없다. 데카르트의 cogito er gosum에서부터 발원하는 이성적 인식주체가 계몽의 시대를 거치면서 과학의 세례를 받아 대상(자연)을 주체에 복속시킬 수 있다는 자신감을 획득할 때 비정하고 차가운 근대적 주체라는 근대적 개인에 대한 새로운 호명이 성립된다. 막스 베버가 근대의 특성으로 합리성을 읽어 낸 연후, 또는 마르크스가 근대성에서 기존의 모든 견고한 전통을 녹여버리는 맹렬한 발전의 욕구를 읽어낸 연후 근대사회를 하나의 '쇠우리鐵鳥籠'로 은유한 것도 근대의 이같은 성격을 포착해 냈기 때문이다(막스 베버, 최우영 역, 『막스 베버 — 근대성과 탈근대성의 역사사회학』, 백산서당, 2005, 172~180면 참조). 우리의 근대 역시 이성과 과학으로 무장한 주체, 그러한 주체를 구성원으로 한 민족국가를 수립하는 것이 목표였으며 그러한 지향이 아비 서사에 종종 구현되어 있다는 것이 이 글의 전제이다.

  여기서 우리가 유의해야 할 것은 문학의 경우 이러한 근대성의 획득에 오히려 어긋장을 놓음으로써 그 존재성을 현시하려 했다는 점이다. 다시 말해 문학의 근대성은 미적 자율성을 획득함으로써 가능한 것이었으므로 세속적 근대 지향에는 늘 반동적일 수 밖에 없었다는 것이다. 그러나 그것은 마샬 버먼이 역시 지적한 것처럼 근대화에 의존하면서도 근대화에 도전하며, 근대화를 반영하면서도 개입하며, 근대화에 적응하면서도 반발하는 모순적 양상을 드러낸 것을 유념해야 한다(황종연, 「모더니즘의 망령을 찾아서」, 김성기 편, 『모더니티란 무엇인가』, 민음사, 1994, 201면 참조).

으로 근현대 문학사의 이해 및 새로운 독법을 논할 수 있다. 개화기 이후의 한국소설사를 이에 대입하여 읽어보면 이러한 해석의 정합성을 증명할 수 있게 될 것이다.

3. 개화기와 일제 강점기의 아비들

개화기는 주지하다시피 한국이 근대를 향한 욕망을 혼돈과 불안 속에서 처음으로 추동한 시기이다. 그 이전의 조선조는 상상계의 어린 아이와 같이 자기중심적인 나르시즘에 구속되어 있었으므로 자연히 전근대적이란 성격의 개념에 긴박되지 않을 수 없다. 개화기는 중세적 가부장권이 그대로 온존하는 양상을 드러내면서 변화의 단초를 보여주는 시기이기도 하다. 개화기의 이러한 성격을 잘 드러내 주는 것은 이인직과 이해조의 신소설들이다.

우선 이인직의 『혈의 누』에서 우리는 대장부의 사업을 위해 가속家屬의 안위는 뒤로 한 채 단호하게 미국으로 떠나는 김관일의 행태를 주목하지 않을 수 없다. 그는 아내나 딸의 생사를 명확하게 확인하지도 않은 채 "오냐, 죽은 사람은 하릴없다. 살아있는 사람이나 이후에 이러한 일을 당하지 아니하게 하는 것이 제일"[15]이라며 미국행을 결심한다. 부자父子 관계로 대표되는 유교적 가부장권의 위계를 벗어나기 위해 딸(옥련)을 주인공으로 설정했지만 남자의 과업은 치국평천하治國平天下에 있다는 유교적 가부장 의식이 아무런 자의식 없이 행사되는 장면이다. 이해조의 『모란병』에 등장하는, 무력하지만 가장의 권위를 어려움 없이 행사하는 금선

---

15 『혈의 누』(광학서포, 1907. 3. 17), 권영민 외 편, 서울대학교 출판부, 2003, 8~9면.

의 아버지 또한 마찬가지이다. 그는 조선조말의 혼란한 세태 속에서 선혜청 고지기라는 말직으로나마 이룬 가산을 다 털어먹고 가속의 생계조차 책임질 수 없게 되자 딸을 시집보내어 두 때 밥이나 얻어먹게 하려는 명분으로 딸을 시집보낸다. 그러나 그는 그 딸이 사기꾼에게 팔려 화류계에 넘어간 것은 까맣게 모른 채 자기 딸이 정경부인이나 되어 간 듯이 알고 딸의 일은 까맣게 잊어버리는 위인이다. 화류계에 팔린 딸이 파란만장한 곡절 끝에 위기를 면하고 아비와 재회했을 때 "내게 당해서는 네가 딸이라 할 것 없이 남의 열 아들 마침"16)이라 칭하稱賀하기는 하나 무책임한 가장의 행태만 도드라질 뿐이다. 이처럼 딸이 주인공이 되고 그 딸들의 사회적 위상을 높이려 하지만17) 신소설들은 봉건적 가부장 의식에 아직도 구속되어 일부이첩을 옹호한다든지(이해조의 「탄금대」) 아비의 명을 거역치 못한 채 집을 구한다는 명분으로 팔려가는 딸들을 등장시키는 모순을(이인직의 「귀의 성」) 종종 드러낸다. 이는 임화가 날카롭게 간파하고 있었듯이 "갑오 이후 광무 · 융희 년간 과도기 조선의 토대에서 생성"하여 "청년 조선의 자태보다는 더 많이 낡은 조선, 노쇠한 조선의 면모가 크고 똑똑하게 표현된"18) 신소설의 특성에 말미암는 모순들이다. 그러나 개화기의 성격이 조선조의 자기중심적 성격에서 벗어나 근대라는 남근 Phallus을 의식하기 시작했다는 것은 이인직이나 이해조의 신소설에서 공히 드러나는 바 주인공들의 외국유학행이 상징적 언표로 작용하고 있다는 점일 것이다.

---

16 『모란병』(박문서관, 1911. 4. 5), 권영민 외 편, 서울대학교 출판부, 2003, 154면.
17 이해조의 「자유종」에서 주창되는 여성 교육과 여성의 사회 참여 촉구는 달라진 개화기의 여권의식을 대표적으로 보여주는 사례이다.
18 임화, 「개설신문학사」, 임규찬 · 한진일 편, 『임화 신문학사』(한길사, 1993), 163면.

주체적 근대 지향이 일제에 의해 좌절된 이후 아비의 존재는 완연히 세속의 권력 혹은 권력적 준거의 틀로 형상화된다. 이광수가 『무정』의 이형식을 통해 표명했듯이 국가를 잃어버린 식민지체제 하의 젊음은 자신을 고아로 규정한다. 과거의 아비와 단절하고 스스로 새로운 아비가 되어 보려는 이광수의 욕망은 "필요하면 조상의 분묘도 파헤쳐 버리라"[19]는 과격한 전통단절론까지 서슴지 않을 정도로 전위적 면모를 드러내었다. 그러나 『무정』의 이형식의 직업 자체가 교사인데서 출발하여 영채, 선형, 병욱, 하숙집 노파 등과의 대타적 관계에서도 우월적 교사상을 점하고 있는 데서 드러나듯이[20] 『무정』은 이광수가 그토록 부정한 봉건적이며 유교적인 가부장 의식이 무의식의 깊은 곳에서 온존하고 있는 양상을 보여준다. 그가 문사를 인격자와 동일시하면서 예술가의 뛰어난 인품을 중요시하는 예술관에 머물렀다는 것은[21] 『무정』뿐만 아니라 이광수의 문학 전반이 근대의 문예미학에 미치기에는 한참 먼 거리에 있음을 증거하는 뚜렷한 사례가 된다.

이광수가 혁명을 기도했으나 구체적 부조浮彫에 실패했던 근대적 아비 상像은 근대의식의 미성숙성과 일제강점기라는 시대적 여건을 고려하면 필연적 결과라 할 만한 것이다. 민족의 독립성이 온전히 보존되고 있는 상태에서도 의식과 문물의 근대화에 이르기까지는 지난한 시간의 경과가 요청되는 것이 근대화 과정인데, 일제의 지배 하에서 대항 민족주의적인 의식으로 근대를 성취한다는 것은 연목구어 격이라 해도 지나친 사정이 아니라 할 것이기 때문이다. 그리하여 근대적 아비 상의 획득이 어려울

---

19 이광수, 「부활의 서광」, 『이광수 전집 17』(삼중당, 1963), 49면.
20 김윤식, 『이광수와 그의 시대 2』(한길사, 1986), 537~544면 참조.
21 김윤식·김현, 『한국문학사』(민음사, 1982, 중판), 128면 참조.

수 밖에 없고 그 아비가 비천해질 밖에 없는 사정은 식민 치하 한국사회의 모순을 탁월하게 그린 대표적 가족소재 소설 『삼대』(1931)와 『태평천하』(1940)에 전형적으로 드러난다.

이들 두 작품은 자본주의의 대표적 유통 매개인 돈을 그 중심 소재로 하면서 가문의 유지와 번영에 집착하는 조의관, 윤직원들의 전근대적 조부 세대와, 무기력할 뿐만 아니라 타락한 조상현, 윤창식 등의 아비 세대를 탁월하게 형상화한다. 『삼대』의 조상현이 겉으로 종교가·교육사업가의 외양을 하고 있지만 노름과 주색에 절어 있는 표리부동한 모습은 이 시대의 아비가 처한 시대적 성격을 전형적으로 드러낸다. 그는 아들 덕기가 파악한 대로 "봉건시대에서 지금 시대로 건너오는 외나무다리의 중턱에 선"[22] 인물에 다름 아니다. 『태평천하』에 등장하는 윤창식 역시 공교롭게도 조상현과 일치하는 인물형이다. "심심한 세상살이의 취미"로[23] 마작과 계집질에 빠져 있는 점에서 윤창식은 조상현과 쌍둥이처럼 일치하는 바, 이들은 국체가 없어져 버린 조선의 현실, 그런 가운데도 방향 감각을 찾지 못하고 있는 조선의 현실을 대변하는 '종이 되어 버린 아비들'에 다름 아닌 것이다. 이런 아비들의 부정적 성격에 대비되어 희망적 인물로 그려지고 있는 것이 조덕기, 윤종학들이다. 이들 또한 공교롭게 텍스트 내 인물 성격에서 일치를 보인다. 조덕기는 친구 김병화 곁에서 사회주의 운동의 동반자 격인 역할을 맡고 있으며 윤종학은 아예 사회주의 운동에 투신한 인물로 등장하고 있기 때문이다. 이들 젊은 주인공들이 사회주의의 동조자 혹은 그 실천가로 등장하는 것은 아마도 일제강점 하의

---

22 『삼대』(동아출판사, 1995), 45면.
23 『태평천하』(동아출판사, 1995), 43면.

1930년대에 작가들이 일단의 희망을 걸 수 있었던 이념이 사회주의였을 것이기 때문이겠다. 일제 하의 사회주의 운동이 제국주의 일본에 저항하는 민족주의적 열정에 의해 그 추동력을 얻은 것은 우리가 주지하는 사실이다. 그러나 이들이 이 시대의 중심 세대가 못되고 미래의 세대인 것처럼, 이들이 선택한 사회주의 이념의 미래 또한 불명료하고 불확실한 것이었기에 변모하는 현실의 포착에 유난히 결벽했던 리얼리스트인 두 작가가 이들 중 한 명은 그 이념의 동반자로, 한 명은 작품 말미에 본격적 사회주의자로 잠시 등장시킨 것은 자연스러운 인물설정이자 구성으로 이해된다. 이들이 조국의 독립 후에 민족국가의 성립과 개인 주체의 형성에 곧장 뛰어드는 주인공 세대로 등장할 수 있었으면 우리의 문학사는 다른 궤적을 그렸겠지만 해방 이후 한반도의 분단 상황을 맞아 이들은 부재하는 아비가 되어 현실의 이면으로 숨어버린다.

4. 1950년대 — 무능한 아비들과 훼손된 딸들

소설사(뿐만 아니라 우리 문학사)의 불모기라 할 1940년대를 거쳐, 1950년대의 전후 한국사회에 이르면 손창섭의 「미해결의 장」(1955), 「잉여인간」(1958) 등이 보여주는 것처럼 아비들은 생활력은 없으면서 자신의 가부장적 권위에 연연하는, 이미 실제적 존재감과 권위를 잃어버린 인물로 그려진다. 「미해결의 장」에서 화자의 아버지는 "굶지 않으려고 버둥대는 제품 직공에 불과"한[24] 것으로, 애인인 광순의 아버지는 "완전히 생활능력을 상실한 폐인"[25]으로 묘사되지만 이들은 무능하나마 가부장의

---

24 손창섭, 「미해결의 장」, 『잉여인간 외』(동아출판사, 1995), 123면.
25 같은 책, 131면.

권위는 여전히 행사하려 한다. 「잉여인간」에서 비분강개형의 현실비판자인 채익준이나 움직이는 식물인간 같은 봉우 역시 생활력을 상실한 실직자들인 점에서 「미해결의 장」에 등장하는 아비들과 다르지 않다. 봉우가 6·25 사변 통의 긴장 탓에 제정신을 놓쳐버린 인물로 묘사되는 데서 알 수 있듯이 전후의 궁핍과 혼란, 두 동강이 난 조국의 분단현실이 이런 인물들을 등장케 한 것임을 쉬이 유추할 수 있다.

이러한 아비들의 모습과는 별개로 1950년대의 소설들에서 주목되는 것은 창녀로 등장하거나 불구로 등장하는 딸들이다. 손창섭, 서기원, 이범선 등의 작품에 종종 등장하는 딸들은 몸을 팔아 가족을 부양하거나 불구가 된 육체 때문에 가족의 부양을 받아야 하는 – 훼손된 인물인 경우가 많다. 손창섭의 「비오는 날」(1953), 「생활적」(1954), 「잉여인간」들에는 불구이거나 창녀인 딸들이 예외없이 등장하며 서기원의 「암사지도」(1956)에서 두 남자와 기묘한 동거를 하는 '윤주', 이범선의 「오발탄」(1959)에 양공주로 등장하는 주인공 철호의 여동생도 같은 인물 유형들이다. 이처럼 훼손된 딸–혹은 누이의 등장은 권명아가 적절하게 지적한 것처럼 전쟁으로 인한 상실 체험의 상징적 극화인 동시에 '그녀들'을 바라보는 남성 주인공들의 보상의지, 즉 강력한 부양의지의 표현을 담은 것이기도 하다.[26] 달리 말해 강력한 가부장을 향한 의지가 이 딸들에게 대리 표상되어 나타난 것인데 이는 개화기 소설들로부터 비롯한 근대적 아비에의 욕망이 아직 실현태를 얻지 못했음과 딸들 혹은 여성에 대한 인식 또한 전근대적 상태에 머물고 있음을 예증해 주는 사례들이다. 개화기 당시에 '딸 하나가 열아들 마침'이라던 아비들의 외침은 아직 텅빈 구호나

---

26 권명아, 『가족 이야기는 어떻게 만들어지는가』(책세상, 2000), 57~58면 참조.

마찬가지에 머물러 있다는 사정이 딸의 이러한 성격에 잘 반영되어 있는 것이다.

5. 1960년대~1980년대 — 본격적 근대형성기의 아비들

1960년대 이후 1980년대까지 군사독재 정권이 집권하여 경제적 근대화를 추진하던 시기는 우리가 이미 알고 있는 명제, '아비는 남로당이었다' 또는 '아비는 집에 있지 않았다'가 소설의 주된 담론으로 등장하는 시기이다. 이것은 분단 현실이 제기하는 국가 혹은 부권의 균열상과 추락상을 반영하는 것이면서, 역설적으로 차고 단단한 주체적 아비[27] — 근대에 대한 열망을 그만큼의 간절한 염원으로 제기하는 양상에 해당된다. 자신의 이념을 위하여 집에 있지 않은 아비 또는 약육강식의 경쟁사회에서 가족을 부양하기 위하여 한 명의 동물이 되는 아비를 우리는 이 시기에 발견하게 되는데 이런 점에서 1960년대에서 1980년대에 이르는 시기야말로 우리의 근대사를 구성하고자 할 때 진정한 — 혹은 실질적 — 근대형성기라 호명될 수 있는 성격을 갖는다.[28]

이 시기가 갖는 이러한 성격을 선명한 전조로 보여준 작품이 흔히 '60

---

[27] 근대적 주체는 종전의 이데아나 신에게 부여되었던 초월적 지위를 탈환하여 타자를 자신의 통일성 속으로 전유 및 착취하는 비정한 주체(윤효녕, 「주체 논의의 현단계」, 윤효녕 외 3인, 『주체 개념의 비판』, 서울대출판부, 1999, 2~3면 참조)라는 점에서, 냉혹하고 전지전능한 아비와 유비관계를 형성할 수 있다.

[28] 1960년대가 실질적 근대성을 확보했다는 견해는 김병익의 「1960년대와 그 문학」, 『21세기를 받아들이기 위하여』(문학과 지성사, 2001), 167~168면 정도에서 가볍게 언급되었을 뿐 활발히 논의된 바 없다. 그러나 조선조 말부터 추동된 근대화를 맹아기 — 불구적 추진기(일제 강점기) — 실질적(본격적) 형성기로 나뉘어 구분하는 것은 우리 문학사와 근대사 전반의 서술 및 이해를 위하여 필수적이라는 측면에서 필자는 이를 시론적으로 제안한다.

년대적 감수성의 혁명을 가져온 작가로 평가되는[29] 김승옥의 「생명연습」 (1962)이다. 「생명연습」에서 시대의 성격을 징후적으로 보여주는 인물들은 이 작품의 주인공 화자인 '나'와 그의 형이다. '나'란 인물의 성격 특성은 작품에 등장하는 형, 스승인 한 교수, 만화가 한 선생, 시인인 친구 영수, 어머니 등의 다양한 인물들에 가려 잘 드러나지 않지만 그의 인물 특성은 실상 이들 대부분의 인물들이 소유한 근본적 자질인 예술가 지향이라는 점에서 뚜렷한 개성을 발한다. 그는 영문학을 전공하면서 이들에게 고유한 '자기 세계'-예술가의 세계를 동경하고 선망하는 인물인 것이다. 이 점에서 그는 전후戰後 한국사회에서 장남으로서의 무게와 어머니에 대한 근친상간적 욕망을 감당치 못하고 자살해 버린 '50년대의 인물인 '형'과 대비된다.[30] 거세한 전도사가 보여준 것처럼 리비도를 극기하고, 겸하여 예술가가 되려는, '60년대 초 현재 대학생인 이 주인공의 욕망은 예술의 자율성과 주체성을 인식하고 그것으로 완벽한 주체를 정립하려는 근대적 개인의 자질을 갖추었다는 점에서 '60년대 이후 전개될 아비의 성격을 징후적으로 보여주는 작품이 된다.[31] 몇 년 뒤 발표된 이 작가의 「무진기행」(1964)은 이처럼 예술가 지향형 인물이 주인공인 「생명연습」의 후일담적 성격을 가지는 작품으로 볼 수 있다. 서울에서 이런저런 굴곡을 겪은 뒤 제약회사의 전무가 되는 윤희중의 무진기행은 근대화의 중심부

---

29 유종호, 「감수성의 혁신-김승옥론」, 『현대한국문학전집17-13인 단편집』(신구문화사, 1968), 489면.
30 「생명연습」의 가족에게는 공교롭게도 아버지가 없다. 이 점은 최인훈 『광장』의 주인공 이명준의 아버지가 월북한 것과 마찬가지로 1960년대 이후 소설의 '아비는 집에 있지 않았다'는 명제의 원형으로 간주된다.
31 「생명연습」이 내포한 이러한 문제의식의 의미와 의의에 대해서는 이 책의 「성스러운 아비되기의 근대적 성격-김승옥론」을 참조할 것.

로 진입해 가는 한국사회에서 예술가 지향의 한 인물이 세속인 – '본격적 근대인'[32]으로 변모하기 전, 자기 스스로를 합리화하기 위한 통과의례적 여로의 성격에 해당되는 것으로 읽히기 때문이다.[33]

「생명연습」보다 좀 더 앞서 발표된 최인훈의 『광장』(1960) 역시 유사한 맥락에서 논의될 수 있다. 남과 북의 이데올로기를 모두 거부하고 제3국행을 택한 이명준의 진로는 바깥으로부터 주어진 타율적 이데올로기를 거부하고 주체적 개인의 확립을 기하려한 점에서 근대인의 자질을 선명하게 보여준 경우로 파악된다. 이명준에게 투사된 최인훈의 주체적 각성은 1960년대에 발표된 그의 여러 실험적 소설들 – 특히 패러디 기법의 소설들 – 을 거쳐 별러진 후 마침내 「옛날옛적에 훠어이 훠이」(1976) 같은 희곡 작품을 통해 완성되는 것을 볼 수 있다. 「옛날옛적…」은 몰살의 위기에 처한 타자들을 이타적 희생으로 구원하는 일종의 희생제의극의 원형을 우리 전통설화에서 끌어와 예술적 형상화까지도 성취해낸, 이른바 구체성으로부터 보편성을 획득한 첨단적 사례가 될 작품이다. 서구의 예수처럼 개인적 희생이 아닌 가족 단위의 자기희생, 인연설에 입각하여 평소에 친소 관계가 얽힌 마을 사람들을 위해 자기들을 버리는 아기장수 가족들의 자기희생에서 우리는 서구의 기독교에 양립하는 유교와 불교 정신을 발양하고자 하는 작가의 주체성을 여실히 짚어볼 수 있는 것이다.[34]

---

32 앞의 주14)에서 언급한 바처럼 근대화에 의존하면서도 도전하는, 적응하면서도 반발하는 전형적 인물인 점에서 이러한 지칭이 가능하다.
33 주31의 졸고에서 이 점 역시 규명한 바 있다.
34 이에 대한 상세한 논의는 졸고, 「최인훈의 '옛날 옛적에 훠어이 훠이' 연구」, 『한국문예창작』 제12호, 296~303면을 참조할 것. 최인훈은 서구라는 타자를 의식하고 주체적이며 한국적인 주제의식을 제기한 작가이다. 그러나 그는 워낙 인간의 구원이란 화두에도 관심이 많은 작가였기 때문에 그 주체적 문제의식이 타자 배제적으로 흐르지 않았다.

1960년대 이후 1980년대에 이르는 시기가 실질적 근대화 형성기에 해당하는 것임을 우리는 김원일, 조세희 등을 들어 좀 더 선명히 예증할 수 있다. 이들 중에서 먼저 김원일의 「어둠의 혼」(1973)이 주목된다. 한 가족의 가장이 빨치산이 되어 밤을 낮 삼아 늘 어디론가 숨어 다니다 마침내 비참하게 처형되는 가족사를 다룬 이 단편은 실상 이를 서술하는 어린 화자의 성장기에 해당하는 소설이다. 집안을 돌보지 않고 이념에 투신한 아비 때문에 굶주림과 불안에 떨던 화자는 그러나 아비가 자신의 자아 성장에 요긴한 교훈을 이따금 들려준 것을 소중하게 기억한다. 화자의 아버지는 '청개구리의 높이뛰기가 하늘에 닿지는 못하지만 자기만 아는 이유로 죽을 때까지 뛰지 않을 수 없다'는 실존의 미망迷妄을 토로할 줄 알던 아비였다. 그리고 그는 아들과 강둑을 거닐면서, "쉬지 않고 흐르는 강처럼 너도 쉬지 않고 자라거라. 다음에 크면 어떤 길이 우리 모두에게 행복과 평등을 가져다 주는 길인지 배우고 깨쳐야 한다"[35]는 교훈을 남긴 아버지이기도 하다. 아비의 죽음 후 소년은 어둠과도 같은 시대의 질곡과 시련을 뚫고 "이제 집안을 떠맡은 기둥으로 힘차게 버티어"야[36] 함을 깨닫는 의식의 각성에 이른다. 집안을 떠맡아야 할 가장이 된 자신의 처지를 깨닫고 어떤 어려움과 슬픔도 이겨내야 한다는 다짐을 하는 소년의 의식에서 우리는 자신의 사회적이며 가족 내부에서의 위치를 자각하는 진정한 가부장의 등장을 예감할 수 있다. 그리하여 이 작가의 장편 『노을』(1978)은 이 소년이 성인으로 변신하여 어떻게 한국의 근대를 관통하는지, 그 자신 어떠한 근대인이 되어 있는지를 확인케 하는 상세한 후기로 읽는다.

---

35 『20세기 한국소설31-김원일 송기원 외』(창비, 2005), 39면.
36 같은 책, 40면.

고추장군 이중달의 아들인 치모의 언술로 되어 있기는 하지만 "우리 세대는 이데올로기의 차원을 넘어서 서로가 서로를 증오하지 않는 마음부터 배워야 할 것"[37]이라는 데서 우리는 '70년대의 냉전 이데올로기를 비판적으로 해소하고자 하는 작가의식을 읽는다. 동시에 이 작품의 주인공인 김갑수가 한 출판사의 편집부장이 되어 자식을 "건강하고 구김살 없이 기르는 아버지 노릇 정도는 하고 있"[38]다고 자부하는 데서 비로소 근대 세속 도시의 한복판을 관통하는 온전한 가부장의 탄생을 목도하는 것이다. 그는 초등생인 아들 현구가 자신과는 다른 온전한 삶을 살기를 바라는 소시민적 아비인 점에서 비정한 근대인이라는 혐의를 씌울 수는 없는 인물이다. 그러나 이념의 광기에 미친 아비의 죽음 이후 대도시로 나와 고학을 하며 그가 소시민으로나마 입신하기까지의 이력은 작품에 상술되어 있지 않으나마 1960년대 이후 세차게 추동된 박정희 정권의 산업화 추진과정에서 어떤 삶을 살아왔을 것인가를 충분히 짐작케 한다.

이성의 힘으로 비정하게 무장한 개인 주체 ― 특히 '아비'의 등장은 '낭만주의 시대의 동화적 구조'[39]를 가졌다는 평을 얻었던 조세희의 '난장이' 연작에서 의외로 가장 선명한 표현을 얻고 있다. 가령 「뫼비우스의 띠」(1976)에 등장하는 앉은뱅이와 난장이가 그러하다. 이들은 자신들의 보금자리인 무허가 벽돌집을 헐값에 사들인 거간꾼에게 가외의 배상을 요구하다 폭행을 당하자 치밀한 계획에 따라 거간꾼을 살해한다. 작가는 뫼비우스의 띠 이론을 서두에 배치하여 이분법적 현실 해석의 문제를 경

---

37 『노을』(문학과 지성사, 1978), 211면.
38 같은 책, 198면.
39 김병익, 「대립적 세계관과 미학」, 『난장이가 쏘아올린 작은 공』 해설(이성과 힘, 2006, 재판 81쇄), 330면.

계하고, 박해받는 자-억압당하는 자의 정당한 저항에 공감을 요청하는 주제의식을 내세워 당대의 이목을 집중시켰다. 이는 당시로서는 명백히 신선한 문제의식이었지만 여기에는 객체 혹은 대상을 타자로 분리시키고 타자를 자신의 통일성 속으로 전유하려는 주체의 비정성이 선명히 드러나고 있다. 물론 앉은뱅이와 난장이뿐만 아니라 자신의 잇속을 채우기 위하여 재개발 지역의 하층민들을 착취하는 거간꾼들도 동일한 속성을 가지고 있기는 마찬가지이다. 「난장이가 쏘아올린 작은 공」(1976)에서 최소한의 생존권을 확보하기 위해 몸부림치다 벽돌 공장의 굴뚝에서 스스로의 몸을 던진 난장이는 이러한 맥락에서 살필 때 비정한 주체이면서도, 아들에게서 "나는 아버지만도 못할 것이다……나의 몸은 아버지보다도 작게 느껴졌다"[40], "아버지를 난장이라고 부르는 악당은 죽여버려"[41]라는 옹호와 지지를 받는 완벽한 가부장이다. 신체적으로 난장이이며 생활에 있어서는 최하층 빈민이지만 가족에게서 이처럼 완벽한 가부장으로 지지되는 인물은 우리 소설사에서 처음 등장하는 장면이라 하지 않을 수 없다. 이는 달리 말해 전투적이며 배타적인 주체가 등장하는 장면이라 할 것인데[42] 이러한 인물의 비정성은 '난쏘공' 연작의 특징인 단문형 문체가 빚어내는 비장하고 단절적 톤에 의해 한층 날카롭게 부조된다. 요컨대 '난쏘공' 연작은 작가의 문제의식 측면에서는 급격한 산업화·도시화로 진입하는 한국사회에서 소외된 하층빈민의 삶을 옹호하고 부각시키고자 한 것이지만 역설적으로 뫼비우스의 띠처럼 소외시킨 자나 당하는 자 모

---

40 「난장이가 쏘아올린 작은 공」, 위의 책, 115면.
41 같은 책, 144면.
42 난장이 가족은 그들이 대항하는 타자에 매우 배타적이며 적대적이다. 그들은 적들에 대하여는 강한 가족적 유대를 가지고 맞서는데 이처럼 가족단위의 배타적 타자의식 또한 이 소설의 근대적 특성을 증명한다.

두가 근대의 비정한 주체로 정립되어 있음을 예증한 작품이 되어버린 것이다. 1980년대에 들어 이러한 주체들의 배타적 대립은 더욱 날카로워졌고 문학이 이러한 전투성을 한층 견고하게 함으로써 '90년대 작가인 윤대녕에 의해 '인종차별식 문학양분론'[43]이라는 지적을 듣기에 이르른 사정은 긴 설명을 요하지 않는 대목이다.

지금까지 살핀 1960~1980년대의 소설을 볼 때 우리는 이 시기야말로 근대라는 남근을 획득하고 그것이 확고하게 정초된 지점이라 말할 수 있게 된다. 군사독재 정권에 의해 추진되기는 했지만 경제·사회적으로 산업화·도시화가 이루어졌고 정치적으로는 난장이들의 후예인 민중들에 의해 민주화가 성취되었으며 특히 문학(예술)분야에서도 정치권력에 맞설 만큼 이 항목에서 언급한 작가들의 성과로 대변되듯 문학예술의 주체성 또한 선명히 정립된 시기이기 때문이다. 그러나 이처럼 가부장적 남근이 정립된 이 시기에 근대의 맹점을 신랄하게 파고드는 작품이 이미 출현하고 있음을 우리는 또한 유념해 두어야 한다. 박완서의 『그해 겨울은 따뜻했네』(1983)와 같은 작품이 바로 그것이다. 박완서는 페미니즘적 관점에서 억압받고 무시당하는 여성 주인공들의 이야기를 1980년대에 여럿 발표하지만 특히 가족을 소재로 한 이 소설을 통해 행복한 중산층 가족의 이데올로기란 것이 얼마나 이기적인 욕망 위에 착근하고 있는가를 신랄하게 짚어낸다.[44] 이것이 근대에 대한 비판으로 해석될 수 있는 것은 남

---

43 김윤식, 「윤대녕론-시원을 찾아 거슬러가는 생리적 상상력」, 『작가와의 대화』(문학동네, 1996), 295면. 김윤식이 윤대녕과 직접 대화하며 작가론을 시도한 글에서 윤대녕이 '80년대를 규정한 대목이다.

44 이에 대해서는 권명아의 앞의 책 중 제3장 「가족의 기원과 역사에 대한 소설적 탐구」를 참조할 것.

근을 온전히 자기 소유로 한 가부장—비정한 주체에 대한 비판으로 읽어도 되는 것이 이 소설의 성격이기 때문이다. 이 작품은 이런 측면에서 여성작가들의 대거 등장·두드러진 활약과 함께 가족 해체·가족붕괴라는 담론이 성행하게 되는 1990년대의 성격을 전위적으로 예고해 준 작품으로 해석해도 무리가 없는 그러한 작품이다.

6. 1990년대 이후 — 일상 속으로 하강한 아비들과 사라진 남근

1990년대에 들어서면 남근을 성취한 아비들은 아연 몰락하여 후줄그레해진 모습으로 소설 속에 등장한다. 이때의 아비들은 긍정 혹은 연민의 대상으로 우리 앞에 나타난다. 이를 대표적으로 예증하는 것이 김소진의 「개흘레꾼」(1994)이다. 한국 동란 중에 포로가 되어 남쪽에 뿌리를 내렸으나 개흘레나 붙이고 다니는 아비는 자본가라는 테제도 사회주의자라는 안티테제도 되지 못하는, 다만 한 명의 비루한 생활인일 따름이다. '아비는 종', '아비는 남로당'이라는 명제를 애써 의식하면서 작품 말미에 '아비는 개흘레꾼이었다'이라는 명제를 의도적으로 기입한 이 작품에서 우리는 이념 측면이든 사회·경제적 측면이든 타자를 자신의 주체 속으로 전유코자 하던 비정한 아비의 속성과는 한참 멀어진 전락한 아비 상을 목도케 되는 것이다. 이처럼 몰락한 아비들은 이 시기에 다양한 모습으로 변주되는데, 먼저 이동하의 「문앞에서」(1991)와 신경숙의 「감자 먹는 사람들」(1996)은 곤고한 삶을 살았던 아비들에 대한 깊은 공감과 연민을 드러내는 경우이다. 그런가 하면 김형경의 「민둥산에서의 하룻밤」(1996)에 나오는, 1980년대 산업화의 중심부를 가로질러 온 남편은 마침내 "가장으로서의 의무, 그것이 짐이었다"는 억눌린 고백을 털어 놓는다. 성석제의 「새가 되었네」(1996)에 등장하는, 사업은 부도가 나고 가족들로부터는 소외된 채 자살하는 아비는 나약해진 아비가 보여주는 최종적 형상이라 할 것이다.

이처럼 '90년대에 들어서면서 아비들은 돌연 일상 속의 누추한 생활인이거나 삶에 패퇴한 모습으로 등장하는데, 이것은 역설적으로 이념 속의 아비는 완성태를 이루었다는 것, 다시 말해 한국의 근대화는 '80년대에 이미 상당 부분 완성되었다는 의식의 역설적 표현이라 판단된다. 삶과 세계의 모순에 민감하게 반응하고 그것의 문제 양상을 제기하는 것을 주된 과업으로 삼는 문학으로서는 아비의 존재가 현전한 '90년대, 달리 말해 근대화가 성취된 '90년대에 이전 시기의 부재하는 아비-차고 단단한 아비를 애증이 뒤섞인 양가적 감정으로 그릴 이유가 없어진 것이다. 오히려 이제 근대화로 하여 냉혹한 타자들로부터 소외된 아비들의 누추한 모습이 작가들의 시야에 포착되게 된 것이다.

그러면서 동시에 '90년대는 아내 혹은 어미들의 반란이 시작되는 시기이다. 전경린, 은희경, 서하진, 차현숙 등이 즐겨 그린 불륜 소재 소설들이 이것을 증거한다. 이들의 불륜 소설들이 그러나 온건했다고 할 수 있는 것은 김영하와 같은 작가가 어머니의 빈소 앞에서 섹스를 마다않는 인물을 그려낸 『나는 나를 파괴할 권리가 있다』와 같은 작품의 급진적 허무주의 앞에서는 무력해지기 때문이다. 정확히는 1996년에 나온 김영하의 이 소설을 기폭점으로 하여 한국소설들은 급속히 탈근대적인 증상들-허무에 기반한 탈중심, 해체, 파괴, 회의, 환상의 자가 증식 등의 포스트모더니즘적 양상들로 기운다. 특히 2000년대 전후에 등단하여 자기 목소리를 내기 시작하는 젊은 작가들에게서 이제 가족은 서로를 구속하고, 심지어 짐으로 생각되는, 위선과 억압으로 짜여진 관계의 망에 불과할 뿐이다. 이들에게 아비는 광택나는 연두색 팬티에 선글라스를 쓰고 쉼없이 달리기만 하는 아비로 희화화 되며(김애란, 「달려라 아비」), 가족은 차라리 혈연적 연고가 없어도 서로를 위해 줄 줄 아는 타인들이 모여 새롭게 구성할 수 있는 인위적 집단으로 호명되기도 한다(윤성희, 「유턴 지점에 보물을 묻다」). 폭력적 아비에게는 폭력으로 맞서는 아들이 등장하는가 하면(김영하, 「오빠가 돌아왔다」), 술을 마시고 나서 걸핏하면 어미를 구타하는 패륜적 아들이 등장하기도 하는 작품에 이르면(백가흠, 「귀뚜라미가 온다」) 전통적 개념에서의 가족이란 집단은 온전히 붕괴되고 해체된 듯한 감조차 갖게 된다. 아마 이처럼 가족의 개념이 붕괴 또는 해체되기에 이른 데는 우선 이남호가 지적한 것처럼 성관념의 변화―즉 여성들의 사회적 위상의 상승과 성개방 풍조―와 경제적 변수에 따른 라이프스타일의 변화 등이 지적될 수 있을 것이다.[45] 이러한 지적에 대응하는 사례를 우리는 선경린의 『내 생에 꼭 하루뿐일 특별한 날』(1999)과 같은 장편에서 확인한다. 이 소설은 남편의 외도에 자극되어 그때까지 억압되고 있던 내면의 욕망을 좇아서 불길과 같은 정염을 쏟아내고 마침내 가정이 파괴되기에 이르는 여주인공의 이야기이다. 자신의 불륜으로 가정이 파괴된 후 아이까지도 버리고 새로운 삶을 시작하는 미흔이 이 작품의 에필로그에서 "……생에 대한 나의 의욕은 불가사의하다. 다른 어느 때보다 더 살아있다는 것을 느끼며 세상을 향해 인사한다."[46]는 반응을 보이는 대목은 그야말로 불가사의한 느낌을 준다. 아직 엄마의 손길이 필요한 어린 아이를 두고 객지에서 새 삶을 의욕적으로 시작한다는 이 소설의 결말은

---

45 이남호, 「최근 한국 소설에 나타난 가족의 해체」, 『한국문학평론』, 1997년 가을호, 186~190면 참조.
46 전경린, 『내 생에 꼭 하루 뿐일 특별한 날』(문학동네, 1999), 283면.

우리의 보편적 감각을 초월하기 때문이다. 어찌 되었거나 이처럼 여성들이 자신의 진정한 사랑을 찾아 일종의 모험적 여정을 떠나는 불륜소설들이 '90년대에 풍성했던 것은 이남호의 지적대로 여성의 사회적 위상 변화와 성개방 풍조 등이 작용한 것이 분명하다 할 것이다.

그러나 여성뿐만 아니라 남성 작가들까지 가족 해체, 가정 붕괴라는 소재에 참여하는 최근의 양상은 이런 해석만으로는 불충분한 또 다른 국면이다. 우리는 이것을 근대성이라는 남근을 쟁취한 후 '상징계 속의 실재계'란 허방에 빠진 한국문학의 현단계적 성격에서 오는 것이라 본다. 다시 말해 한국문학은 근대성이라는 남근을 향해 전력질주한 결과 근대라는 상징을 획득했으나 그 성취 직후 그 속에 숨겨진 실재계, 죽음의 유혹이라는 허방에 빠진 형국이라는 것이다.[47] 요컨대 한국문학은 그토록 소망하던 근대성—현실 권력에 맞설만한 주체성과 자율성을 획득한 뒤 새로운 상징계를 찾지 못하고 기존의 모든 것을 회의하고 해체하는, 거의 죽음에 가까운 파괴적 자기 소멸에 자신의 리비도를 소모하고 있다는 것이다. 이러한 맥락에서 우리는 최근의 젊은 작가들에게서 근대성이라는 남근phallus의 진면목에 데어버린, 배타적 자기동일성에 집착하는 주체에 염증을 느끼는, 더구나 신자유주의와 세계화의 조류 속에서 더욱 확장을 일삼는 주체의 욕망에 좌절한 이 시대의 단독자들의 진정성을 읽을 수도 있다. 그들의 해체와 파괴는 우리들이 여태까지 알면서도 모른 체 숨겨왔던 인간과 사회의 진면목들을 일정 부분 드러내 주고 있기 때문이다. 가령 가족 해체나 파괴를 즐겨 다루는 최근의 가족 소재 소설들은 우리가

---

[47] 상징계에 도달한 후 상징계 속에 숨어있던 실재계, 즉 죽음이라는 허방이 작동하는 심리적 메커니즘에 대해서는 권택영의, 『라캉, 장자, 태극기』, 120~135면 참조.

지상의 목표로 알던 '홈 홈 스위트 홈'이라는 구호도 초기 자본주의가 성립될 당시의 도시화·핵가족화 현상이 가져온 하나의 임의적 이데올로기임을 깨우쳐 주었으며, 자신들은 행복의 단위라 여기는 가족(가정)이 타자에게는 또 하나의 억압적이고 배타적인 요인이 될 수 있음을 깨우쳐 준다. 심지어 가족 내부에서조차 구성원들 서로가 사랑이라는 이름으로 부당한 억압과 희생을 강요할 수 있는 집단이 가족일 수 있음과 특히 여성에게 그러한 억압과 희생은 더욱 유별했던 것임을 최근의 가족 소재 소설들은 선명히 부각시킨 바 있다.

그러나 탈근대적인 이러한 문제의식들이 언제까지나 그 의의를 지속할지는 의문이다. 무엇보다 우리의 삶을 건강하게 지속하고 영위하는 데 해체와 파괴만이 능사는 아니기 때문이다. 예컨대 전혀 타인이던 사람들이 우연히 모여 서로를 보살피고 경제적인 협업조차 무난히 이루는 윤성희의 「유턴지점에 보물을 묻다」에 나오는 타인들의 결합체가 과연 대안가족으로 그 성격을 지속시켜 나갈지는 의문스럽다. 피를 나눈 혈연가족들조차 정신적·물질적 갈등과 대립을 거듭하기 일쑤인데 전혀 남남이던 사람들이 모여 그 중의 막내를 대학까지 보내고 '작은 아파트 네 채와 소형차 네 대'로 재산을 불리는 데까지 이른다는 것은 거의 환상에 가까운 설정이 아닐 수 없다. 마찬가지 맥락에서 전경린의 『내 생에 꼭 하루…』에 나오는 미흔처럼 가정이 다 붕괴되고 아이까지 버리고 나온 여인이 삶의 새로운 의욕을 불태운다는 것도 과연 가능한지를 회의치 않을 수 없는 것이다.

가정(혹은 가족)은 남편/아내, 부모/자식이라는 혈연관계를 기초로 하여 신체적·정서적 보살핌이 행해지는 곳이며, 성과 애정이 합법적으로 교류되는 곳이며, 인간의 본능인 종족유지와 번식이라는 욕망이 안정적으로 해소되는 공간이며, 긴 시간이 요구되는 자녀의 사회화를 성취할 수 있는 곳이며, 경제적으로 생산과 소비를 위한 협업이 이루어지는 곳이며, 친족이라는 관련 집단으로 정신적 물질적 유대관계를 가능케 하는 곳이다.[48] 이처럼 기능적인 측면에서 국가나 사회기관이 할 수 없는 역할을 가족은 누구보다 지속적이며 공고하게 수행해내는 집단이며 무엇보다 이러한 역능이 사랑과 친밀함이라는 정서적 기초 위에 이루어진다는 점에서 가족의 존재의의를 아무도 부정할 수는 없다. 그러므로 우리의 문학도 이제는 가족을 다루는 소설에서 해체와 파괴만을 능사로 할 것이 아니라 새로운 윤리와 정서를 찾아야 할 시점에 이르렀다.

7. 마무리를 대신하여

가족 문제를 떠나서라도 우리 문학이 다루는 과업이 해체와 파괴만이 능사일 수는 없는 것은 남근―권력 혹은 유토피아―의 진상을 알아채고 거기에 집착할 때 남는 것은 죽음밖에 없기 때문이다. 해체하고 파괴하고 그리하여 마침내 다다르는 곳은 실재계―죽음의 세계이기 때문이다. 서언에서도 언급한 대로 죽음에 집착하는 요즘의 한국문학이 당면한 과제는, 그 진실을 꿰매고 봉합하는 작업이다. 이것은 삶의 문제를 미봉하라는 주문과는 다른 것이다. 삶의 새로운 진실을 찾아 문학은 기능하여야 하며, 최근의 가족 소재 소설들이 보여주듯이 가족과 가정으로부터의 탈주가 목표하는 것이 진정한 개인의 자유라면 그 개인주의에 기반하여 새롭게 생성된 바람직한 관계의 망을 그 단초나마 보여주어야 한다는 것이다.

---

48 박경란·이영숙·전귀연 공저, 『현대가족학』, 18~20면.

이에 대해서는 앞서 언급한 것처럼 가족의 해체를 극단까지 실험한 전경린이 최근에 새롭게 발표한 가족 소설 『엄마의 집』에서 새로운 전망과 윤리를 제공한다. 이 장편에서 전경린은 무엇보다 『내 생에 꼭 하루…』에서 버린 어린 아들 '수'의 후신이라 할 만한 딸 '호은'을 등장시켜 이혼 가정의 자녀가 입을 수밖에 없는 마음의 상처를 어루만지는 데 줄거리의 대부분을 할애하고 있다. 그리고 이혼한 남편에 대한 시선도 원한과 혐오의 그것이 아니라 '이해와 수긍'[49]의 시선을 보낸다. 그녀는 사랑이라는 개념에 억압당했기 때문에 남편과 이혼했으며 그런 개념의 자를 버린 지금은 그와 함께 "세상의 높은 곳과 낮은 곳을 함께 흘러"[50] 갈 수 있을 것이라 고백한다. 또한 딸 호은이 엄마에게 가장 중요한 건 뭐냐고 묻자 서슴없이 "내가 엄마인 거"[51]라고 답한다. 그러면서 덧붙이는 그녀의 다음과 같은 전언.

> 이 기분을 좀 과장해서 말하자면, 세상도 내 뱃속으로 지나가게 할 수 있을 것 같아. 그러니, 사랑스러운 사람들뿐 아니라, 시시하고 고약한 사람들이나 가여운 것들에게도, 혹은 지리멸렬하고 역겨운 일에 처했을 때도 이런 식이지.[52]

전경린이 새롭게 발견한 엄마의 자리는 『내 생에 꼭 하루…』에서의 배제적이고 공격적인 엄마와는 다르게 세상 모두를 포용할 수 있을 만큼 크고 넓은 - 모성의 자리이다. 이처럼 포용적인 모성은 작가가 스스로 밝힌 것처럼 "한 여자가 집을 갖는다는 것은 (…중략…) 누구의 간섭이나 방해

---

49 김형중, 「해설-페넬로페의 후일담」, 『엄마의집』(열림원, 2007), 294면.
50 전경린, 위의 책, 207면.
51 위의 책, 271면.
52 위의 책, 272면.

도 받지 않고 온전히 자유롭게 존재하는 것"[53])이라는 주체적 여성으로서의 독립 선언과도 전혀 모순되지 않는다. 이는 자율적 주체이면서도 타자를 포용하는 탈근대 이후의 바람직한 윤리에 해당하는 것으로 남녀를 불문하는 보편성을 가지는 윤리이다. "나와 내 아이들, 그리고 이 세상 모두에 대한 순정한 사랑을 증명하는 마음"[54])으로 이 소설을 썼다는 작가의 말에 전적인 지지를 보내지 않을 수 없는 것은 삶의 시련과 고비를 온전히 곰삭여낸 전경린에게서 가족의 해체, 파괴를 따뜻하게 봉합하려는 진정한 사랑과 화해의 정신을 읽기 때문이다.

  우리는 앞선 사람들의 삶과 시간으로부터 자유로울 수 없고 그들이 힘겹게 걸었던 삶과 시간에 빚진 자들이다. 가족 또한 마찬가지이다. 그것은 오랜 관습과 제도의 세례를 거쳐 오늘에 이른 것으로 사랑하는 부부와 양육 받는 아이들이 하나의 사회적 최소 기초단위를 이룬다. 이 최소 단위는 삶의 외풍을 막는 보금자리로, 또는 우리가 사는 세계를 조화롭게 만드는 최초이자 최후의 학습장으로 기능한다. 오늘의 한국문학은 이 점에 착목하여 근대라는 남근의 성취 이후 목표 상실에서 오는 방황을 멈추고 문학이 목표하는 인간다운 삶의 모습이 어떠한가를 가족의 이름으로 재구해야 할 것이다. 이미 습작생들은 영문도 모른 채 마치 유행을 타는 양 가족의 파괴와 해체라는 주제에 빠져들고 있는 이즈음의 세태를 참고로 부기하면서 이 글을 닫는다.

---

53 「작가의 말」, 위의 책, 300면.
54 같은 책, 301면.

대중문학 60년의 자취와 전망

　대중문화, 대중사회, 대중적 취향 등의 용례에서 보듯이 '대중' 이라는 용어의 급속한 부상이 눈에 띄는 이즈음이다. 1980년대까지만 해도 다수의 군중을 지칭하는데 쓰이던 '민중' 이란 용어는 어느덧 사라지고 1990년대의 언제쯤인가부터 '대중' 이라는 집합명사가 민중을 대치한 개념으로 온전히 자리 잡은 형국이다. '민중the people' 은 의식의 각성에 따라 이념적 지향성을 가질 수 있는 피지배 계층이라는 정치적 함의가 강한 개념이지만 '대중the masses(혹은 the crowds)' 은 자기의 본성과 취향에 따라 움직이는 무이념, 무계급, 무지향의 군중들이란 점에서 민중과 그 개념을 달리 한다. 이처럼 정치적·이념적 지향성이 탈색된 대중이라는 용어가 1990년대 중반 무렵부터 민중을 대신하기 시작한 것은 우리 사회의 정치·경제·문화적 지형의 변화와 관계가 깊다. 1990년대 초 문민정부의 탄생으로 인한 정치적 저항 이슈의 약화, 세계화와 신자유주의의 확산에 따른 경제 지상주의, 지식 정보화 시대의 도래에 의한 정치, 경제, 문화 등 모든 측면에서의 급속한 권력 분산이 대중이라는 용어의 부상을 도운

사회학적 요인으로 판단된다. 지금 현 정부의 실정을 성토하는 촛불 시위가 이처럼 정치적·이념적 성향에서 자유로운 대중들에 의해 마치 축제처럼 발생했다는 것이야말로 우리 사회의 변모한 양상을 입증하는 단적인 사례이다.

그러나 '대중문학'이라 할 때의 '대중'이라는 수식어는 문학 예술계에서는 그리 명예롭지 못한 수사修辭이다. 무이념, 몰가치한 주제의식으로 상업적 성공만 따진다는 관념이 진지한 문인들에게는 보편적 통념이 되어 있기 때문이다. 이분법적 선/악 구분에 따른 인물들의 대결 양상, 안이한 문제 해결 방식, 구성이나 묘사 등 문예미학적 측면의 부실함 등이 그러한 통념을 가져온 주요인으로 자리한다. 이러한 문제를 안고 있음에도 불구하고 건국 이후 60년간의 대중문학을 살펴보는 자리를 마련한『우리 길벗』편집국의 취지는, 대중이라는 용어 또는 대중문화-고급문화가 아니라-가 시대의 중요한 핵심 코드로 떠오르는 시대적 특성을 감안한 데서 비롯한 것으로 짐작된다. 아닌 게 아니라 요즘은 본격문학 그룹 군에 속하는 시인들조차도-대체로 2,30대의 젊은 그룹들이긴 하지만-하위문화sub-culture라 할 만화, 무협, 대중가요, 록음악, 인터넷 게임 등을 거리낌 없이 시작의 소재로 차용하고 있을 정도로 대중문화는 우리의 삶에 깊은 자장을 미치는 형편이다. 소설 쪽에서도 백민석이 진작 대중문화를 그의 소설 속에 끌어들였고 요즘 한국 문단의 대표주자라 할 만한 김영하의 경우도 신문기사식의 스피디한 문체에 추리, 호러, 영화 등 다양한 장르를 뒤섞은 내용과 형식으로 일반 독자와 문인의 구분 없는 각광을 받고 있는 형편이다. 사정이 이러하니 기존의 대중문학에 대한 검토와 바람직한 전개방향에 대한 숙고는 충분한 의미를 갖는 일이겠다.

우리 대중문학 60년사를 돌아보려 할 때 자연히 떠오르는 의문은 어떤 작품을 대중문학이라는 범주에 포함시키는가 하는 문제이다. 일반의 통념에 의해 대중문학작가라 불리는 이도 앞서 언급한 대중문학의 한계를 어느 정도 극복한 이도 드물게 있기 때문이다. 이런 문제는 작품의 시대적·역사적 문제의식이 얼마나 긴 호흡을 가지고 있느냐에 따라 판단해야 할 수밖에 없다는 것이 짧은 글을 써야 하는 이 글의 속사정이다.

대한민국 정부 수립 이후 가장 먼저 대중문학적 성가를 얻은 작품으로 첫손에 꼽히는 것은 정비석의 『자유부인』이다. 이 작품은 1954년 〈서울신문〉에 약 9개월 정도 연재되어 장안의 비상한 화제를 불러일으킨 바 있고 책으로 출간되자마자 당시의 출판계 사정으로서는 상상할 수 없을 정도로 10만 부 이상이 팔린 베스트셀러가 되기도 하였다. 대학교수 장태연의 부인인 오선영의 세속적 타락상이 주된 줄거리인데 오 여사가 기웃대며 선망하는 유한부인들의 계모임, 그들의 허영과 사치, 오 여사의 불륜이 주된 스토리 라인이고 이에 더해 당대 정치인·사업가들의 모리배적인 타락상들이 부가적 스토리를 이룬다. 전후사회를 봉건주의 사회에서 자유민주주의 사회로 넘어가는 과도기로 규정하고 그 과도기적 혼란상과 부패상을 그리려 했다는 창작의도를 작가 스스로 밝힌 바 있지만, 이러한 의도는 상당 부분 성공을 거둔 것으로 평가할 수 있다. 전쟁이 막 끝난 후 가치관의 진공상태인 한국사회를 휩쓴 미국식 문화와 가치관의 천박한 수용 양태를 묘사하는 데 소설은 상당한 정도의 성공을 거두었기 때문이다. 아마도 이러한 성공은 정비석이 일찍이 자신의 『소설작법』(1950)에서 "통속소설의 사회 교화적 역할을 무시해서는 안 된다"고 하는 주장을 펼칠 정도로 자신의 주장을 확실히 갖춘 작가였기 때문에 가능했을 것으로 보인다. 그러나 이 소설의 한계 역시도 그의 확실한 통속소설 옹호론으로부터 온다. 통속소설이 갖는 사회 교화적 측면에 유의하느라 오선영 여사의 불륜은 남편 장태연 교수의 학자적 양식과 인품에 새삼 감복한 오여사에 의해 한때의 탈선으로 마감되고 말기 때문이다. 더구나 이 불륜이란 것도 대학생 신춘호와의 일시적 춤바람 정도 - 오여사는 상상 속의 정사나마 부끄럽게 여기고 집으로 돌아오는 것으로 마무리되고 있으니 작가의 윤리적 교사의식의 강도가 어느 정도인 것을 알 수 있게 한다. 이 소설이 연재되던 당시에 대학교수의 인품과 사회적 지위를 모독했다 하여 서울대 법대 교수이던 황산덕이 이 작품을 공격함으로써 작가와 벌인 논쟁은 참으로 금석지감을 갖게 한다. 요즘은 스무살 가까운 나이 차이의 연상녀 연하남의 불륜이 공공연히 TV를 통해 안방으로 침투하는 세태이니 말이다. 어쨌든 『자유부인』은 당대 세태의 실감나는 묘사와 윤리교사적 결말이라는 성패 양면의 결과를 거두어 대중소설의 모델타입을 제시한 작품이라는 의미를 갖는다.

　『자유부인』 이후 1960년대는 전혜린, 박계향 등의 여성작가들이 대중의 감성을 한때 자극하였으나 한동안 적막한 시기를 거친다. 그러다가 1970년대 들어 산업화가 본격적으로 진행됨에 따라 대중문학은 새로운 개화의 시기를 맞는다. 산업화가 이룩한 경제적 여유가 읽을거리를 찾는 대중들의 욕구를 증폭시켰고 동시에 작가 측면에서는 산업화가 가져온 여러 사회적 병폐와 모순들을 예민하게 반영하는 순발력을 발휘한 탓이다. 이 시기 대중문학의 파급력과 문제성을 전형적으로 보여준 작가는 최인호이다. 그는 1972년 〈조선일보〉에 『별들의 고향』을 연재하여, 주인공 '경아'를 더 이상 불행하게 만들면 가만 있지 않겠다는 독자의 반응이 날아들 정도로 폭발적 인기를 모았고 그 다음해 이를 책으로 출간하여 수십만 부가 팔리는 기록을 남긴다. 이장호 감독이 영화화 하여 공전의 히트를 기록한 것도 잘 알려진 사실이다. 실상 1970년대에 청장년기를 보낸 사람이라면, 시골에서 상경하여 순수한 사랑을 꿈꾸던 여자가 도시의 천박한 욕정의 배설구가 되어 비참한 결말을 맞이하는 애잔한 영화의 장면을 누구라도 기억할 것이다. 이 소설이 이처럼 강렬한 인상과 대중적 파급력을 지닐 수 있었던 것은 작가가 30년 뒤의 어느 에세이에서 밝힌 것처럼『부활』의 카츄샤, 토마스 하디의 테스만큼 기억에 남을 여인상을 창조하고 싶었다는 작가적 욕망에 기인할 것이다. 그러나 그 욕망인 즉 작가의 재능이라 할 수 있을 터인데 최인호는 급속한 산업화와 도시화에 따른 부정적 측면을 갈파할 줄 알았고 사회의 모순과 억압이 흔히 여성을 희생양으로 삼는다는 데 착안할 줄 알았던 영민한 안목의 소유자였던 것이다. 이러한 안목으로 그는 우리가 버린 여자 '경아' – 라는 죄의식을 대중의 가슴에 각인시킬 정도로 대중적 성공을 거둔다. 그런데 이 소설은 산업화와 도시화에 패잔한 여성의 슬픈 서사로서만 성공한 것이 아니고 "한 가을 남들이 다 돌아올 시간에 그녀는 떠난다. 밤에 더욱 빛나는 야광을 몸에 바르고 번쩍이면서 일몰의 저녁 순간에 불확실한 그림자를 길게 끌며, 지치고 더러운 거리로 나가기 시작한다."는 문장처럼 최인호의 빛나는 감각적 묘사와, 경아의 삶을 부감하는 치밀한 구성의식이 성공 요인의 또 다른 축을 차지한다. 달리 말해 아웃사이더적 문학을 고집한 최인호의 작가적 개성과 특유의 미의식이 이 소설의 성공을 가능케 한 또 다른 동인이라는 것이다. 이렇게 본다면 그가 우리나라 소설가 중 가장 많이 영화화 된 작품을 가진 작가이며, 블루진 통기타 생맥주로 대표되는 부박한 청년문화론의 주창자이며, 자본주의 문화의 상업성을 대중적으로 가장 잘 활용한 작가라는 평들에 기대어 폄하할 수만은 없게 된다. 허브트 갠스가『대중문화와 고급문화』에서 지적한 것처럼, 대중문화라 하여 상업적으로 조작한 성과물일 수만은 없고 다수 대중의 욕구와 미감을 잘 반영한 결과물일 수 있다는 견해는 최인호가 이룬 성과를 적절하게 대변한다.

그러나 대중문학과 본격문학의 구분을 무용하게 만들 최인호와 같은 성취는 매우 드문 경우에 속한다는 것이 이후에 전개된 대중문예물들의 양태이다. 우선 조선작의 『영자의 전성시대』나 조해일의 『겨울여자』는 개발 독재시대의 제물인 여성 주인공을 내세웠으나 그 선편을 최인호에게 빼앗겨 그 존재감이 미약해졌음을 부기해 두자. 그리고 1980년대에 들어서면 김홍신의 『인간시장』이 등장한다.

김홍신의 『인간시장』은 한마디로 1970년대에 성행했던 중국 무협물들의 흔적이 진하게 묻은 소설이다. 장총찬이란 주인공은 은둔 승려에게서 무예를 배워 일당백의 무술실력으로 인신매매꾼, 사이비교주, 모리배 정치인, 악덕 사업가 등을 징치하는 – 말 그대로 정의의 사도이다. 장총을 차고 불의를 징계한다는 그의 이름답게 그는 영웅적 면모를 띤 무협소설의 주인공과 흡사하다. 1980년대가 군사정권의 폭압성과 그에 기생한 부정부패가 도를 넘던 때이어서 장총찬의 영웅적 활약상은 대중들에게 마치 하나의 캠플 주사와 같은 역할을 하여 이 소설은 최초의 밀리언셀러가 된다. 그러나 『인간시장』은 독자들에게 일시적 카타르시스는 제공했을지는 모르지만 대중문학이 가지는 문제를 온전히 노출한다. 우선 장총찬이란 영웅적 인물이 현대에는 불가능하다는 점인데 그는 무술, 노름 기술, 소매치기 기술 등을 갖춘 거의 전능에 가까운 인물로 그의 손에 걸려들면 온갖 사회악이 여지없이 징벌된다. 사회적 모순과 부조리에 대한 이와 같은 해결방식은 사람들에게 진정한 문제의식을 희박하게 만들고 일회성의 위안은 오히려 사회적 모순을 은폐시키는 역할까지를 가능케 할 수도 있는 역기능을 지닌다. 다음으로 이처럼 영웅적 인물이 행하는 무협담을 전개하다 보니 소설의 필연적 인과성은 자연히 증발되고 우연성이 남발되는 양상을 드러낸다는 점이다. 이러한 문제가 있음에도 불구하고 대중들이 이 소설에 열광한 것은 프레드릭 제임슨이 『대중문화에서의 물화와 유토피아』에서 지적한 바와 같이 대중문화(학)도 나름의 유토피아니즘을 제시하기 때문이다. 『인간시장』의 경우 대중들에게 부정과 부패를 저지르는 정상배나 사기꾼 들은 언제나 징벌된다는, 이른바 권선징악에 의거한 이상적 사회상을 제시한 것, 그리고 총찬과 다혜의 순수한 사랑과 같은 요인이 대중들의 욕구와 일치하여 큰 성공을 거둔 것으로 볼 수 있다. 그러나 이러한 유토피아니즘이 우리 현실의 삶 자체와 일치하지 않음은 물론이다. 선/악의 이분법적 세계 이해방식으로 인간들을 가름할 수도 없고 현실의 운행 양상은 항상 복잡다단하여 이분법적 일도양단의 잣대로 문제가 해결되지 않는 경우가 다반사이기 때문이다.

1990년대에는 김진명의 『무궁화꽃이 피었습니다』가 300만 부나 팔리는 기염을 토하는데 이 소설 역시 『인간시장』과 유사한 문제가 지적된다. 북한이 개발한 핵폭탄의 위력을 빌어 독도문제로 도발해 온 일본을 제압한다는 결말인데 민족주의적 감성을 한껏 충족시켜 주기는 하지만 전혀 비현실적이다. 특히 권순범이라는 기자가 여기서는 장총찬과 같은 영웅적 활약상을 보이는데 그가 조국을 구하기 위해 벌이는 온갖 영웅적 활약상은 또한 온갖 우연적 행운으로 가능할 따름이다. 이처럼 인과성도 부족하고, 묘사보다는 사건전개에 치중하는 대중문학적 특성을 유감없이 드러내는 이 작품에 독자들이 열광한 것은 이 소설이 가진 민족주의적 감화력 때문이다. 1990년대에는 민족주의라는 코드가 대중의 유토피아니즘이 되었다 할 만한 것은 이 시기에 『소설 동의보감』, 『소설 토정비결』, 『소설 목민심서』 등이 베스트셀러의 반열에 오른 것을 보면 짐작할 수 있는 일이다. 그러고 보면 대중문학의 유토피아니즘이란 대중들이 원하는 당대적 욕망과 일치하는 것이지, 먼 안목으로 톺아낸 역사적·시대적 선견은 아닌 것임을 알 수 있다. 아카데미즘에서 민족주의란 이미 1960년대의 한국학 연구에서 그 기반을 다진 것이며, 그러한 역사의식은 1980년대에 군부독재에 대한 정치적 저항의지와 함께 한국사회의 저변으로 확산된 것이었기 때문이다.

'90년대에는 『아버지』, 『국화꽃 향기』 등과 같은 소설도 대중소설로서 베스트셀러의 반열에 올랐다. 『아버지』의 경우 아버지를 가족으로 인한 희생양으로 일방적으로 몰아간 것도 그렇지만 도대체 문장이 비문 투성이어서 어째서 이런 책이 팔리는가란 의문을 가진 적이 있다. 이 시기에 이미 전지구적 자본주의화에 따른 생존 경쟁이 격화되고 구조조정, 명예퇴직 등의 용어가 일상화되다 보니 그동안 눈여겨보지 않았던 아버지들에 대한 새삼스런 관심이 이 책의 인기 요인이 되었겠는데 허망한 일이었다.

'90년대는 이른바 통신문학으로 시작한 인터넷문학이 대중문학의 저변을 넓히는 큰 요인이 된다. 이우혁의 『퇴마록』이 잘 대변하는 것처럼 이들 통신문학, 인테넷문학들은 마치 컴퓨터의 작동원리처럼 선형적 무한 증식을 스토리 전개의 원리로 한다. 일정한 주제의식, 그에 따른 중심스토리 라인이 있는 게 아니라 앞의 이야기가 뒤의 이야기를 만들어내는, 이야기 자체의 무한 증식이 그 특징이라는 말이다. 퇴마사라는 것 자체가 허황한 설정이므로 스토리는 작가가 마음먹은 대로 얼마든지 뻗어나갈 수 있는 것이다. 이영도의 『드래곤 라자』까지를 포함한 '90년대의 환타지 문학이 다 이런 특징을 지닌 소설이고, 한때 '귀여니' 열풍을 일으켰던 하이틴 소설류도 이런 식이기는 마찬가지다. 단지 귀여니는 넘치는 욕설과 비속어, 문법과 맞춤법을 무시한 인터넷식 글쓰기로 10대들에게 어필한 점이 다를 뿐이다.

2000년대에 들어서도 인터넷 소설은 여전히 동호인 그룹들에 의해 활성화되고 있는 듯하지만 이우혁, 귀여니 같은 스타를 만들어내지는 못했다. 그럼에도 불구하고 인터넷 상의 문학은 환타지, 호러, 로맨스 등의 장르를 형성한 채 여전히 지속될 것이다. 잘 알려진 바와 같이 대중들의 자기 표현욕구가 인터넷이란 대중전달 매체를 만나 만개한 탓도 있지만 무이념, 무지향의 대중적 특성이 이야기의 증식과 재미 자체에 집중하는 인터넷 문학의 특성과 부합하는 탓이다.

이러한 현상과는 별도로 〈조선일보〉에서 이른바 중간문학이란 장르를 설정하고 '뉴웨이브 문학상'이라는 공모제를 시행하는 것은 눈여겨 볼 만하다. 대중문학적 요소와 본격문학적 요소를 접합하여 흥미와 유익을 동시에 추구하자는 시도인데 의미있는 기획이라 생각된다. 단적으로 말해『다빈치 코드』와 같은 소설을 우리도 내놓자는 시도이겠는데, 필자 역시도 '90년대 초반에 법률·의학·역사·과학 분야 등의 전문가 소설-요즘 일컫는 장르 소설의 융성을 당시 〈문화일보〉의 문학 월평에서 제안한 바 있어 이러한 시도에 흥미를 느끼지 않을 수 없다.『다빈치 코드』는 스릴러물인 점에서도 그렇지만 수수께끼를 푸는 데 동원된 종교적, 고고학적 지식 등이 그 사실성과는 별개로 독자들에게 지적 자극과 함께 더할 수 없는 흥미를 제공한 소설이다. 우리도 그레엄 그린, 시드니 셀던, 도리스 레싱 같은 작가를 가질 수 없는 이유가 없고, 지적 자극이나 유희와 함께 이 세계의 숨겨진 다른 면목을 알리는 것은 문학이 가져 마땅한 순기능이다.

필자는 음악에서 대중음악과 클래식 음악의 구분이 있듯이 본격문학과 대중문학의 구분은 아직도 필요불가결하다고 여기는 입장이다. 그러나 대중가요는 저급하니 가치가 덜하고 클래식은 고급하니 더 중요하다고 생각하지도 않는다. 대중은 대중이 즐기는 문화가 있고 있어야 한다. 말할 것도 없이 필자도 그 대중 가운데 한 사람이다. 그렇지만 이 두 문학(혹은 문화) 사이의 간격이 좁아졌으면 하는 바람을 가지고는 있다. 그것은 물론 하향평준화이기보다는 상향평준화 되는 것이 바람직할 것이다. 대중문화가 좀 더 세련되고 정화된 감성의 표현 매개가 될 때 우리들 삶의 격도 그만큼 높아질 것이며 평화롭고 화해로운 세계를 꿈꾸어 보는 것도 훨씬 용이할 것이므로.

매니아 예찬

1

요즘 나름의 개성을 발하는 독특한 작품 세계로 주목받는 작가에 김중혁이 있다. 이 작가는 첫 소설집 『펭귄 뉴스』에서 이미 자전거, 라디오, 타자기, 지도 등 사소하고 낡아빠져서 사람들에게 잊혀지고 있는 사물들에 대한 애정을 듬뿍 바쳐 매니아적 자질을 과시한 바 있는데, 최근의 소설집 『악기들의 도서관』에서는 음악에 대한 매니아적 열정을 현란하게 드러낸다. 이 소설집의 단편들 대부분은 리믹스 DJ, 소리 채집가, 합창단원 등 음악에 빠진 인물들이 주인공이며 사건 전개에 동원된 소재들도 피아노, LP 음반, 음악파일, 전기기타, 합창 등 한결같이 음악과 관련된 것들이다. 음악에 관한 그의 정보나 지식의 양도 대단하지만 이런 것을 소재로 작품을 꾸미는 그의 상상력도 흥미롭고 평가할 할 만한 점이 있다. 이 소설집의 표제작인 「악기들의 도서관」은 나에겐 매니아의 열정이란 무엇이며 매니아가 닿고자 하는 세계가 어떤 곳인지를 전하고자 하는 소설로 읽혔다.

이 단편의 주인공은 목숨이 위태로울 뻔한 교통사고를 당하고 난 이후 '아무것도 아닌 채로 죽는 건 억울하다'는 문장에 들메어서 존재의 변신을 겪는다. 다니던 직장에 사표를 내고 사고 보상금과 퇴직금으로 술이나 마시며 무위의 날을 보내던 이 주인공은 어느 날 악기 매장에서 자신이 심취할 대상을 발견한다. 악기, 즉 음악에 매달려 보기로 한 것이다. 그러나 악기 연주에는 자신의 소질이 떨어진다는 것을 발견한 주인공은 악기의 소리를 채집하는 데 문득 흥미를 느끼고 모든 악기들의 소리를 분류하고 그것을 저장해 두는 데 자신의 에너지를 몽땅 바친다. 그렇게 채집한 소리들이 무려 600여 가지에 이를 정도이다. 우리가 생각하기에 무용하기 짝이 없는 이 작업에서 주인공은 '아무것도 아닌 채 죽는 것'을 면하는 방법을 찾아낸 것으로 보인다. 왜냐하면 그가 채집한 소리는 원하는 악기 소리를 듣고자 하는 사람들에게 굉장한 인기 아이템이 되어 그가 일하고 있던 악기점을 일약 악기도서관으로 격상시키는 단계에까지 이르기 때문이다. 악기도서관은 악기 소리가 궁금한 사람, 아이들에게 특정 악기 소리를 들려주기를 원하는 사람, 악기 소리가 음악보다 집중력을 더 하게 해준다는 사람, 잠이 오지 않을 때 곧 바로 잠이 들게 해 준다는 사람 등에 의해 엄청난 지지를 받는 인기를 누리게 되었다는 것이, 이 단편의 내용이다.

악기 소리를 채집 저장해서 악기들의 도서관을 만든다는 이 소설의 줄거리는 제법 황당해서 처음에는 매우 전위적이고 실험적인 소설인가 하는 착각을 잠시 안기기도 한다. 그러나 이 단편집의 다른 단편들을 참조하게 되면 이 작가의 음악에 대한 열정과 관심을 알게 되고, '아무것도 아닌 채로 죽는 것'을 면하는 데는 삶의 에너지를 전폭적으로 쏟아 부을 어떤 대상이 필요하고 그것은 오히려 아무 것도 아닌 것—무용한 것임으로 하여 더욱 의미 있는 것이라는 메시지를 전하는 것임을 알게 된다. 실상 악기 소리만 채집 분류한 것에 누가 흥미를 보일까 싶은데 이를 굳이 소설의 라이트모티브로 선정한 데서 작가의 의도가 선명하게 읽히는 것이다.

2

실상 매니아의 자질은 아무 것도 아닌 것에 자신의 여분의 에너지를 쏟아 붓는 데서 그 자격조건을 획득할 수 있을 터이다. 교환가치가 성립되는 일이나 사물에 몰두하는 사람은 이미 사업가나 상인이란 호칭이 적합할 터이기 때문이다. 수집해 두면 장차 환금성이 있을 것 같아 옛날 화폐를 열심히 모으는 사람, 역시 그런 기대로 우표를 모으는 사람, LP판을 수집하는 사람, 부러진 개다리소반을 찾으러 다니는 사람들을 우리는 매니아라 이르지 않는다. 이런 일을 하더라도 경제적 환금 목적 없이 이에 몰두하는 사람들이 매니아인 것이다. 이렇게 본다면 무상의 보람, 무용의 용에 더 흥미를 가지는 사람들이 매니아의 자격조건에 딱 부합하는 사람이다.

무용의 용이라 하면 『장자』의 「인간세」편에 나오는 쓸모없는 나무 이야기들을 떠올리지 않을 수 없다. 너무 크기만 해서 오히려 쓸모가 없기에 사람들에게 베이는 화를 면했다는 이야기가 두 편이요, 그처럼 무용한 경지야 말로 신인神人의 경지라는 것이 또 다른 한 편으로 특히 후자의 경우가 장자가 주장하는 쓸모없음의 진정한 가치를 잘 대변한다. 후자의 줄거리는 다음과 같다.

남백자기가 상구에 놀러 갔다가 유난히 눈에 띄는 큰 나무를 보았다. 가까이 가서 보니 네 마리 말이 끄는 수레 천대가 나무 그늘에서 쉴 수 있을 정도였다. 남백자기가 말했다.
"이건 무슨 나무일까? 반드시 큰 재목이 되겠군."
그러나 위를 쳐다보니 가는 가지가 꾸불꾸불 마구 꼬여 있어 마룻대나 들보 감이 될 수 없었고, 아래를 살펴보니 굵은 꼬리가 비비 꼬이고 얽혀 있어 널감도 될 수 없었다. 나뭇잎을 씹어 보니 금방 입이 부르트고 상처가 났다. 또 그 나뭇잎 냄새를 맡다가 갑자기 어지러워져 사를 동안 고통을 느낄 정도였다.
"정말 쓸모 없는 나무이니 이렇게 크게 자랐겠지. 아, 신인도 이렇게 쓸모없는 나무겠지."

여기서 신인이란 장자 스스로 「소요유」편에서 풀이하기를 세상의 어떠한 일에도 매이거나 막힘이 없는 광대한 정신세계를 가진 사람이요, 옥 같은 피부에 맑은 바람과 이슬을 먹고 사는 사람으로 용을 타고 노니는 사람이다. 다시 말해 신선이라 할 인물이다. 장자가 가장 높이 평가한 경지는 이처럼 실제적으로는 아무런 효용이 없는 사물이나 인물이었으니 이 무용의 용이 오늘날 문학(예술)이나 문화의 성격을 잘 드러내 주는 개념으로 빈번히 거론되고 있음은 주지의 사실이다. 그러나 무용의 용에 해당하는 문학이나 문화는 호이징하에게서 이미 그 효용을 지정받았듯이 세계를 새롭게 창조하고 질서지우며 미적 완성에 대한 인간의 욕망을 충족시키는 큰 쓸모를 지닌 것이다. 문학의 위기이니 문학의 죽음이니 하여도 그것이 한갓 헛된 췌사에 지나지 않는 것은 이처럼 그 무용함 때문에 인간만이 가지는 정신의 허기를 채워주는 쓸모를 문학이나 문화가 가지기 때문이다.

매니아적 열정이란 이런 점에서 그것이 문화 혹은 예술적 열정과 등가관계에 있음을 쉽게 유추할 수 있다. 어떤 현실적 보상을 바라지 않는 점에서 그러하며 자신의 에너지와 리비도를 소모하는 그 자체에서 그것은 기쁨과 보람을 찾기 때문이다. 앞서 언급한 악기도서관을 만들게 된 주인공도 순수하게 음과 소리에 집착한 나머지, 그것도 죽을 고비를 넘기고 뭔가 해야겠다는 결의로 시작한 것이 그 일이었기에 매니아의 자격을 획득하는 것이며 그것이 또한 음악과 관계된 데서 우리는 매니아란 문화예술과 특히 친연성이 깊은 것임을 알게 된다.

이렇게 본다면 우리의 문화예술의 발전을 위해서는 매니아 대망론이라 할 담론도 가능할 법하다. 어떠한 현실적 보상이나 교환가치에 대한 기대 없이 음반에 심취하고 기계에 빠지며, 원화가 아닌 화집의 그림에서라도 희열을 느끼며, 한 권의 낡은 책에서 흘러간 시간을 탐닉하는 그런 인물이 많을수록 우리 문화예술의 지층은 두터워 질 것이며 그로부터 더욱 뿌리 깊고 무성한 예술적 성과들이 나올 것이기 때문이다.

그러나 우리가 처한 한국적 환경은 이러한 매니아를 조장하는 사회는 분명 아닌 것 같다. 요즘 빈번히 거론되는 문화컨텐츠란 어휘가 그것을 증거한다. 근래에 우리의 매스미디어들은 잊을 만하면 문화컨텐츠 운운을 들고 나와 심사를 사납게 만드는데 이는 그 용어가 겉은 번드르해서 문화의 질을 크게 높일 것처럼 여기게 하지만 실인즉 장삿속으로 가득 찬 어휘이기 때문이다. '컨텐츠' 운운의 모호한 외래어가 '문화' 뒤에 붙어 있어 우리의 감식안을 흐리는 것인데 여기서 컨텐츠란 장사가 될 만한 내용물이란 뜻 외의 다른 것이 아니다. 그러니 문화컨텐츠 상품이란 것은 만화, 영화, 디자인, 컴퓨터 게임 등과 관련된 것으로 순문예 혹은 고급문화와는 별 관련이 없는 것이다. 물론 문학도 문화컨텐츠에 기초 재료를 제공할 수 있는 영역이 있고 그것을 활용해서 나쁠 것도 없는 일이지만 문화컨텐츠라 하면 우리의 문화적 수준과 경제적 수준을 일거에 높일 수 있는 호재라도 되는 듯 들먹이는 우리의 사회적 환경들이 문제라는 말이다. 경제적 상품성을 가진 과학 기술이 갑자기 개발될 수없고 탄탄한 기초과학의 바탕이 있어야 가능한 것처럼 문화산업도 이런 이치는 마찬가지일 텐데 우리의 문화적 기초 다지기는 생각지 않고 갑자기 문화의 상품화를 아닌 밤 중 홍두깨 격으로 외쳐대니 이것이 문제라는 것이다. 그러므로 우리 문화의 탄탄한 기초 다지기라는 측면에서라도 매니아들의 전성시대가 와야겠다는 생각이다.

3

그런데 매니아라 하면 일본이 우리보다는 한 수 위인 것 같다. 언제부터인가 그들이 입에 올리기 시작한 오타쿠[御宅]족들이 그렇다. 이들은 타인과 절연한 채 폐쇄적 생활을 하는 은둔형 외톨이들이기도 하지만 무언가 한 가지에 골몰하는 매니아의 다른 이름이기도 하다. 일본문화비평가인 김응교에 따르면 가장 최근의 오타쿠는 그들이 좋아하는 기호품이나 놀이에 골몰하는 쾌락적 양상을 보이는 모양인데 원래 이들의 선배격인 1세대 오타쿠—1960년대 생으로 만화나 SF영화에 탐닉하던 오타쿠들은 「신세기 에반겔리온」 등의 유명한 애니메이션을 창조해 낸 창작가들이 된다. 1970년대 생의 오타쿠들도 포케몬, 디지몬들을 만들어내 창조적 오타쿠 2세대를 형성한다는 것이다. 비록 하위문화이지만 이에 대한 매니아적 몰입이 결국 오늘의 게임강국 일본, 애니메이션 대국 일본을 만든 원동력으로 볼 수 있는 것이다. 물론 하위문화에서만 일본이 강한 것도 아니다. 잘 알려져 있는 것처럼 일본은 노벨 문학상을 이미 두 개나 수상한 전력을 가지고 있다. 올 해의 노벨상 수상자에 일본인이 세 명이나 포함되어 있어 우리 언론들이 요란을 떨었지만 기실 이미 일본은 문학, 물리학, 화학, 의학, 평화상 등 모든 분야에서 12명이 노벨상을 수상한 전력이 있을 정도로 예술과 과학 등에서 세계적으로 인정받는 문화 강국이다. 우리의 민족감정으로는 쉽게 용인키 어려운 일이지만 어쨌든 사실은 사실이니 이걸 폄훼하거나 시기해서 될 일은 아니다. 오히려 배울 건 배워야 할 일인데 나의 생각으로는 일본인들의 매니아적 기질이 이러한 성과를 가져온 큰 요인 중의 하나로 보인다.

   일본인들의 매니아적 기질은 여러 가지 사례로 입증된다. 2002년에 타나카 코이치라는 인물이 한 회사의 과장직으로 근무하면서 탁월한 연구 성과로 노벨화학상을 받은 뒤 자기가 이런 상을 받을 것이라는 것은 정말 생각해 본적이 없다며 얼떨떨해 하던 일, 상을 받은 뒤 에도 임원 승진을 마다한 일은 이들의 매니아적 기질이 전형적으로 발휘된 사례 중의 하나로 생각된다. 일본인들 가운데는 취미로 한국의 사찰을 연구한다는 이도 있다는 다큐 프로를 본 적도 있다. 일본의 독도 영유권 주장에 반대하는 학설을 내세우는 나이토 세이추라는 시마네 대학 동양사 교수와 아들은 2대에 걸친 전문적 한국불교연구자라 한다. 나 개인적으로는 한국인 도시 가족의 자살 연구를 테마로 삼은 일본인 문화인류학자를 알고 있다. 이런 사례를 들면 끝도 없을 것이다. 일제시대 당시에 이미 우리나라 문화재들의 아름다움에 심취하여 우리의 막사발을 세계적 도예품으로 승격시킨 야나기 무네요시, 우리 향가를 처음 해독한 코쿠라 신페이도 결국 이들의 매니아적 자질이 발현되어 우리의 학문적 개안에 기여하기조차 한 것이 아닐까 생각된다. 세계적으로 동호인 그룹이 형성되어 있는 하이쿠의 유니크한 성격, 가와바타 야스나리나 오에 겐자부로의 노벨상 수상도 이러한 자질과 멀지 않을 것이라 짐작된다.

4

　이런 일본을 참조하면 우리의 매니아적 풍토는 아직 척박하지 않은가 한다. 우리에겐 아직 매니아 문화라 할 만한 무엇이 형성되어 있지는 않은 것 같다. 대륙과 해양의 양대 세력에 끼어 늘 생존에 급급해 온 우리의 지정학적 환경, 일 이 십년 전에야 산업화를 완성하고 이제사 경제적 토대가 마련된 사회적 배경 등이 매니아들이 서식하기엔 적합지 않았던 탓인가 하는 짐작을 해 본다.
　경제적 토대가 웬만큼 마련되었다는 지금도 경제지상과 실용주의를 외치는 이명박 정부의 집권으로 매니아적 열정을 발휘하기에는 마땅치 않은 환경이다. 세계화니 신자유주의니 하는 것이 이른바 돈 놓고 돈 먹는 게임판도 아니고 돈도 놓지 않은 채 남의 돈을 먹으려 하는 미국 월가의 협잡질이라는 게 판명되어 세계가 아수라장에 빠져든 지금인데 우리의 미국 추수, 신자유주의 추종 망령은 언제나 우리에게서 떨어질 지 막막하다. 우리에겐 경제 매니아, 돈벌기 매니아들은 있어도 무용의 용을 추구하는 문화 매니아들이 성장하기에는 마땅한 환경이 아니지 않은가 싶다.
　그러나 환경 탓만을 하고 있는 것은 이 또한 매니아의 조건에 미달이다. 쓸모없음의 쓰임새를 위하여 좌고우면하지 않고 자신의 기호에 빠져드는 게 매니아의 조건이니까. 그렇다 하더라도 이런 매니아의 자격을 획득하는 데 아무래도 유리한 이들은 김중혁처럼 1980년대나 '90년대를 성장기로 거친 세대들이 아닐까 한다. 이들은 경제적 결핍에서 비교적 자유로운 시대를 거친 세대들이기 때문이다. 이런 점에서 요즘의 젊은 세대들이야말로 매니아로 크기에 딱 좋은 조건을 지닌 이들로 생각된다. 경제적 여유도 누릴 수 있게 된 지금이고 지식과 정보는 사이버 상에서 얼마든지 충족시킬 수 있는 환경이 된 것이 지금이기 때문이다.

　게임이나 만화, 애니메이션, 영화 등의 대중문화도 좋고 문화유적이나 민예품, 그림 등의 매니아도 좋고 우리가 돌아보지 않는 뒷골목 연구가도 좋고, 들꽃 연구가도 좋고 옹기 연구자도 좋고, 무엇이든 좋으니 쓸모없음 자체에 탐닉하는 매니아들이여 잡초처럼 무성할 지니—그대들이야말로 우리 문화의 앞날을 보증하는 든든한 지반이 될 것인즉.

한국인의 애정관*
— 문학 텍스트를 통한 통시적 고찰

1

사랑. 이는 우리들 인생의 영원한 주제이다. 남녀노소, 나라와 시대에 관계없이 모든 사람이 동경하고 예찬하는 것이 사랑이다. 사랑은 창작욕의 원천이며 예술 창작의 빠뜨릴 수 없는 소재이자 주제이다. 문학예술 역시 이러한 경우에서 예외일 수 없다. 불멸의 사랑에 대한 동경이 시로 형용되었으며 사랑을 얻기까지의 지난함 혹은 좌절로 인한 비극이 소설로 구성되었다. 한국문학에서도 남녀 간의 사랑은 창작의 근본 동인이며 중요한 주제였음은 두 말할 나위 없는 일이다. 많은 시와 소설들이 사랑을 노래하고 그것에 찬사를 바치는가 하면 이승에서 얻을 수 없는 사랑의 부재를 탄식하고 육신의 소멸조차 꺼리지 않는 욕정의 비망록으로 문학예술은 기능하여 왔다.

사정이 이러함에도 불구하고 한국문학에서, 특히 연구나 비평 쪽에서

---

* 이 글은 2001년 5월 계명대학교에서 열린 '퇴계탄생500주년 기념 국제학술대회'에서 발표한 것이다.

'문학 속의 사랑'에 대해서 깊이와 폭을 가지고 천착한 사례가 드물다는 것은 주목할 일이다. 문학의 중요한 제재와 주제가 '사랑'임은 상식에 가까운 일인데, 그것은 너무 일상적이고 친근한 것이어선지 연구자들의 관심의 포충망을 늘 벗어나 있었다는 느낌이다. 가령 고전문학 분류의 한 하위 장르인 '염정문학艶情文學'이란 장르는 우리에게 얼마나 구태의연하고 상투적인 어감으로 다가왔던가? 한자어로 어렵사리 만들어낸 '염정문학'이란 용어의 생경함도 그렇지만 문학에 사랑이 깃들지 않은 것이 어디 있기에 그런 장르의 설정이 필요하단 말인가 하는 것은 필자만의 느낌은 아니지 않았을까 한다. 이러한 예단을 증거해 주는 것이 고전과 현대문학을 통털은 '애정문학의 역사' 같은 연구서가 거의 눈에 띄지 않는 사정이다.[1] 아마도 이러한 상황은 우리 문학이 현실의 모순과 부조리를 지적하고 비판하며 그것의 개선에 앞장선다고 하는 리얼리즘 전통에 익숙했던 데 기인하는 바 큰 것으로 판단된다. 그렇다고 하는 것은 냉전체제의 붕괴 이후 이데올로기 대립이 사라진 '90년대 이후 리얼리즘이 약화되면서 우선 창작에서부터 사랑 자체를 주제로 한 창작물이 쏟아지고 있음과 비평가들도 이러한 주제에 이전과 다른 관심을 표명하고 있음에서 입증된다.[2]

이 글이 한국문학에 나타난 한국인의 애정관을 규명해 보려 시도하는

---

[1] 필자의 미진한 조사 탓인지는 몰라도 이 방면의 저서는 엄만수의 『문학과 사랑』(1993, 한국문화사)이란 저작물이 드물게 눈에 띄었으며 이나마도 문학전공자가 아닌 것으로 보이는 필자의, 소재사 차원의 정리에 머물고 있는 저작물이었다.
[2] 『문학과 사회』 2001년 봄호에서 '연애문학'에 관한 특집이 마련된 바 있다. 또 대중문학연구회 편, 『연애소설이란 무엇인가』(국학자료원, 1998)란 공동연구서에서 비록 대중문학적 관심에서이지만 '연애소설'의 개념 규정에서부터 작품 각론에 이르는 작업을 시도해 보이고 있음이 이러한 사정을 실증해 주는 사례이다.

것도 이러한 문학적 추이와 무관하지 않다. 그러나 연구자의 관심을 촉발케 한 좀 더 직접적인 유인誘因을 좁혀서 말한다면 최근의 한국문학에 부쩍 팽만한 에로티시즘과 그것에 짝하는 죽음에의 유혹이다. 가령 최근의 젊은 작가들은 섹스를 마치 게임처럼 즐기는 인물을 그리고 있는가 하면[3] 섹스지상주의자와 같은 인물조차 등장시키기도 한다[4]. 이것은 전에 보지 못하던 현상으로, 이는 사랑―특히 문학 속의 사랑―도 시대의 성격과 맞물려 전개된다는 우리의 일반적 전제와 어긋나지 않는 것이지만 그러나 이는 매우 낯선 현상이기에 우리의 전통적인 애정관을[5] 돌아보고 이러한 현상의 의미는 무엇인가를 밝혀 보려는 욕구를 자극한다. 연구의 동기는 매우 현재적인 관심에서 비롯된 것이지만 이 과제는 결국 우리의 고대문학에서부터 현대문학까지의 파노라마적 조망을 피할 수 없게 한다. 이 글이 한정된 작품에 대한 꼼꼼한 분석이기보다 광범한 조망에 치중하는 것은 글의 이러한 성격에 말미암는다.

2

한국문학에 나타난 애정의 양상이 타국의 그것에 비추어 고유하게 드러나는 가장 현저한 첫 번째 특성은 '제도와 사회적 습속에 충실한 사랑'이란 것이다. 이는 달리 말해 우리에게는 불륜의 사랑 혹은 사련邪戀을 다

---

3 김영하, 이응준, 장정일, 윤대녕 같은 작가들의 경우이다.
4 마르시아스 심의 『떨림』 같은 경우.
5 '애정관'이라 한 것은 '사랑'이란 어휘의 추상성을 넘어서기 위한 용어 선택이다. 이 글에서 필자는 한국인의 사랑에 대한 인식 및 그것의 구현 양태, 에로티시즘에 대한 시각, 애정의 대상인 남녀에 대한 인식 등을 두루 다루려고 했는데 이는 '애정관'이란 용어로 함축하는 것이 보다 적절하리라 판단하였다.

룬 창작품이 별반, 아니 사실상 없다는 것이 그 중요한 특성임을 의미한다. 서구의 경우 우리의 짧은 독서 경험으로도 우리는 쉽사리 플로베르의 『보바리 부인』, 로렌스의 『채털리 부인의 사랑』, 톨스토이의 『안나 카레리나』 등을 쉽게 떠올릴 수 있다. 이들 작품들은 모두 결혼한 여인들이 자신의 남편을 두고 다른 남자와 정염을 불태우다 비극적 결말에 이르는 특성을 안고 있다. 결혼이라고 하는 사회적 제도로부터 이탈하여 인간 본래의 정욕에 몸을 맡기는 이 작품의 주인공들이 근대적 개인을 자각한 근대소설 일반의 전형적 주인공들이기에 서구 소설에만 고유한 특성이라 말하는 것은 독단이라 지적할 수도 있을 것이다. 하지만 사정이 그렇지 않은 것은 서구의 중세소설들—이른바 기사모험담들이 상당 부분 그런 양상을 띠고 있다는 것을 생각하면 명백해진다. 가령 아서왕 설화에 등장하는 기네비어와 랜슬롯의 밀애라든지, 특히 우리에게도 익숙한 트리스탄과 이졸데의 격렬한 사랑은 혼외 사랑—우리가 흔히 간통이라 부르는—의 어두운 정열과 치열성이 서구문학의 경우 중요한 특성임을 증거한다. 이는 마르크 블로흐Marc bloch가 그의 저서 『봉건사회』에서 "궁정의 사랑은 결혼과 전혀 무관하거나 결혼이라는 합법적인 상태와 정면으로 반대되는데, 왜냐하면 사랑받는 여성은 대개 기혼여성이고 그녀를 사랑하는 사람은 결코 그녀의 남편이 아니기 때문"[6]이라 지적한 데서도 입증되는 바이다. 이는 서구문학 전공이 아닌 필자의 판단으로 피상적인 것에 그칠 수 없기는 하나 사랑이란 것이 제도에 매일 수 없는 불가측의 욕정에 더 가까운 것이며 또 그것은 쟁취해야 한다는 서구인의 의식이 반영된 결과가 아닌가 짐작된다.

---

6 재크린 살스비, 박찬길 역, 『낭만적 사랑과 사회』(민음사, 1985), 36면에서 재인.

불륜의 사랑이 미화되고 또 그것이 종종 인기를 얻는 경우를 우리는 이웃 일본에서도 살필 수 있다. 재미있는 일본의 연애소설이 때로는 간통문학이라는 부정적 평가를 얻고 있다는 한 비평가의 전언도 있거니와[7] 노벨상 수상작가인 가와바타 야스나리의 『설국』에서도 불륜이라는 의식과는 전혀 상관없이 혼외의 사랑에 전심하는 경우를 이 작품의 주인공 '시마무라'는 보여주고 있다. 이 작품의 경우도 근대문학 작품이기에 그럴 수 있지 않겠는가는 유예를 두어야 할 것이라 하겠지만 하나의 쇼군을 지향하고 봉건영주들이 치열히 다투던 전국시대에 여자들을 마치 자신의 재산목록인 듯 전략적 제휴 대상이나 승자에게 진상하던 일본인들의 습속을 떠올린다면 그러한 유예는 그야말로 유예되어야 한다. 다시 말해 그들에게 성과 관련한 풍속은 우리와는 다른 관대한 무엇이 있다 할 밖에 없다는 것이다.

그러나 우리 한국의 경우는 어떤가. 혼외의 사랑을 찬양하고 미화하기는커녕 그것을 소재로 삼은 경우조차 찾기 쉽지 않다. 남녀의 짝짓기를 보여주는 최초의 혼인담이라 할 수 있는 우리의 단군신화는 환웅이 웅녀와 짝을 맺는 것으로 끝난다. 호랑이와 곰이 환웅을 사이에 두고 삼각관계를 벌일 법한 구도를 보이지만 결과는 웅녀의 승리로 간단히 끝나고 두 사람은 한 쌍이 되어 단군을 생산하기에 이른다는 설정이 이 신화에 드러난 러브스토리의 전부이다. 우리의 시가들도 그렇다. 먼 곳으로 행상을 떠난 남편을 그리는 현전의 유일한 백제의 노래 「정읍사」는 남편에 대한 걱정과 그리움의 정으로 넘친다. 물론 남편이 혹 딴 여인에게 마음을 줄까 질시하는 여인의 안타까움이 비치지 않는 것은 아니지만 그것은 다만

---

7 김주연, 「본질에 관한 질문들」, 『사랑과 권력』(문학과 지성사, 1995), 83면.

상상 속의 일일 따름이다. 고려가요 「가시리」는 또 어떤가. 이 역시 사랑하는 사람에 대한 사모와 희생의 염으로 가득한 한맺힌 사모곡일 따름, 여기서 혼외 사랑의 어두운 정염의 그림자를 찾는 것은 넌센스이다. 한국문학사에서 최초의 소설로 기록되는 김시습의 『금오신화』에서도 역시 삼각관계라든지 혼외 사랑의 어두운 열정 같은 것은 그 흔적조차 찾기 어렵다. 『금오신화』에서도 가장 빼어난 로맨스인 「이생규장전」은 젊은 선남선녀인 이생과 최랑이 어떻게 아름다운 짝이 되었으며 사랑을 이루었는가를 낭만적으로 그리고 있으며 심지어 죽어서까지도 한 쌍이 되어 이승에서 다하지 못한 사랑을 연장하려는 인물들의 러브스토리를 애절하게 그리고 있다. 고대로부터 유전되어 온 한국인의 이와 같은 애정관—사랑하는 이는 혼인을 통한 한 쌍으로 맺어져야 하고 그리고 행복한 결말에 이르러야 한다는 한국인의 욕망이 가장 전형적으로 투영된 작품은 『춘향전』일 것이다. 『춘향전』은 그동안 국문학 연구에 문학사회학적 방법이 중요하게 원용됨으로써 한국인에게 영원한 고전으로 남게 된 원인이 다소 왜곡된 감이 있지만 『춘향전』이 우리에게 영원한 고전으로 일치된 동의를 얻는 이유는 역시 뭐니뭐니해도 이몽룡과 춘향의 행복한 사랑의 완성이다. 계급과 신분의 차이를 뛰어넘은 그들의 순수하고 초지일관한 애정이 온갖 난관을 헤치고 결국 행복한 완결을 본 것이 한국인들이 모두 욕망하는 바람직한 사랑의 청사진과 일치한 데서 『춘향전』은 오늘날에도 사랑을 받는 것이다. 춘향의 투쟁이 성취한 인간해방이란 승리는 판소리의 작가층인 광대들의 무의식적 욕망일 수는 있어도 그것이 오늘날 이 작품이 모든 한국인들의 감성에 가장 빼어난 사랑의 서사로 각인된 제 일의 이유로 채택되기는 어려운 것이다.

근대문학이 전개되었어도 이러한 사정은 다르지 않다. 최초의 근대소설 작가로 평가되는 이광수는 그의 『무정』에서 삼각관계로 갈팡질팡하던 이형식이란 인물을 선보였으나 이 인물 역시 옛 여인 영채를 포기하고 김선형과 결혼함으로써, 혼인으로 완결되는 사랑의 공식에서 벗어나지 않는다. 1920, 30년대 문학사에서 특별한 사랑의 서사를 발견하기 어려운 우리는 '50년대에 장안의 화제를 모은 정비석의 『자유부인』을 언급치 않을 수 없다. 이 작품에서 우리는 비로소 한순간이나마 가정을 버리다시피 하고 불륜의 사랑에 휘말리는 오선영이라는 30대 여자 주인공을 만나게 된다. 그러나 이 여성 주인공의 위험한 사랑의 곡예도 육체의 순결을 훼손치 않는 모험(?) 정도에 그치고 결국 남편의 관대한 포용으로 가정으로 귀환한다는 결말에 이르고 있어 한국문학에서는 불륜의 사랑이란 없다는 명제를 입증해 주기에 족하다.

그러나 문제는 최근의 한국문학-'90년대 이후의 한국문학이다. 최근의 한국문학은 우리 문학사에서 일관되게 전개되어 온 '제도와 풍속을 거스르지 않는 사랑'이란 공식에 마치 어긋장이라도 놓으려는 듯 남녀의 혼외 사랑을 소재로 한 작품들이 쏟아져 나오고 있어 불륜문학의 성시를 맞고 있는 듯한 느낌을 준다. 우리의 전통적 애정관을 거스르는 이러한 작품이 나오게 된 이유와 그 의미의 고찰은 항목을 달리하여 살피기로 한다.

3

남녀 간의 사랑은 대부분 성적 결합을 지향한다. 인간은 동물과 달리 생식 목적과 상관없이 성행위를 가지고 동시에 그것을 즐기는 유일한 종이다. 성행위 전부가 그러한 것은 아니지만 서로 동경하고 사모해 마지않던 두 남녀가 육체적으로 결합할 때 거기에는 더할 수 없는 쾌락과 몰입이 함께 한다. '무아지경'이란 말이 있듯이 자신의 존재감을 잠시 상실하는 정도의 이 쾌감은 예술작품 앞에서 느끼는 어떤 순간의 몰입 혹은 쾌감과 상통하는 바 있어 우리는 성의 예술적 묘사가 가져다 주는 그 감동을 특히 에로티시즘이라 일컫는다. 문학에서의 성적 묘사와 관련한 이러한 에로티시즘도 한국적인 어떤 고유한 특성을 찾아볼 수 있다. 필자는 그것을 우리의 애정문학의 백미인 『춘향전』에서부터 찾아보고자 한다.

『춘향전』에서의 성행위 묘사는 우리 근대문학이 출발한 뒤로도 한동안 찾아볼 수 없을 정도로 매우 노골적이고 에로틱하다. 마음을 허락하기까지 일정 정도의 통과의례를 치른 후 합방에 이른 이 두 청춘남녀는 육체적 결합만으로는 아쉬워 서로 발가벗고 업어주기, 등에 태워주기 등 온갖 성적인 유희를 서슴지 않는다. 언어유희까지 나누면서 매우 길게 이어지는 이들의 성행위 묘사에서 보는 특징은 바따이유가 말한 바 에로티시즘이 동반하기 쉬운 파괴적 열정 – 지극한 열락에 수반하는 허무의 정서가 따르지 않는다는 것이다[8]. 이들이 나누는 섹스에 대한 노골적인 묘사는 정욕을 거리낌없이 즐기는 청춘에 대한 예찬이면서 음습한 음담으로 전락하기 쉬운 성애를 매우 즐겁고 유쾌한 그것으로 전화시킨다. 가령 이몽룡은 춘향이에게 몸을 섞을 것을 요구하면서 "이 궁 저 궁 다 바리고 네 양각兩脚 사이 내의 심줄방망이로 길을 내자꾸나"[9]라 청하는데 이를 타령조로 행하여 그 해학성과 낙천성을 유감없이 드러낸다. 아마도 『춘향전』에 나타나는 이러한 낙천적이고 해학적인 에로티시즘은 이것이 광대들에 의해 일반에게 공연되었다는 작품 형성상의 특질과 일차적으로 관련이

---

8 바따이유는 사드의 "모든 사랑에는 파괴적 열정이 함께 한다"는 아포리즘에 동의하고 그것을 논리적으로 증명하고자 했다. 바따이유, 조한경 역, 『에로티즘』(민음사, 1995), 7~11면.
9 전영진 편역, 『완판본 열녀춘향수절가』(홍신문화사, 1995), 110면.

있을 것이다. 다시 말해 광대들은 이를 판소리로 공연할 때 청중을 유쾌하게 만들어야 했을 것이므로 성애의 묘사라도 자연 해학적으로 하지 않을 수 없었을 터이다. 그러나 그렇다 하더라도 『춘향전』이 밝고 건강한 한국적 에로티시즘의 한 특성을 보여주는 사례에 해당한다는 것은 부인할 수 없는 일이다.

해방 이후 발표된 김동리의 「달」 같은 작품에 묘사된 에로틱한 묘사는 한국인의 이러한 에로티시즘을 또 다른 측면에서 보여주는 경우이다.

> 고목이 울창한 숲을 휘돌아 봇도랑의 맑은 물은 흘러 내리고 쉴사이 없이 물레방아 바퀴는 소리를 내며 돌아가고 있었다. 여자의 몸에는 시원한 물이 흘러 들기 시작하였던 것이다. 보름 지난 둥근 달이, 시작도 끝도 없는 강물이 자꾸 흘러 내려 나중엔 달이 실낱같이 가늘어지고 있었다. 그 실낱같은 달이 마저 흘러내리고 강물이 다 하였을 때 여자의 배와 가슴 속엔 이미 그 달고 시원한 강물로 가득차 있었던 것이다. 여자의 왼몸엔, 손끝까지 그 희고 싸늘한 달빛이 흘러 내려 마츰내 여자의 몸은 달 속에 흔근히 잠기고 말았다. 그리하야 잠이 들었던 것이다.
>
> (아아, 신령님께서 나에게 달님을 점지하셨다.)
> 모랭이는 혼자 속으로 굳게 믿었다. [10]

이 장면은 무당인 모랭이가 마을의 박수와 성적 결합을 가지고 작품의 주인공인 '달이'를 얻게 되는 순간을 묘사한 대목이다. 여기서 섹스는 새로운 생명의 잉태를 기약하기에 매우 아름답고 신비한 것이며 그리하여 그것은 자연의 질서와 합일하는 경지에 이를만큼 황홀한 행위로 묘사되고 있다. 적어도 '80년대의 문학에 이르기까지 우리 문학 작품들은 남녀의 섹스를 이처럼 새로운 생명을 잉태하고 변함없는 한 쌍의 사랑을 기약

---

10 김동리, 「달」, 『문학』, 1947. 4, 51면.

하는 건강하고 생산적인 행위로 묘사한 경우가 대부분이다. 그러나 이러한 전통적 에로티시즘도 역시 최근의 문학에 이르면 매우 과격한 변모를 보인다. 앞서 언급한 바 파괴적이고 비극적인 에로티시즘이 전면에 부상하고 있는 것이 최근 우리 문학의 두드러진 특징이 되고 있기 때문이다. 이 점 또한 별도의 항에서 함께 다루게 될 것이다.

4

사랑이란 말할 것도 없이 상대가 있는 행위이다. 남녀 한 쌍이 특정한 대상을 두고 서로를 욕망하며 밀고 당기는 과정이 사랑이다. 이럴 때―한 특정 남자(혹은 여자)가 특정 여자(혹은 남자)를 사랑의 대상으로 삼고 구애하며 사랑의 완성을 위해 애쓸 때 개별 커플들이 드러내는 사랑의 전개양상은 천태만상이겠지만 그러나 이 또한 하나의 공통된 성격으로 수렴되는 특성을 가지게 마련이다. 한국문학에서 드러나는 남녀 관계에서 이러한 공통성을 수렴해 보면 사랑에 전심하는 남자를 찾아볼 수 없다는 점이다. 이보다는 상대적으로 여자 쪽에서 사랑에 더욱 전심하는 양상을 살필 수 있다.

우리는 앞서 『춘향전』을 거론했지만 한국의 대표적 애정소설인 이 작품에서 사랑의 주도권을 쥐고 있는 쪽은 '춘향'이다. 이몽룡은 그의 아비가 한양으로 승차하게 되어 춘향이와 이별하지 않을 수 없게 되자 처음에는 "양반의 자식이 부형을 따라 외지에 나왔다가 화방작첩花房作妾하야 데려 간단 말이 전정前程에도 고이하고 조정에 들어 벼슬도 못 한다더구나. 불가불 이별이 될 수밖에 없다"[11]라면서 춘향이를 떼버릴 속내를 보

---

11 앞의 책, 128면.

여준다. 사랑도 중하지만 남자에게는 그보다 장부의 길 – 입신출세하여 가문을 빛내는 것이 더 비중있는 사업임을 당연한 듯이 강조하고 있다. 이때 춘향이가 혼절할 지경에 이르는 온갖 원망과 앙탈을 행하지 않았더라면 꼬리를 빼려는 젊은 연인으로부터 "규중 심처 깊은 정 너밖에 없으니 내 아무리 대장부들 일각이냐 잊을쏘냐"[12)라는 답을 얻어내기 어려웠을 것이다. 이몽룡과 춘향의 행복한 결연 역시도 춘향이 훼절을 강요하는 변학도의 포학을 죽음을 불사하고 견뎌내지 않았더라면 불가능했을 일이다. 사랑에 전심하는, 전심할 뿐만 아니라 오히려 억척스러울 정도로 적극적인 춘향의 이러한 성격은 사랑을 주제로 하는, 많지 않은 후대의 애정소설들에 면면히 유전되는 듯이 보인다. 이광수『무정』의 '영채', 같은 작가의『유정』의 '남정임', 김유정「동백꽃」의 '점순이', 서영은「먼 그대」의 '문자' 등에서 우리는 춘향의 변형된 인물형들을 발견할 수 있는 것이다. 아마도 한국 여성들의 순종적인 듯 하나 오히려 더욱 적극적인 사랑에의 헌신은 한용운의 유명한 시구, "남들은 자유를 사랑한다지마는 나는 복종을 더 좋아하여요"라는 구절에 잘 압축되어 나타나는 듯하다. 여기서의 복종은 물론 현실에 부재하는 총체적 진실 혹은 진리에의 투신을 궁극적으로 의미하는 것이지만 이 구절을 한국 여인들이 사랑에 대해 종종 드러내는 헌신의 맹세로 읽어도 크게 어긋난 독법은 아닐 것이다.

여성 주인공들의 사랑에 대한 이러한 전심과 적극적인 사랑에의 헌신은 '70년대에 들어 최인호『별들의 고향』의 '경아', 조해일『겨울여자』의 '이화'와 같은 성聖처녀의 이미지를 탄생시키기에 이른다. 이 여성 주인공들은 권력과 자본에 고통당하고 있는 '70년대의 남성들에게 자신들의

---

12 같은 책, 142면.

몸을 아낌없이 허여許與하고 자신을 희생한다. 『겨울여자』의 주인공 이화는 첫 번째 남자 우석기의 죽음 이후 교수인 허민, 죽은 애인의 친구인 수환, 육체적인 쾌락만을 사랑하는 안세혁 등 그녀를 원하는 모든 남자에게 자신을 아낌없이 준다. "갈망을 알면서 그것을 모른체 한다는 것은 그녀에게는 마치 목마른 자에게 물을 주지 않는 행위와 마찬가지"[13]이기 때문이다. 이런 인물들의 탄생은 한 젊은 여성 비평가의 지적처럼 산업화가 급속히 진전되면서 물신숭배로 사막화되거나 사물화된 인간관계를 극복하기 위한 안전핀의 필요성에 따라 요청된 '순수한 연애'에 대한 갈망 때문에 등장했을 가능성이 있다.[14] 이런 관점에서 살핀다면 이러한 여성 주인공들에게는 남성 중심적인 관점에서 남성들이 위로받기 위한 이기적 목적으로 성처녀의 이미지가 부여되었다는 혐의를 얻을 수도 있다.[15] 하지만 한국소설에서 이러한 희생적 모성 이미지는 너무 흔하게 발견된다. 윤흥길의 『에미』, 전상국의 『아베의 가족』, 이문열의 『선택』 등에서 우리는 자신을 희생하고 자식을 부양해낸 모성에 대한 찬사를 쉽게 발견할 수 있다. 특히 김정한의 『수라도』에서 일제에 맞서느라 몰락해 가는 양반가문을 억척스럽게 지키고 가족들을 건사해 나가는 '가야 부인'의 강인한 모습은 한국적 모성의 전형으로 우리들에게 깊은 인상으로 남아 있다. 이러한 맥락으로 보면 사랑의 전개 과정에서 나타나는 여성 주인공들의 적극적이며 단방향적인 사랑에 대한 전심은 가부장적 이데올로기, 달리 말해 남성중심주의적 이데올로기에 의해 빚어진 강요된 선택은 아닌 듯하다. 물론 주자학적 세계관에 의해 조성된 남자는 하늘이요, 여자는 땅이

---

13 조해일, 『겨울여자』(문학과 지성사, 1976), 121면.
14 김미현, 「연애부터 연애까지」, 『문학과 사회』, 2001년 봄호, 175면.
15 같은 글, 같은 곳.

라는 누대에 걸친 인식이 바깥의 사업에 골몰하는 남자와 그 남자를 따르는 여자라는 인습화된 모럴을 착근하게도 했을 것이다. 하지만 그것이 사랑에 전심치 않는 남자와 그 역逆의 여자를 만들어낸 전부가 아니라는 것은 우리 민족이 경험한 역사의 신산함과도 연관이 있을 듯함 때문이다. 국가의 형성 이래로 대륙 세력과 해양 세력에 끼어 온갖 난관을 헤쳐 온 우리 민족은 전란이나 사변이 있을 때마다 남자들이 피해를 입어 왔다. 이 때문에 남정네가 없어진 집안을 책임져야 할 여인네들은 억척스러움과 강인함을 키워야 했을 터인 즉 이러한 역사적 단련이 사랑에도 억척스럽고 적극적인 여성상을 만들어내지 않았을까 하는 것이다.

어쨌거나 남자들은 애정사에 대범해야 하고 여성들은 일부一夫종사하는 것을 미덕으로 삼는 전통적인 애정관 역시도 최근 들어 급격히 붕괴되고 있는 양상이다. 전통적 애정관을 전복하는 최근의 문학적 양상을 다음 장에서 통합적으로 살피기로 한다.

5

최근의 문학 작품에서 드러나는 남녀 관계 또는 사랑의 전개 양상은 앞의 매 항목 말미에서 누차 지적했지만 '7, 80년대까지의 문학과는 너무나 단절적이고 과격한 변화의 양상을 보이고 있다. 최근의 문학들은 한 사람에게 영원히 관계됨으로써 얻는 지속적 사랑의 행복 같은 것은 거의 파기해야 할 과거의 유습 정도로 여기는 사랑의 양태를 종종 보여준다. 남녀 관계 혹은 부부관계란 것은 종종 사회적 혹은 시대적으로 누적된 허위의식에 의해 구축된 것이며 그리하여 그것이 얼마나 부서지기 쉬운 위태한 구조물이며 사상누각인가를 요즘의 문학들은 보여주기에 골몰하고 있는 양상이다. 이러한 작품들은 특히 여성작가들에 의해 빈번히 제출되고 있어 우리의 주목을 끈다. 전경린, 서하진, 은희경, 배수아 등 젊은 여성 작가들은 불륜의 사랑에 빠진 여성주인공들을 마치 문제적 시대에 맞서는 대변인처럼 내세운다. 이들에게 혼외의 사랑은 더 이상 금단의 지대가 아니다. 오히려 불륜은 잃었던 자아 혹은 여성의 정체성을 찾는 하나의 통과제의이다. 가령 전경린의 『내 생에 꼭 하루 뿐일 특별한 날』의 여자 주인공 '미흔'은 남편의 외도에 충격받고 심각한 정신적 균열에 시달리던 중 '규'라는 남자를 알게 되어 이 남자와 혼신을 사르는 사랑에 빠지게 된다. 그러나 혼외 사랑의 끝은 역시 파탄이다. 불륜에 빠진 두 남녀는 관계가 각기 자신의 배우자들에게 알려지면서 결국 가정이 붕괴되는 결말에 이른다. 그런데 이러한 파국에도 불구하고 여주인공 미흔이 경험하는 정신의 고양감은 이전의 소설과는 극히 다른 성격을 보여준다. 어린 아들과의 헤어짐도 감수하고 혼자 살아가는 미흔은 "나는 모든 것을 있는 그대로 받아 들인다. 그런데도 생에 대한 나의 의욕은 불가사의하다. 다른 어느 때보다 더 살아 있다는 것을 느끼며 세상을 향해 인사한다"[16]고 말한다. 요컨대 미흔은 스스로의 결단에 의한 사랑을 자신의 존재를 걸고 행했기 때문에 오히려 자아의 재탄생에 이른 고양감을 갖는다는 것이다.

불륜이라는 금기만이 깨어진 것이 아니다. 성을 이 세계를 지속시키고 확장시켜 나가는 건강하고 생산적인 것으로 인식하던 에로티시즘이 이제 파괴와 죽음의 어두운 그림자가 드리워진 것으로 바뀌어 나타나는 것도 단절적 변화이다. 앞의 여성 작가들에게서도 그러한 양태는 드러나지만 이것은 김영하, 장정일, 윤대녕, 이응준, 백민석 등의 젊은 남성작가들에

---

16 전경린, 『내 생에 꼭 하루 뿐일 특별한 날』(문학동네, 1998), 283면.

게서 쉽사리 발견된다. 이들에게 섹스는 더 이상 세계와 생의 지속을 위한 건강하고 생산적인 이성 간의 결합이 아니다. 섹스는 다만 삶의 덧없음과 무의미함을 순간적으로 망각케 해주는 하나의 게임이요 유희일 따름이다. 그리하여 이들에게 섹스는 종종 삶을 파괴하고픈 죽음에의 유혹과 연관된다. 가령 김영하의 『나는 나를 파괴할 권리가 있다』에 등장하는 유디트라는 여자 주인공은 차 안에서는 물론 망자亡者의 영정이 차려진 빈소에서도 거리낌없이 섹스를 한다. 섹스는 그녀의 최대의 놀이이다. 남자가 요구하기 전에 자기가 먼저 종종 요구하기도 하는데 이는 요즘 젊은 작가들의 젊은 여자 주인공들에게서 공통적으로 드러나는 특징이다. 어쨌든 삶의 지향을 잃은 이 쾌락주의자는 결국 자살로 삶을 마감한다. 그것도 남의 자살을 도와주고 그 대가로 여행과 예술을 즐기는 자살청부업자의 권유에 의해서. 자살청부업자란 기상천외의 인물의 등장은 김영하와 같은 젊은 작가에 와서야 처음 보는 양상인데 최근 우리 사회에서 사이버 공간에 자살 사이트란 것이 생겨 사회적 물의를 빚은 것을 생각하면 이 작가의 선견을 예찬해야 할지 퇴폐적 상상력을 비난해야 할지 난감한 일이다.

그러면 요즘의 문학은 왜 이처럼 사랑과 성性을 다룸에 있어 전통적 애정관과는 과격한 단절을 보일까? 우선 불륜이라는 소재를 과감하고도 전폭적으로 다루는 경우를 생각해 보자. 이런 소설들은 결국 가정으로 주인공들이 복귀하는 통속적 TV 드라마와 달라서 앞서 말한 바 있듯이 주인공들이 회복할 수 없는 사회적 파탄에 이르거나 그렇지 않더라도 주인공들은 예전의 자신으로는 복귀하지 않는다. 이러한 여성 주인공들의 결연한 선택은 제도나 관습에 얽매이길 원치 않을 뿐 아니라 자신의 운명을 스스로 선택하고자 하는 반세속적 성향과 자유를 추구하는 궤도 이탈자들의 모습을 반영한다. 실상 결혼이라는 제도에 얽매인 삶은 인간의 가장 원초적 본능인 정욕과 정염을 억압하는 부분이 있음을 생각할 때 이들의 선택은 자신의 운명에 솔직한 자들의 진정성을 느끼게 하는 대목이 있다. 특히 이들 주인공들이(작가 역시) 여성이 대부분인 점을 생각하면 오늘날 한국 여성들의 정치적 자각이 이전과는 달리 현저히 고양되어 있음도 이들의 선택과 무관하지 않을 것이다. 이렇게 볼 때 결국 제도에 예속된 사랑의 허위성에 대한 자각과 페미니즘적 인식이 최근의 간통문학의 범람을 불러 온 것으로 해석된다.

다음으로 섹스를 일상적 삶을 거부하는 파괴적 열정과 한갓 유희의 도구로 삼는 경우이다. 이러한 경우의 에로티시즘은 앞서 지적한 바와 같이 급진적 허무주의의 냄새를 진하게 풍긴다. 이들의 섹스는 여자가 추파춥스를 입에 문 채 행해지기도 하고, 폭설 때문에 꼼짝없이 갇혀 버린 대관령의 차 속에서 여자가 먼저 자위행위를 하다 절정의 순간에 남자를 받아들이기도 하는 등 포르노적 상상력까지 가미되어 있다. 이런 섹스는 또 대개 여자가 급히 요구하는 경우조차 빈번하므로 우리의 섹스에 대한 고정 관념을 깨뜨리기 일쑤이다. 최근 소설의 이러한 성 풍속도는 근대화 단계에 들어 선 이후 자본주의제의 심화로 물신주의가 판을 치고 진정한 영혼의 가치가 급속히 평가절하되는 세태와 관련된다. 실상 에로티시즘에서 보이는 전통과의 급격한 단절에 못지 않게 우리 사회는 여러 가지 부면에서 과격한 단절 현상을 경험하고 있다. 세대와 세대간의 단절, 정보와 기술 소유의 격차, 돈에 대한 인식의 변화, 전통적으로 권위를 인정받던 것들의 전복 현상 등 우리를 심리적 공황 상태에 빠뜨릴 만한 급격한 변화들이 마치 일상처럼 된 시대를 우리는 살고 있다. 이러한 변화의 주된 동인은 정보기술 사회와 자본주의제의 세계적 확산에서 찾을 수 있다. 모든 성취의 일차적 평가 요인은 기능성에 있으며 최종의 평가 요인은 그것이 얼마만한 유용성과 수익성을 갖는가가 세상사를 대하는 요즘 일상인들의 잣대이다. 이러한 기능성과 효용성에 미치지 못하는 자들, 또는 넌더리를 내는 자들이 급진적 허무주의에 빠진다. 이들은 진정한 영혼이나 정신의 가치란 어디론가 숨어 버렸거나 방축되어 버렸다고 믿는다. 이들이 탐닉하는 유희인 섹스는 파괴적 열정의 어두운 그림자를 항상 안고 있다고 했는데 이들이 폭파하거나 붕괴시키려는 것은 삶 자체이거나 아니면 세속적인 제도, 권력화된 모든 위계질서들이다. 달리 말해 이들의 급진적 허무주의에 바탕한 섹스는 결국은 섹스가 삶을 지속시키는 건강한 향연이라는 인식에 못질을 하는 행위이며 인간의 사회적 삶을 가능케 한 일체의 질서에 어긋장을 놓으려는 의식의 예술적 실천이다.

6

필자가 한국인의 전통적 애정관이라 파악한, 사랑으로 맺어진 한 쌍의 행복을 기원하는 사랑, 건강하고 낙천적인 에로티시즘, 사랑에 전심치 않는(혹은 말아야 하는) 남자와 그 역逆인 여자 등을 전복하는 최근 문학의 남녀 관계는 그러니까 우리 사회가 적어도 근대사회에 깊숙이 진입했거나 아니면 탈근대의 초입에 진입했다는 것의 방증이다. 그러나 우리는 이것을 사회적 변화에 수반하는 문학 나름의 변모로 단순히 수락해도 좋을까 하는 의문을 갖는다. 다시 말해 최근 문학의 성애性愛의 구현 양상이 앞서 지적한 의미를 갖는 것이라 해도 그것이 과연 우리 삶의 질적 향상과 행복에 어떤 유익을 가져올 것인가는 심사숙고해 보아야 할 문제라는 것이다.

이러한 문제의식은 결국 문학의 기능이 무엇인가 하는 새삼스러운 질문으로 귀결된다. 문학의 기능이 삶과 세계에 대한 새로운 인식의 지평을 열고 이러한 인식 자체로써 혹은 그것을 드러내는 형식의 아름다움으로써 우리 삶의 변화에 기여한다는 것은 보편적인 동의사항이다. 그런데 최근의 문학들은 문학이 우리의 삶에 미치는 영향력의 문제를 적어도 소홀히 하거나 아니면 과소평가하고 있는 것이 아닌가 생각된다. 이들은 불륜에서 삶의 참자유를 더듬는 궤도 이탈자들의 불행한 삶을 오히려 예찬한다. 나는 '삶의 참자유를 더듬는'다는 표현을 썼거니와, 이들의 일탈적 사랑은 순간의 자유를 영원한 자유로 오해하는 데서 오는 것은 아닐까 하는 의문을 금할 수 없다. 혼신의 일치를 경험하는 사랑 또는 섹스란 어차피 찰나에 지나지 않는 것이지 않을까? 어차피 참사랑, 참자유는 부재로 존재하는 것은 아니지 않을까? 그렇다면 일탈적 사랑에서 자유를 추구하는 이들의 시도는 하나의 환상에 지나지 않는 것이라 말할 수도 있으리라. 요즘의 한국사회가 증대된 가정 붕괴, 여자들이 요구하는 이혼의 증가 등을 경험하고 있는 것을 보면 이것이 아주 미미하나마 문학의 영향 때문인지, 아니면 문학이 그러한 현실을 첨예하게 반영하고 있는 것인지 잘 분간이 안 되는데 아마도 실상은 양쪽이 서로 기능하고 있으리라 보는 것이 옳을 것이다.

파괴적 정염을 흔히 드러내는 에로티시즘도 그렇다. 원래 에로티시즘에는 허무와 퇴폐가 서려 있는 것은 부인할 수 없는 사실이다. 그렇다 하더라도 삶을 예찬하는 긍정적이며 건강한 에로티시즘을 부인할 수 없음도 마찬가지다. 그런데 최근의 젊은 작가들은 너무 전자에만 주의가 기울어져 있는 것 같다. 비록 이들의 예술적 의도가 기존의 억압적 제도와 허위에 찬 권력을 전복하려는 데 있다 해도 이것 역시 하나의 정신적 자위

행위에 지나지 않는 것이 아닐까는 생각을 금할 수 없다. 문학이 아무리 과격해도 그것이 세상을 혁명적으로 변화시킬 수 있겠는가? 그럴 수는 없는 일이다. 퇴폐적 섹스로 허위에 찬 가부장적 권력이 무너지고, 모순과 부조리에 찌든 세속의 제도가 일거에 쇄신되겠는가. 그들의 허무적 섹스는 결국 세상을 숨어서 조롱하는 나약한 백수들의 자위행위에 지나지 않는다. 이들이 세상을 조롱하고 낄낄대며 예술이 가질 수 있는 나르시즘적 자기만족을 만끽하는 것은 좋다. 그리고 이들의 상상력이 창작의 새로운 경지를 열어 보이는 측면도 있음도 인정하자. 그러나 문제는 이들의 책들이 세상을 떠돌아다니기 때문에 자살청부업자를 다룬 소설이 나오자 실제 그런 직종이 등장한다는 점이다.

 물론 나는 소설이 도덕교과서가 되어야 함을 강조하는 것도 아니요, 이들의 작품들이 우려할 정도로 현실적 감염력을 가지고 있는 것도 아니다. 문제는 문학 작품이 현실세계와 유리된 자신의 성城에만 칩거하려 함이고 진정한 예술은 대중의 구체적 삶과는 동떨어질 수밖에 없다는 최근의 젊은 작가들의 의식에 문제가 있는 것이라 본다. 이러한 맥락에서 나는 이런 의문을 마지막으로 품어 본다. 과거의 것이 무조건 파기되어야 할 것이 아니듯 전통적 사랑은 또 무언가 돌아볼 만한 것이 있지 않을까? 사랑도 새롭고 혁신적인 것만이 좋은 것은 아니지 않을까? 사랑이야말로 묵은 장맛 나는 시간적 지속과 누적의 영역일테니 말이다.

제2부
문예창작교육 – 무엇을, 어떻게

문예창작교육의 현황과 전망

1. 문예창작학과의 정체성으로부터

　이 글은 문예창작학과가 담당하고 있는 문예창작교육의 당면 과제를 점검하는 데 핵심적 의도가 있다. 그런 과정에서 제기하는 문제는 실상 비슷한 문제로 고민하고 있을 동도同道들과 함께 동병상련同病相憐의 심정을 나누고 위안을 얻어 보자는 의도로부터 비롯하는 것임을 먼저 고백해 두고자 한다. 다시 말해 이 글은 창작교육이란 과연 가능한 것이냐는 문제에서부터, 가능하다면 그 효과적 방법은 무엇인가, 또는 창작교육이 기존의 테두리나 장르 안에서 만족해도 좋은지 등에 이르는 논점들을 다룰 것인데 이에 대해 획기적인 해법을 제시하는 글이 되지 못함은 미리 전제해 두고픈 것이다. 그러나 논지를 전개하면서 필자 나름의 문제 해결 방식을 제시하는 경우도 있겠는데 이의 정합성 내지 적절성 여부에 대해서는 동학들의 다양한 지적 및 조언이 있기를 기대한다.

　현재 전국에 문예창작학과(이하 문창과)가 개설되어 있는 대학은 4년제, 2년제를 합해 50여 개교에 달한다.[1] 4년제 대학만을 따질 경우 전국 190여 개 대학(대교협 가입 기준) 중에 30여 개교에 문창과가 개설되어 있으므로 실상 그 숫자는 아직 미미하다 할 정도이다. 그러나 중앙대 문창과를 제외하면[2] 그 대부분이 거의 1990년을 전후하여 설립된, 10년 전후의 역사를 가진 정도이므로 실상은 상당한 수적 팽창을 이룬 셈이라 할 수 있다. 어떻게 해서 이처럼 짧은 시간 내에 문창과들이 증설된 것일까?

 필자의 판단으로는 우선 기왕에 창작 교육을 담당하던 국문학과에서 학생들의 창작욕구를 충족시켜 주지 못한 데서 별도의 창작교육담당학과의 신설이 필요해졌을 것이라 본다. 다음으로 대학사회도 비켜 서지 못하고 휘말린 신자유주의적 정황－기능성과 경쟁력을 우선시하는 시대 풍조가 어학, 고전문학 등 현실적 적용성이 부족한 분야를 털어 내버리고 실용성이 농후한 창작만을 따로 떼 내어 가르치는 학과의 개설을 용이하게 했을 것이다. 마지막으로 이러한 선호에 편승하여 신입생들을 유치하려는 대학들의 계산 속이 여기에 추진력을 더욱 보탰을 것이다.

 문창과의 양적 팽창에 개재된 이런 이유들은 문창과가 직면한 몇 가지 문제들과 직결된다. 우선 이런 점들을 되짚게 되면 인간의 자유와 존엄을 지키고 선양하는 인문정신의 소유자들인 문학 담당 교수들에겐 다소 찜찜한 자의식을 일깨운다. 어떠한 실제적 목적성이나 현실적 보상과는 초연하고자 문학 혹은 창작을 택했는데 교육현장에서는 그것과는 반대되는 매우 아이러니한 장면에 봉착한 꼴이기 때문이다. 또 하나, 문창과 교수들은 인문정신의 소유자라 했지만 동시에 창작인의 소양을 구비한 이들

---

1 한국문예창작학회 소식지 1호(2002년 3월)에 따르면 2년제 20개교, 4년제 34개교이다.
2 중앙대 문창과는 1953년 서라벌 예전 소속으로 개설되어 1973년 중앙대학교 문예창작학과로 편입되었다.

이기에 예술인이기도 하다. 이러한 중간적 성격이 어떤 대학의 문창과는 예술대에 소속되게 하는가 하면 어떤 대학은 인문대에 소속되게도 하는 어정쩡한 위상 속에 놓이게 한다. 그리하여 위상 설정의 이러한 모호성은 국문과 교수들과 눈에 보이는 혹은 보이지 않는 알력, 갈등으로 연결된다. 문창, 국문이 같은 인문대에 소속되어 있는 경우 신입생들의 유치에서부터 졸업생들의 사회진출에까지 은근한 경쟁의식을 초래하는 요인이 되거니와 외양으로 보면 비슷한 초록인데 후발학과이면서 소수파인 학과가 대체로 학생들의 선호는 더 얻는 형국이어서 자연 알력이 생기지 않을 수 없는 것이다. 문창, 국문과 교수들은 이처럼 보이지 않는 알력을 빚고 있는데, 다른 학문 전공 교수들은 문창과와 국문과는 도대체 무엇이 다르냐고 종종 물어서 이 또한 문창과 교수들을 난감하게 하는 경우가 드물지 않다. 이래저래 문창과 교수들의 현 위상은 깊이 따져 보면 학생들의 선호에 비해 썩 안정적이지 못한데, 결국 이 모든 문제는 문창과는 도대체 나름의 정체성을 가지고 있느냐, 있다면 그것은 어디에 그 근거를 갖느냐는 문제와 통한다.

2. 창작교육 과연 가능한가

이러한 문제에 답하자면 자연 창작교육이란 것은 과연 가능한 것인가? 또 그것은 실제적 효과를 보는 것인가 하는 문제를 숙고하지 않을 수 없다. 여기에 확실한 긍정적 응답을 줄 수 있다면 문창과의 정체성 정립에 큰 근거를 얻을 수 있을 것이기 때문이다.

대학 시절에 문학을 공부한 사람들이라면 대개 문학 연구가 가능한가란 문제에는 대부분 한번쯤 봉착한 경험이 있을 것이다. 그러나 이 문제는 이제 낡은 화두가 되었다. 문학(창작)이라고 하는 실체가 있고 그 실체의 본질, 구현 양상, 전개 원리, 더 나아간 창작 지침 제공을 위해 문학 연구가 필요하다는 데 이의를 제기하는 사람은 없고 방대한 문학이론서들이 이미 그 문제를 새삼 제기하는 것 자체를 우습게 만드는 현실이다. 그러나 창작 교육이라고 하면 문제가 좀 달라진다. 창작은 흔히 대개 기법 측면과 정신측면이 어우러져서 빚어내는 결과물이다. 정신측면—흔히 창작혼, 창작정신이라 말해지는 이 부분은 전수될 어떤 성질의 것이 아니다. 또한 창작기법조차도 꼭 배워야만 익힐 수 있는 어떤 것도 아니다. 문창과나 국문과를 나오지 않은, 그와는 거리가 먼 법학과나 사학과 심지어 자연과학 계열 출신의 학생이라도 나름의 재능과 수련을 통해 훌륭한 문예창작물을 생산해내는 경우를 우리는 종종 보아왔기 때문이다.

사정이 이렇다면 우리는 창작교육이 과연 별도의 효과를 올리는 것인가를 묻고—즉 현상을 탐색하고 근원으로 돌아가는 방식을 취하는 것이 좋겠다. 그럴 때 창작교육의 효과는 분명하다는 답을 일차로 던질 수 있다. 이는 최근에 등단하는 신인들의 출신학과가 문창과인 경우가 부쩍 는 것으로도 알 수 있고, 필자의 개인적인 경험으로도 증빙된다. 전자의 경우는 금년도 중앙 일간지 및 지방지 15개 신문사의 신춘문예당선자 15명 중 10명이 2년제, 4년제 대학의 문예창작학과 재학생이거나 졸업생이라는 사실에서 증명된다.[3] 후자의 경우, 필자는 마침 올해 첫 졸업생들을 배출했는데 졸업생들은 4학년 2학기에 그동안 연마한 역량들을 총동원해서 자기가 선택한 장르의 작품을 창작해서 합평하는 창작세미나란 과목을 거쳤다. 여기에 제출된 작품들을 보니 그야말로 괄목상대라 할 만한 정도

---

3 『2002 신춘문예 당선소설 작품집』(프레스21, 2002.1) 참조.

의 창작 수준의 향상이 – 물론 이는 어디까지나 학생들 개개인의 상대적 향상을 이름이지 절대적 수준의 향상을 이르는 것은 아니다 – 이루어진 것을 확인할 수 있었다. 제법 완성도를 갖춘 작품들도 있고 적어도 문학 작품 꼴을 갖춘 창작물들을 다 내놓은 것인데 입학 당시에 작품의 모양새는 커녕 비문, 틀린 맞춤법으로 얼룩진 글을 내던 학생들이 이 정도에 이른 것을 보고 금석지감이란 사자성어를 떠올리지 않을 수 없었던 연유이다. 결국 학생들에게 행한 창작 교육이 분명 일정한 효과를 보았다는 것이고 이로 보아 창작교육은 가능하다는 결론을 우리는 충분히 유추해낼 수 있다. 그러나 그렇다고 해서 우리의 고민은 끝나지 않는다. 그러면 학생들은 어디서 그런 효과를 보았으며 그러한 효과를 더 증대시킬 방안은 무엇인가가 우리의 이어지는 과제이기 때문이다.

3. 창작 기법과 교재 계발의 지속적 필요성

위에서 언급했듯이 학생들이 문창과의 커리큘럼들을 단계적으로 밟으면서 창작능력이 향상된 것은 이제 부동의 사실로 보인다. 대개 모든 문창과들은 창작과목은 3단계 정도를 거치도록 하고 있는데(개중에는 4단계까지 설치한 학과도 있지만) 이 단계를 거치면서 학생들은 창작의 기법적 측면을 학습하고 실제 창작을 거듭 행함으로써 나름의 묘방을 획득하는 것으로 짐작된다. 그러나 창작기법적 측면이란 것도 아직은 매우 제한적인 것이지 않은가 한다. 그것은 우리가 접할 수 있는 교재의 종류가 매우 제한되어 있다는 현실에서 증명된다. 필자가 담당하는 소설창작과목의 경우 3종 정도가 보편적으로 많이 채택되고 있는 실정인 것으로 안다. 즉 전상국의 『당신도 소설을 쓸 수 있다』, 송하춘의 『발견으로서의 소설

기법』, 현길언의 『소설 쓰기의 이론과 실제』 정도가 많이 채택되는 교재이고 그나마 현길언이 쓴 것은 1998년 현재 절판된 실정이다. 어쨌거나 이 책들은 주제, 구성, 문체, 인물, 시점, 배경 등 소설의 중요한 기법적 측면과 여타 참고사항들을 충분히 기술함으로써 창작교재로 쓰이기에 적합한 것으로 판단된다.

그러나 이 책들이 결하고 있는 점들 또한 적지 않다. 가령 이 책들은 창작에 필수적인 상상력의 배양은 어떻게 가능한 것인지, 또 묘사력 증대는 어떻게 가능한지, 한토막 이야기의 소설적 가공(구성)은 어떻게 할 것인지, 묘사와 설명의 적절한 배합비율은 어느 정도가 좋겠는지 등의 실제 예제(practice)를 제공치 못하고 있다. 만약 이러한 것이 어떻게 훈육으로 가능할 것인가를 묻는다면 문예창작교육학과의 위상은 설 자리를 잃는다. 이왕 교육을 시작했으니 가능한 세목은 다 연구 계발해서 창작교육을 교실에서 완성토록 하는 것─이것이 문창과의 위상 혹은 정체성을 확고히 하는 길일 것이다. 많이 읽고 많이 경험하고 많이 쓰는 것이 왕도라는 포괄적 지침에서 더 나아가 더욱 구체적이고 세부적인 방법이 지속적으로 계발될 때 학(學)으로서의 문예창작교육이 한층 공고해질 것은 재론의 여지가 없는 일일 터이다.

4. 창작정신의 전수 방법

그러나 이런 문제가 해결된다고 해서 문제가 모두 해소되지 않는 것이 문창과의 고민이다. 이른바 창작혼, 작가정신의 문제가 남아 있는 것이다. 기법이냐 정신이냐의 문제는 이문열의 「금시조」와 같은 경우에서도 잘 드러나 있는 바와 같이 창작인들의 화두라 할 만한 문제이다. 그런데 기법의 경우는 익혀서 될 수 있는 것이지만 정신의 전수란 참으로 이루기 어려운 과제이고 설혹 가능하다 해도 그것은 도제식으로 밖에 이루어질 수밖에 없는, 매우 수공업적이고 지둔遲鈍한 영역의 것이다. 수십 명의 제자들을 두고 창작을 강의해야 하는 창작 교수들은 이 난제 앞에 대개 궁궁하지 않을 수 없다. 창작혼 혹은 예술혼의 전수라는 과제를 어떻게 효과의 극대화란 측면에서 기할 수 있다는 말인가? 모든 예술 창작의 경우 자신의 영혼을 강타한 절실한 체험, 그것을 표현해야겠다는 절박한 욕망들이 있어야 우선 가능해지는 것인데 혼신의 열정을 사르는 투신, 참담한 삶의 고뇌, 삶의 실상을 찾고자 하는 방황 등은 권면한다고 이룰 수 있는 수행 단계적 목표치일 수 없으며, 또한 모범을 보인대서 되는 일도 아닌 것이다. 다시 말해 이는 학습자 개개인의 선택의 문제이거나 그들 운명의 문제이다. 그리하여 대개의 교수들이 학생들에게 문학혼을 교수하는 가장 효과적인 자리로 활용하는 것이 술좌석 정도쯤이 아닌가 한다. 말하자면 교실에서 가능한 기능적 전수 외에 더 필요한 알파적 요소를 술자리에서 전하고자 하는 것인데 이 또한 참으로 수공업적이고 임시방편적이다. 이런 방식도 애초에 의욕을 가진 학생들에게는 일정한 효과를 기대할 수 있겠으나 그렇지 않고 술자리만 기웃거리는 학생들에게는 효과도 없어서 공연히 가르치는 이 된 사람의 건강만 해칠 수도 있는 터이다.

물론 이러한 경우는 괜히 고민을 사서 싸안는 꼴이라는 지적을 들을 수도 있는 개연성이 있다. 창작정신은 가르치는 자가 먼저 모범을 보이는 것이고 또 그것에 적극적으로 반응하는 학생들을 적극적으로 지도하면 될 것이라는 답안이 마련되어 있기 때문이다. 그러나 우리의 과제는 역시 더 많은 창작지망생들을 싸안는 것이고 창작지망의 문턱에서 서성대는 학생들까지를 창작의 길에 유인하는 것이란 점을 생각한다면 그렇게 수

월한 답에 안주하고 말 일은 아니리라 본다. 더 많은 학생들에게 창작정신을 깨우치고 전수하는 일은 상상력과 창의력을 연마하는 기회를 제공함으로써 문화산업의 선도적 종사자를 양성해낸다는 대부분 문창과들의 창설 취지의 일부와 부응하는 일이 될 수도 있는 것이다. 그렇다면 이것도 기법의 영역으로 끌어들이는 방법을 모색할 필요가 있다. 다시 말해 학생들의 창작욕을 유인해낼 방법의 계발이 필요하다는 말이다. 영혼의 밑바닥을 자극하는 방법이야 어렵겠고 적어도 창작욕을 유발하고 도와주는 방법이 없지는 않을 것 같다. 가령 다양한 인간군상의 실태를 확인하기 위해 서울역을 탐사하라든지, 문학작품의 배경이 된 현장을 답사하고 그것에 대해 토론한다든지, 방학 중에 반드시 일정한 여행을 하고 여행기를 써 내라든지 하는 방식 등이 그에 속하지 않을까 한다. 이러한 방법들을 창작교육을 담당한 이들이 공통적으로 계발하고 더욱 정밀하게 만들어 나갈 때 창작교육은 보다 방법적으로 되고 가르치는 이들의 부심을 덜어 줄 것이다.

5. 문학 환경의 변화에 따른 대응 문제

마지막으로 짚어 볼 문제는 근래의 시대적 흐름과 밀접한 관련을 가진 사항이다. 앞서 창작정신을 언급했지만 요즘의 학생들에게 이것이 얼마나 절실한 화두인지는 회의스러운 경우가 적지 않다. 요즘 문창과 지망생들의 희망 종사 분야를 물을 때 방송(드라마) 작가, 환타지 작가 이런 답을 일쑤 들을 수 있는 데서 특히 이런 의문이 생긴다. 심지어 만화스토리 작가, 대중가요 작사가 지망생들 조차 끼어 있는 형편이고 보면 문예창작학과에서 이들의 소망을 어떻게 다 소화해 줄 수 있을까가 걱정스럽지 않을 수 없고 이들에게 문학창작인으로서의 소양을 구비해야 할 것을 주문하는 것은 소귀에 경 읽는 식의 우둔한 처사로밖에 생각되지 않는다. 이는 부분적 현상인데 너무 과민반응하는 것이 아니냐 할 수도 있겠고 불특정다수의 다양한 희망을 어차피 소화할 수 없는 것은 모든 학문·학과의 공통된 사정이라 치부할 수도 있을 것이다. 그러나 문예창작학과가 문학을 포괄하는 문화라고 하는 상위 범주와 무관할 수 없다면, 그리하여 요즘의 문화적 환경이란 것을 고려하지 않을 수 없다면 이 문제도 숙고의 대상이 되기에 족하다.

우리의 삶의 환경이 근래 10여 년 사이에 급속히 변모했다는 것은 누구나 인정하는 사실일 것이다. '60년대부터 시동이 걸린 경제개발이 '7,80년대의 산업사회 진입을 거쳐 '90년대 이후 정보산업, 서비스산업이 재화 생산의 대종을 이루는 포스트모던한 연대에 이르렀다는 것을 실감하는 시대에 우리는 살고 있다. 대학교육의 주된 수요자인 지금의 20대들은 내핍과 절약이 미덕이던 산업화 시대의 생활방식에는 전혀 익숙하지 않으며 오히려 이들은 소비가 미덕인 후기산업사회를 살면서 고통으로부터 쾌락을 얻을 수도 있다는 문학예술의 전통적 명제와는 점점 거리가 멀어지는 것처럼 보인다. 이들에게 중요한 관심사는 삶을 있는 그대로 즐기는 것, 또는 문화도 하나의 교환가치를 창출할 수 있는 도구이니만큼 그것을 수단으로 활용해서 보다 많은 부가가치를 획득해야겠다는 것이다. 이럴 때 그들이 주목하는 콘텐츠가 환타지, 로맨스, 호러 등 이른바 장르문학과 방송(드라마) 작가 등인 것이다. 이런 경우 경박하고 무가치한 것에 몰두한다고 이들을 비난할 수도 없는 노릇이다. 삶의 환경이 너무나 바뀌었기 때문이다. 생존에 필요한 기본적 물질의 부족으로 결핍감에 허덕였던 기성세대에 비해 요즘의 젊은이들은 너무나 다른 '신인류'이다. 이들은 이전 세대에 비해 풍족한 경제적 여유 속에서 자랐으며, 멀티미디어 환경에 익숙하고, 멀티플렉스 속에서 먹고 마시며 논다. 거칠게 말하여 문학의 재료를 고통과 즐거움 두 가지로 대별한다면 이들은 즐거움 속에서 즐거움을 찾으려는 세대이다. 그러니 전통적인 문학관을 가진 쪽에서 보자면 만화나 무협지와 다를 바 없는 환타지 소설에 이들이 열광하는 것, 또 그런 작품을 창작하겠다는 것은 당연한 현상이라 할 수밖에 없다.

그러나 대개 전통적 문학관에 익숙해 있는 문창과 교수들에게 이들의 출현은 매우 곤혹스럽다. 순문학적 수련을 시키는 것도 조련치 않은데 야릇한 장르를 다룰 일도 보통 일이 아니기 때문이다. 만약 환타지 소설과 같은 장르를 커리큘럼 속에 포함시킨다면 그 외의 다른 장르들-만화스토리 수업, 로맨스소설 쓰기, 방송구성작가 수업 등도 고려해야 할 터이니 문창과의 외연은 한없이 늘어날 판이다. 그러므로 문제를 간단히 정리해 보면 이렇다. 순문학 쪽의 수업만 계속 밀고 나갈 것이냐, 아니면 여타의 장르문학도 포섭할 것이냐? 이런 질문을 던져 놓고 생각해 보면 실상 환타지, 로맨스, 호러, 방송작가, 만화스토리 작가 등의 양성은 대중문학과라 할 만한 것이 개설되어서 그 쪽에서 소화해야 할 것이 아니냐는 짐작이 든다. 가령 음악 쪽에서 대중음악과가 생긴 것처럼. 그러나 당장에 그런 학과가 없고 보니 학생들이 문창과로 몰리는 것인데, 그렇다고 해서 그런 지망생들은 그런 학과가 어울리니 문창과로서는 일단 못 본체 밀어두고 보자고 할 일은 아니리라 본다. 필자의 판단으로는 그러한 장르의 지망생들도 우선은 적극적으로 포섭해야 할 것이라 생각한다. 우선, 순문학적인 입지에서 보더라도 그런 학생들을 수용하여 잘 수련시킨다면 적어도 황당한 무협지나 다를 바 없는 현재의 환타지 류에 어느 정도의 질적 고양을 기하는 계기를 마련해 줄 수 있게 된다. 포용을 주장하는 또 하나의 이유는 앞서 언급했듯이 우리의 문학 환경이 너무나 변했다는 데 있다. 요즘의 젊은 세대는 멀티미디어 환경 속에서 성장했다고 말한 바 있는데, 요즘 젊은이들은 문학적 소비조차도 전통적인 방식과는 다르게 하는 것이 분명하다. 그들이 문학을 접하는 주요한 매개는 문예잡지 등의 전통적 양식이 아니라 역시 정보사회의 총아인 인터넷이라고 하는 도구다.[4] 이들이 인터넷을 통해서 접하는 문학 역시 순문학 쪽이 주류가 아니라는 것은 불보듯 환한 일이고 위에서 말한 대중적 장르를 기웃거리기 십상일 것이다. 요컨대 문학 소비가 기존의 양상과는 달리 이루어지고 있다는 말인데, 이러한 사정을 문창과에서 강건너 불구경 하듯 하고 말 일은 아니라 생각한다. 전통적 의미의 소설도 동서를 막론하고 발생 당시에는 대중들의 정서를 오탁시키는 불순한 장르로 매도되었다는 문학사적 사례를 참고한다면 문학도 미래에는 우리가 예측치 못한 어떤 변화를 겪을지 상상할 수 없는 일이다. 물론 본격 문학도 시대가 변한다 하여 그 효용이나 의의를 다 하지는 않을 것이다. 클래식은 클래식으로서의 위의와 가치가 별도로 있는 법이기 때문이다. 그러나 바뀌는 문화환경과 시대조건을 생각한다면 환타지 문학 작가 지망생이나 여타 장르 지망생을 문창과에

---

4 필자가 담당하고 있는 '문예창작입문'이라는 교양 과목 시간을 이용해서 간단한 설문을 해보았다. 이 과목은 전교생이 교양 선택으로 수강하는 과목으로 수강생이 58명이다. 문학을 접하는 주요한 도구가 무엇인가를 물었더니 설문에 답한 50명 중 약 70% 정도가 인터넷이라 답했고, 그 나머지는 단행본을 통해서라고 답했다. 문예지를 든 학생은 단 한 명, 『창작과 비평』을 든 학생이 희귀종이라 할 만하게 한 명 끼어 있었다.

또 하나 참고할 흥미있는 자료는 2001년 12월 1일자 〈조선일보〉 문화면 기사이다. 김광일씨가 작성한 '문인 늘었지만 문학책 발간은 줄었다'는 기사에 따르면 "최근 7년간 문인은 1994년 대비 6.6배나 늘었지만 문학도서 출간은 거꾸로 20%나 줄었다"는 것이다. 이 기사는 문인 증가의 원인만 분석하면서 그 이유 중의 하나로 사이버 공간 상의 창작행위 활성화를 들었는데, 분석하지 않은 문학책 발간 감소의 이유 역시 이에서 중요한 원인을 찾을 수 있을 것으로 생각된다.

서 적극적으로 수용하는 것이 바람직하다고 본다. 그들을 위하여 새로운 과목을 매번 개설할 수는 없는 일이지만 그 쪽의 연구를 적극적으로 행하는 연구자가 나와서 과목도 개설하고 가능하면 창작지도까지도 하는 등 변화하는 환경에 적극적으로 대처하는 것이 문창과의 당면 과제로 판단된다.[5]

6. 문학인의 자의식으로

지금까지 언급한 바를 정리하고 남은 과제를 새겨 보는 것으로 이제 이 글을 맺으려 한다.

문창과는 역사가 일천한 학과로 성격이 겹치는 국문학과를 옆에 두고 그 위상이 불안정한 상태로 출발했다는 것이 이 글의 전제였다. 그러나 학생들의 요구나 현재의 성과들을 보면 창작교육이라는 것이 충분히 가능하고 또 필요한 것임을 확인케 된다. 이러한 근거에 입각해서 문예창작 교육이 하나의 학으로써 보다 견고하게 정립되려면 상상력, 묘사력, 구성력, 창작정신의 촉발 등을 강화할 수 있는 방안이 꾸준히 계발되어야 하며 이것이 연구저서로 또는 교재로 쏟아져 나와야 할 것이 당위론적으로 요청된다. 한편으로 변화하는 시대 여건과 문학 환경을 고려하여, 기존의 문학적 관습에만 얽매일 것이 아니라 보다 개방적이고 유연한 자세로 창

---

5 이와 관련하여 참고할 것이 협성대 박덕규 교수의 아동문학과 개설이 필요하다는 주장이다. 〈중앙일보〉 2002년 3월 22일자에서 박교수는 아동문학 시장의 증대와 아동문학 교육의 중요성을 들어 아동문학과의 별도 개설이 필요하다는 논지를 제기했는데 충분히 일리 있는 주장이라 생각한다. 현재 문창과는 아동문학, 사이버 문학, 실용문예 과목 등-예컨대 출판과 편집, 독서지도 등-담아야 할 것이 너무 많아 전전긍긍하고 있는 형국이다. 하나의 학문 분과로 성립될 수 있는 분야는 분리 독립하는 것이 바람직한 일이다.

작 지망생들을 수용할 것 또한 필요하다는 생각이다.

앞서 각주에 인용된 기사에서처럼 문인들이 폭발적으로 늘어났다는 것은 문창과의 미래와 관련하여 우리가 처한 시대 조건을 곰곰히 돌아보게 한다. 본격문학 시장은 점점 위축되어 가고 있는 세태에서 문인들이 늘어난다는 것은 상당히 의외의 사태이지만 신춘문예 심사위원 중에서도 응모자 수의 증가를 거론하는 경우가 있는 것으로 보아 이는 부동의 사실인 것 같다. 아마도 증가한 숫자의 그 문인 중에는 일시적으로 생겼다가 사라지는 문예지, 또는 사이버 공간을 통하여 자천타천으로 등장하는 문인 등이 다 섞여 있을 것이므로 그 질적 소양이나 문학을 대하는 태도 등에 있어서는 천차만별일 것이 틀림없다. 그렇다 하더라도 이는 대중들의 자기표현욕의 증가에 말미암은 것이 틀림없고 문학판 또한 정보화 사회의 위력에 힘입어 엘리트 중심주의로부터 대중화되어 가는 추세에 있음도 부인할 수 없는 일이다.[6] 요컨대 문학의 저변은 우리의 예상과는 다르게 확대되어 가고 있다는 것인데 이는 문예창작학과의 미래에 기대와 우려를 동시에 갖게 한다. 기대는 창작지망생들의 증가로 창작교육의 수요가 꾸준할 것이란 데서 오는 것이며 우려는 다양한 동기와 욕망을 가지고 창작을 지망하는 수요자들의 욕구를 어떻게 충족시켜 주느냐는 데서 온다. 그런데 이는 실상 돌이켜 보면 시장지향적 동기를 가지고 탄생한 문예창

---

6 이와 관련하여 생각나는 것이 문학 위기론이다. 문학 위기론은 필자가 알기로 '70년대부터 꾸준히 제기되어 온 것인데 실은 이때가 산업사회로의 전환이 이루어지면서 대중문화적 현상이 확산되던 시기이다. 최근 들어 문학 위기론에 대해서는, 그런 논의가 한두 번 있었던 것도 아니고 문학은 현재에도 끄떡없이 지속되는 현상이니 문제될 것 없다는 논리로 애써 무시하려는 주장들이 종종 대두됨을 본다. 그러나 순문예지가 당하고 있는 위기, 사이버 문학의 확산 등을 볼 때 순문학 쪽의 위축은 부정할 수 없는 일이다. 다시 말해 순문학 쪽에서 볼 때 문학 위기론은 공연한 엄살만은 아니었다는 생각이다.

작학과의 생래적 과제인 것 같다. 이러할 때 우리가 가지는 우려에 답은 자연히 자기회귀적인 것이 된다. 삶을 자유롭게 할 조건, 생의 존엄, 더 나아가 우주적 조화와 평화를 생각하는 문학인으로서 시장의 원리에 저항없이 추수할 수 없다는 자의식 하나를 확고히 가지는 것과 그 의식을 부단히 실천으로 옮기는 일이 그것이다. 쉽기는커녕 괴롭기조차 한 이러한 다짐의 실천은 그러나 문학하는 자의 생리에도 맞으며 우리의 삶을 더욱 건강하고 행복하게 할 것이라는 효용적 가치에도 부합할 것이므로 창작교육을 업으로 삼은 이들에게 하나의 위안이자 나침반이 되지 않을까 짐작해 본다.

문학과 문학교육, 무엇이 문제인가

1

요즘처럼 변화의 요구가 쓰나미처럼 덮치고 이에 응전하여 더 나은, 더 많은 성취를 얻고자 주체의 욕망이 폭발하는 시대에 사람들의 심사는 소란스럽고 사납다. 한미 FTA가 타결되면서 거의 모든 미디어들은 경쟁의 세계화 시대에 살아남기 위해서, 한 발 더 앞서기 위해서, 개인과 국가의 경쟁력이 최우선이 되어야 한다고, 그래서 살아남을 자/분야는 살아남고 도태되어야 할 자/분야는 도태될 수밖에 없는 것이 오늘 우리가 처한 현실이라고 웅장한 합주를 해대는 판이다.

요즘의 문학판 또한 사람의 심사를 사납게 만들기는 마찬가지다. 사이버 상의 자기표현이 활발해지면서 하이퍼문학, 사이버문학, 스토리텔링 등의 용어가 문학 판에서 난무하고 있고 영상 산업의 도저한 환금력이 부각되면서 영상 산업은 모든 문화적 산물들을 빨아들이는 블랙홀이 되어 고전적 문학과 문화의 개념에 침윤되어 있던 이들을 정체성의 혼란과 혼돈 속으로 몰아넣고 있는 형국이다. 이러한 문학/문화적 현상과 맞물려

시에서는 자칭 '미래파'라는 일군의 젊은 시인들이 등장하여 시의 근본 성격에 관한 논쟁을 촉발하고 있으며 소설 쪽에서는 '미친, 새로운' 작가라 할 신세대 작가군들이 등장하여 기존의 소설에 관한 인식을 뒤흔들어 대는 양상이다.

이러한 혼란과 혼돈이 아무리 거세더라도 문예창작을 가르치고 교수요목을 계발해야 하는 학과의 교수가 아니라면 당혹과 불안이 덜 할 것이라는 것은 필자에 한하는 짐작일까. 문학은 실상 무용의 용無用之用을 그 핵심적 성격으로 하지만, 문예창작학과는 행인지 불행인지 이러한 문학주의만으로 그 존재를 지속할 수 없는 운명을 가진 학과이다. 문창과는 그 태생에서부터 응용학이라는 성격이 다분하기 때문이다. 달리 말해 문창과는 학생들을 문단에 데뷔시켜야 하기에 현재적 문학의 성격에 늘 민감해야 하고 졸업한 학생들이 생계를 도모할 수 있도록 문예 관련의 실용적 지식도 전수해 주어야 하는 것이다. 시, 소설, 드라마는 물론이고 논술도 가르쳐 주어야 하고 이른바 문화컨텐츠 산업과 관련하여 혹 이쪽에서 학생들의 진로가 확보될 것은 없는가, 걸객처럼 기웃거려 보는 것이 문예창작을 가르치는 사람들의 고단한 운명이다. 이런 사정 때문에 지방의 어떤 국문학과는 문학영상학과라는 생경한 이름으로 개명하였고, 어떤 경우는 문예창작학과 → 미디어컨텐츠학과로 개명했지만 학생이 없어 아예 폐과되기도 하는가 하면, 학생들의 지원이 없는 외국문학과가 문예창작학과로 변신하여 그 명맥을 이어가는 등 어지럽고도 혼란스러운 양상을 드러내고 있다.

문학 내외부에서 불어 닥치는 이와 같은 변화들은 그리하여 문학과 문학 교육에 관해 늘 고심해야 하는 문예창작학과의 교수들에게 항상적인 정체성의 동요를 강요한다. 과연 요즘의 문학은 문학 본연의 성격에 맞는가, 학생들에게 이런 시와 소설을 배우라고 해야 할 것인가? 문예창작학과에서 다루어야 할 문학/문화적 범주는 어디까지인가? 특히 문학 내외부의 변화가 마치 회오리처럼 몰아치는 요즘 이러한 고심이 더욱 깊어진다. 이에 따라 이런 고심을 정리하고 창작교육을 하는 자로서의 자세를 다시 한 번 점검하기 위한 기회를 가져 보아야겠다는 의도가 이 글을 쓰게 하였다. 논의의 순서를 요연하게 하기 위해 요즘의 문학판에 관한 견해를 정리하고 문예창작교육의 범주와 진로에 대해 고찰하기로 한다.

2

요즘 시단은 미래파의 등장으로 제법 시끄럽다. 한 일간지의 문예담당 기자가 "이것도 시라고 해 주세요"라는 칼럼에서 미래파의 등장을 다룰 정도이다(박해현, 〈조선일보〉, 2007년 4월 7일 A34면 참조). 미래파 시인들이 "장광설과 환상과 엽기로 특징짓는 진지하지 않은 일군의 시인들로 욕을 먹고 있다"는 전언 형식의 칼럼이지만 기사의 제목으로 봐서 기자 자신도 이런 견해에 동조하는 기색을 충분히 읽을 수 있다. 여기서 욕을 먹는 시인들이란 황병승, 김민정, 김근, 최승원 등 최근에 시집을 내놓고 있는, 1999년 결성된 '천몽' 동인과 2002년 등장한 '불편' 동인들이다. 이들의 시가 "공포와 엽기와 유머가 지배적인 하위 문화로서의 만화적 상상력, 펑키나 인디같은 마니아층을 형성한 대중음악, 무협물…" 등에 영향받아(이경수, 『바벨의 후예들』, 33면, 이숭원, 「환상 혹은 그 너머의 진실」, 계간 『시작』, 2006년 겨울호, 35면에서 재인) 창작된 것이라는 데는 별 다른 이견이 없는 것 같다. 『문학동네』, 2007년 봄호에서 바야흐로 「한국문학과 하위문화적 상상력」이란 특집을 기획했을 정도이니 말이다.

그러나 이들의 하위문화적 상상력이 일군 문학성에 대해서는 찬반 여부가 엇갈린다. 앞의 기자도 그랬지만 이숭원, 이경수 등의 비평가는 이들의 시가 한갓 한때의 유행에 지나지 않는 엽기적 환상 서술시라 보는 쪽이고 '미래파'라는 지칭을 헌정한 권혁웅, 이장욱·신형철 등의 젊은 비평가는 이들의 시에서 치열한 부정과 전복의 정신을 보고 이들의 작품이 미래에 우리 시의 분명한 대안이 될 것이라 보는 쪽에 서 있다. 한편 김수이처럼 굳이 찬반의 선명한 지점에 서지 않고, 이들의 하위문화적 스타일이 "시의 화면으로 단지 보여주면서, 자의식과 저항정신 등의 이데올로기적 항목들을 철저히 텍스트 밖의 영역으로 돌려 버리는 것"을 비판하면서도 하위문화의 지배문화에 대한 "검열과 모방의 이중 작업"을 기대하는 중립적 위치에 서는 비평가도 있다.

어쨌거나 이들의 시는 과연 "엄마 나는 저 눈깔이 무서워요 무서워할 것 없단다 애야 지느러미나 혓바닥이 내릴 날 있을 거다 저것들은 엄마가 죽인 아기들의 눈깔인가요? …(중략)… 애야 너 같은 건 다 거짓말이란다"(김근, 「어제」), "이소룡 청년은 차력사인 아비를 때려 눕히고 아비요! 교성을 지르며 늙은 남자의 항문에 쌍절곤을 쑤셔 박았다"(황병승, 「에로틱파괴어린 빌리지의 겨울」), "그만 씨불대고 너나 잘 하세요"(김민정, 「詩, 雜이라는 이름의 폴더」) 등 엽기와 욕설로 질펀하다. 이 욕설과 엽기에는 만화와 장르 영화, 컴퓨터에 떠도는 문장/영상들의 흔적이 자욱하다. '에로틱파괴어린 빌리지'란 시제목만 해도 그렇다. 한글과 영어의 합성어로 만들어진 이 시제는 묵시록적 파탄지경을 보여주는 시의 내용을 잘 함축하고 있긴 하지만 '나름 힘들다', '머훗', '불펌' 등 문법과 국적성을 벗어난 컴퓨터 언어의 유치하고 안이한 조어력造語力이 그대로 배어 있다. 무엇보다 이 시들은 현실을 벗어난 환상성과 비재현성으로 가득하다. '에로틱 파괴어린 빌리지'에서는 '순돈육 자지를 달고 불 속'을 걷는 '저팔계 여자'가 등장하고, '니노셋게흐미타바샤 제르니고코티카' 같은 무의미한 기호가 시의 제목이 되기도 하며, '좀비가 되어 공중부양 후 미확인 비행물체를 타고 사라지'는 히피/사이비 교주가 등장하기도 하여 이들의 시는 현실과의 필연적 상관성을 무시하고 환상 속을 즐겨 떠돈다. 엽기적 욕설과 퇴폐를 먼저 선보여 이들의 대모격이 된 김혜순, 김언희들에 비해 이들은 환상성을 중요한 시의 동력으로 삼고 있는 것이다.

환상성이 중요한 창작의 매개라는 점에서는 요즘의 소설 또한 유사하다. 그리고 그 환상이 만들어낸 세계가 엽기적이고 잔혹하다는 점에서 또한 그렇다. 단지 소설은 이러한 모티브들이 사건 속에 용해되어 길게 펼쳐진다는 점에서 그 즉물성이 덜 하여서인지 논쟁거리가 되어 있지 않은 점만 다를 뿐이다. 가령, 박형서의 「너와 마을과 지루하지 않은 꿈」(『창작과 비평』, 2006년 겨울호)을 보자. 이 작품은 한 마을에 어떤 남자가 구멍이 난 큰 바위에 머리를 처박은 채 변사해 있는 것을 주민들이 발견하는 것으로 시작한다. 변사의 원인을 규명하려니 남자의 시신을 거두어 부검을 맡겨야 하는데 바위 속에 처박힌 머리를 도저히 빼낼 수가 없다. 그리하여 사람들은 그의 몸뚱이를 먼저 떼어내고 도저히 빠지지 않는 머리는 마침내 박박 긁어내기에 이른다. 이 대목의 사실적 묘사는 엽기적이고 끔찍하다. 이런 변사 사건은 작품 속에서 거듭되는데 그때마다 시신을 바위에서 분리하는 엽기적 장면이 반복되고 있다. 작품에 동원된 화소는 충격적이나 유감스럽게도 어떤 유의미한 전언을 읽을 수 없다. 개인의 음울한 실존을 그리곤 했던 윤성희도 「등 뒤에」(같은 책)라는 단편에서 같은 엽기성을 보여준다. 부랑하던 한 남자가 차사고로 전복되는데 역시 비슷한 처지의 남자에게서 구조를 받는다. 그런데 구조해 준 남자는 구조받은 남자가 그를 목욕시키기 위해 끓인 드럼통의 물 속에서 죽어 버린다. 이러한 사건의 전말은 환상 속에서 이루어지는 것 같은 사건의 전개 가운데서 제대로 추단해내기 불가능하다. 몇 개의 단어 조합에 불과한 단문을 구사하면서 작가는 작품을 급속하게 전개시키는데 이 급박한 속도감 속에 과연 작가가 속도를 조절하면서-구성을 의식하면서 작품을 쓴 것인지는 회의스러울 지경이다. 물론 작가는 '세상엔 믿지 못할 이야기도 많다'라 언급하고, 이런 기묘한 스토리 가운데서 실존의 공포와 불안을 제시하려 한 듯하지만 이처럼 단속적이고 엽기적인 상상력에 그러한 전언을 담아야 했는지 의문이다. 이처럼 환상적이면서 엽기적인 작품을 쓰는 데는 이기호, 천명관 등의 젊은 작가들 또한 배놓을 수 없다. 사실 이들보다 먼저 엽기성 환상성을 드러낸 작가는 백민석이다. 그는 『목화밭 엽기전』에서 평화롭고 살기 좋은 과천 시내 한복판에 한창림이라는 야수를 등장시켜 독자들의 치를 떨게 한 적이 있다. 그런데 요즘 백민석은 어떻게 되었는지 소식이 없고 김영하, 김경욱 등이 그 뒤를 잇더니 요즘은 이들을 한 수 더 뛰어넘은 엽기성·잔혹성이 소설계를 가히 뒤덮은 형국이다.

  왜 이렇게 되었을까? 김영하가 지적한 대로 우리 문학이 1995년 이래로 무언가 새로운 전기를 맞은 데 그 원인이 있다고 본다.(서영채, 김영하의 대담, 『문학동네』, 2006년 봄호) 1990년대 중반 이후에 등장한 작가들은 정치적 관심사로부터 풀려 났으되 심화되어 가는 자본주의, 바야흐로 물신이 판치기 시작하는 후기산업사회와 맞닥뜨린 세대이다. 이들은 거대 이데올로기가 사라져 버리고 이윤 추구만이 판을 치는 후기산업사회 속에서 지향점을 잃어버린 세대들이라 할 수 있다. 그리하여 대상 세계로부터 철수한 이들의 리비도는 스스로를 소모하는 방식으로 그것을 소모한다. 급진적 허무주의에 몸을 던지고 자살을 일삼는 인물들이 등장한 김영하의 『나는 나를 파괴할 권리가 있다』는 이런 흐름의 한 예고편이었고, 김경욱, 천운영 등이 엽기와 환상성에서 그 뒤를 이었으며 요즘 '미친, 새로운' 작가들(김형중의 지칭이다. 「소설의 새로운 제국주의, 혹은 미친, 새로운 소설들에 대한 사례 보고」, 『문예중앙』, 2006년 봄호)은 바로 이들의 후배들이다.

이들에게서 우리는 김형중의 지적처럼 '부르조아 모더니티에 맞서 스스로 존재방식의 변화를 꾀하기 시작한 미적 모더니티의 전환'을 읽을 수도 있다. 그러나 현실의 중력을 포기하고 상상 속에서 가공된 이야기를 만드는 이들의 '망상의 메커니즘'을 인정하는 것과는 별도로 이들의 망상의 기원을 문제삼지 않을 수 없다. 박형서는 그의 산문 「울지마요, 미스터 앤더슨」에서 그는 자신의 망상-상상력의 발동 과정을 일부 노출해 보인다. 길에서 한 여자가 산발을 한 채 곰인형과 트렁크를 끌고 가는 것을 보면 그 여자는 동거남과 싸운 여자이고 이 여자의 그 전 남자는 알카에다 요원이었으며, 어젯밤 싸운 동거남은 전봇대로 이를 쑤셔 이빨이 부러진 남자… 식의 망상 전개과정을 몇 가지나 예를 들어 보여준다. 그러나 그가 이웃의 실제 삶을 몰라서 이처럼 망상에나 잠기는 것은 아니고 '의지와 신념'의 글들은 국내외의 다른 뛰어난 소설가들에게 맡기고, 몰랐다간 큰일 날이라곤 없는 이 세상에서, '이런 사연들도 알아두면 재밌지 않을까요'라는 생각에서 소설을 쓴다고 그 스스로 밝히고 있다. 그는 이 세상 어딘가에 있다 갑자기 출현하는 '곤경에 처한 오후 세 시, 꽃사슴을 배신한 이중스파이, 고등어를 꼭 닮은 오징어'를 '망설임 없이 이해하고 설명해' 내는 일을 '꽤나 근사한 일'로 여기는 작가이다. 우리는 이 작가의 상상력에서, 과연 주체의 동일성에 집착하거나 사회 개조의 신념 등에서 벗어나 무한 자유를 추구하는 탈근대적 개인의 위반 성향을 읽을 수 있다. 달리 말해 이 작가에게서 환상 또는 망상은 물질적 이윤 추구가 지상의 목표가 된 신자유주의 이데올로기 속의 현대사회를 전복하고 탈주하는 한 방편이라는 것이다.

그러나 환상은 그 한계 또한 명백하다. 환상은 환상일 따름이지 그것이 이 세계에 어떠한 구멍을 내줄 수 있단 말인가? 그것은 라캉식의 담론에 기대면, 상상계에서 본 이상적 초자아를 상징계에서도 놓지 못하여 나르시시즘에 사로잡힌 미숙한 자아의 헛된 유희일 따름이 아니겠는가? 물론 문학은 유희의 일종이다. 그러나 유희를 유희로서 집착하고 그것에 일이 따르지 않을 때―세계에 대한 새로운 인식과 그에 따른 인식의 변화 및 실천의 유도가 따르지 않을 때 정신의 이상증세가 따르는 법이다.

보드리야르의 시뮬라크르 담론 이래 우리는 가상과 실재의 경계없음이란 미혹에 사로잡혀 왔지만 가상은 가상이고 실재는 실재이다. 가상과 실재를 구분 못하는 정신적 미숙아들이 악의적 댓글을 달아 한 생명이 숨지는 단초를 제공하고 가상의 자가증식에서 빠져 나오지 못한 청소년들이 성폭행을 아무 의식 없이 저지르며 친구를 집단 폭행하고 그 장면을 동영상으로 만들어 온라인상에 뿌리는 것이다. 물론 이들 작가들이 이 정도의 의식없이 환상에 매몰되어 있는 것은 아닐 것이고 김수이가 지적한 것처럼 상징질서와 제도에 중독되어 있는 이들을 충격하는 기능 또한 이들이 충분히 의도하는 터일 것이다. 그러나 무용한 감각과 욕망에 대책 없이 투신할 때 남는 것은 좌표의 부재와 미래 없는 순수한 유희가 되는 것이다(김수이, 「스타일과 카운터 펀치」, 『문학동네』, 2007년 봄호, 395면). 달리 말해 환상 유희는 정신이상에 이르거나 죽음에 이를 뿐이다. 시에서나 소설에서 환상을 즐기며 엽기와 욕설, 잔혹을 종종 소재로 삼는 이들의 앞날은 아직 진행형이므로 좀 더 지켜 보아야 할 일이라는 데는 이들을 다루는 논의들이 대체적으로 동의하는 편이다. 하지만 필자는 이런 기억을 떨칠 수 없다. 한때 〈주유소 습격사건〉이라는 영화가 공전의 히트를 쳐서 사람들의 입에 오르내리고, 그 반작용으로 젊은이들이 그걸 흉내 내어 실제로 주유소를 습격하고 돈을 빼앗은 일이 몇 차례 일어나 영화의 부작용에 대해 언급할 때였다. 그때 한 영화평론가가 한 말이 "영화는 영화이지 그것을 만드는 사람이 후유증까지 생각하면서 만들 수는 없지 않는가"라는 항변이었다. 이런 무책임한 말이 있을 수 있는가? 물론 그 영화가 정말 좋은 영화였으면 모르되 그것은 한낱 사람들의 재미만 충족시키고 만화처럼 스러져간 대중적 상업영화였다. 하위문화와도 거리낌 없이 접촉하고 그곳에서도 상상력의 중요한 원천을 얻는 오늘의 한국문학이 그처럼 무책임하지 않기를 바랄 따름이고 현장의 작품을 학생들에게 끊임없이 수혈해야 하는 창작 교수로서 경계심을 떨치지 말아야겠다는 각성도 여기서 온다.

3

문예창작을 가르치는 이들에게 또 하나의 고심은 문창과의 교과목을 어디까지 제한 또는 확장해야 하는가 하는 문제로서 이는 커리큘럼과 관계되는 일이기도 하며 학과의 성격—정체성과 관련된 일이기도 하다. 이러한 문제가 고심의 한 축이 되는 이유는 앞서 살핀 것처럼 문학판이 극심하게 변하듯이 문학 교육을 둘러싼 외부 환경 또한 급속히 변하고 있기 때문이다. 다시 말해, 문학 또한 문화를 구성하는 하위 장르로서 문화가 산업으로 변환되는 실용주의적이며 이윤 추구 지향적인 세태에 등한할 수 없는 세태 때문이다. 물론 단순히 세태 때문에 무용의 학인 문학이 가

법게 몸을 움직여야 한다기보다는 문예창작학과를 지망한 학생들의 진로를 생각할 때 그러하지 않을 수 없는 것이다.

　이러한 딜레마 때문에 국문학과에서 문학영상학과로 전환을 꾀한 경우가 있고(건양대학교), 문예창작학과에서 디지털 미디어컨텐츠학과로 전환했으나 폐과된 경우도 있다. 건양대 문학영상학과의 경우는 통상적인 문학 과목보다는 〈영상학의 이해〉, 〈영상예술론〉, 〈브랜드 네이밍〉, 〈광고카피론〉, 〈논술지도론〉, 〈독서지도론〉 등의 실무적 교과목을 더 많이 배치하여 아예 문예실무형 학과로 바꿔 버린 경우이다. 이러한 시도는 학생들에게 좋은 반향을 일으켜 이 학과의 학생 지원율이 꽤 높다는 전문을 접한 적이 있다. 그러나 이 글을 쓰면서 다른 대학 문예창작학과의 경우를 살펴 보았더니 대불대학에서 문예홍보학과란 이름의 학과를 개설한 경우 정도가 있을 따름이고 아직 대부분의 대학이 문예창작학과라는 이름을 유지하고 있었고 교과 과정 또한 대동소이한 편이었다. 시, 소설, 드라마 등의 이론과 창작 과목이 주를 이루었고 편집, 광고, 출판 관련의 과목들이 부가되어 있는 점에서 큰 차이를 발견할 수 없었던 것이다. 다만 〈문학예술기행〉이란 과목이 단국대와 한남대에 설강되어 있는 점 정도가 특이할 정도였다.

　그러면 소위 문화컨텐츠 관련의 과목 개설은 문창과에서 어떻게 받아들여야 하는가? 결론부터 말하면 이것은 학과의 성격을 완전히 바꾸지 않는 한 불가능하다는 것이다. 하기 좋은 말로 문화컨텐츠이지 이것은 문화산업과 동의어에 해당하는 용어로 예컨대 방송, 게임, 캐릭터, 애니매이션, 영화, 비디오, 출판/만화, 인터넷, 모바일, 음악 등의 산업화에 걸친 것으로(장노현, 「인문학적 문화컨텐츠와 창의성」, 『한민족 문화연구』 18집, 2006. 6) 그 외연이 매우 넓은 것이어서 기존의 문창과 교수로서는

다 담당할 수 없는 성격의 것이다. 이미 문화컨텐츠 학과가 설립된 곳이 있는데, 그런 학과는 문학, 컴퓨터, 디자인, 대중문화―이런 분야의 전공자들이 모여 이른바 융합학을 행하고 있는 사정이다. 사정이 이러하므로 문창과에서는 문화상품에 소재나 아이디어를 제공하는 단계에서의 참여를 생각할 수 있는 정도일 따름이다.

물론 이러한 창의성을 문화 산업 쪽에 넘겨 주는 것도 쉬운 작업이라 할 수는 없겠지만 이러한 정도의 기여라면 오히려 기존에 문예창작학과에서 해온 창작교육을 더욱 성실하게 행하는 데서 그 기여의 방향을 찾을 수 있지 않을까 생각된다. 문학은 하나의 예술일 뿐만 아니라 상상력을 작동시켜 사람들이 원하는 재미와 감동에 부단히 응해 온 분야이기 때문이다. 다시 말해, 창작교육을 통해 현실을 보는 안목의 갱신, 아이디어를 작품으로 구상하고 구체화하기, 적합한 언어 찾기 등에서 문화 산업에 필요한 자질을 연마할 수 있으며 우리의 문학 전통에서 창의적 사고의 원천을 기를 수 있다는 생각이 드는 것이다.

요컨대, 말末이 흔들릴수록 본本에 충실하는 것이 실용에도 득이 되리라는 것이다.

4

문예창작학과는 이 글의 앞머리에서도 말했듯이 응용학 혹은 현장 지향성의 성격이 강한 학과이다. 그러다 보니 문예창작학과 교수는 국문과나 다른 문학 전공학과 교수들이 하지 않는 고심을 거듭해야 하는 경우가 많다. 문예창작학회가 처음 생겼을 때 필자가 '문예창작의 미래와 전망'이란 글을 발제하면서 창작교육이 과연 가능한 것이냐는 문제제기를 했을 때 그리고 그와 관련된 나름의 사유를 펼쳤을 때 그에 동의하는 사람들을 많이 볼 수 있었다. 그러나 이제 그런 문제제기는 이제 구문이 되어 있다. 이제 문예창작학과는 나름의 관성으로 굴러 가면서 나름의 존재의의를 굳혀가고 있는 형국이다.

  그렇다 해도 문예창작교육은 여전히 시대의 바람에 흔들리면서 계속 올바른 정향을 모색하는 수고를 떨칠 수 없는 형편 속에 놓여 있다. 필자 역시 이러한 바람을 헤치고 학생들에게 효과적이고 바람직한 방향을 제시해야 할 부담을 지고 살 운명이다. 그러나 앞서 짧게 언급한 것처럼 말이 흔들릴수록 본에 충실하는 것이 가장 나은 방법이라는 것을 실감한다. 문화컨텐츠란 것은 어차피 상업적 속성이 깃든 것으로 우리가 본격문학으로 알고 다루어온 것과는 판이하다. 문예창작학과에서 문화컨텐츠까지 가르치는 것은 가외의 일이요 분수를 벗어난 일이라는 생각이다. 필자가 생각하기에 문화컨텐츠의 계발과 연구도 분명 필요한 일이되 이는 융복합학으로 해결해야 할 일이고 문예창작학과에서 온전히 다룰 수 있는 분야는 아니다. 요즘 '미들 문학'이라는 장르를 〈조선일보〉가 창안하여 큰 상금을 걸고 공모를 하고 있는데 이는 달리 말해 장르문학을 활성화시켜 보자는 취지이다. 나는 이에 대해서도 반대하지 않고 오히려 좋은 기획이라 보는 편이다. 그러나 어쨌거나 문예창작학과는 이런저런 시대의 풍향을 재면서도 본에 충실하는 것, 이것이 더욱 긴절한 것임을 스스로 다짐한다.

디지털 시대, 독서의 의의와 교육 방법

1. 디지털 시대의 성격

우리가 사는 시대를 일러 흔히 디지털 시대라 한다. 이는 모든 정보와 매체가 이진법에 의해 조정되고 증식되는 시대적 특성에 주목하여 우리 시대를 이른 용어이다. 다시 말해 컴퓨터의 발달이 초래한 기술적·매체적 여건에 힘입어 정보와 문화가 생산, 확대, 증식되는 시대적 환경을 집약한 것이 이 용어이다.

우리는 디지털 시대를 살면서 실로 다양하게, 동시에 급속도로 변한 삶의 여러 국면들을 접하고 경험한다. 달라진 삶의 환경들을 거론하면 무궁무진한 서술이 가능할 것이다. 사소한 일상적 국면들, 가령 극장을 간다거나 여행을 떠날 때부터 우리는 인터넷을 통해 충분한 정보를 수집한 후에 극장과 여행지를 선택하고 그에 따른 준비를 한다. 이러한 준비로 우리는 이전에는 우리가 상상치 못하던 여러 편리와 즐거움을 이제는 자연스럽게 누리고 있다. 그러나 디지털 시대의 도래로 말미암아 우리가 경험하는 가장 중요한 국면은 영상 혹은 이미지가 우리 사회 문화에 미치는 영향의 측면과 정보 소통의 쌍방향성·다중매체성으로 하여 누리게 되는 여러 양상들일 것이다. 영상 혹은 이미지는 우리가 컴퓨터에서 접하는 동영상들로부터 시작하여 TV 화면을 화려하게 장식하는 광고물들, 여러 게임들에 이르기까지 우리의 삶에 일상적으로 스며들어 있어 우리의 의식을 알게 모르게 변모시키고 있다. 정보소통의 쌍방향성 또한 급격하게 진전되어서 정치인들의 주장이나 정치적 처신 들이 인터넷을 통해 개진되거나 제약받고 있으며 그 매체는 기존의 언론 기관에 한정되는 것이 아니라 여러 인터넷 언론매체, 포털들, 심지어 모바일폰의 문자전송 등을 망라하고 있다. 그리하여 정치적 심급의 여러 변화들이 이에 영향받고 있으며 문화 사회 경제 등의 분야에서도 다양한 매체를 통한 정보가 파급 확산되고 있어 실로 정보 홍수의 시대에 살고 있다는 사실을 절감케 해주는 이즈음의 현실이다. 이러한 시대적 특성은 우리에게 긍부정적 요인을 동시에 던져 주고 있는 바 독서교육이 우리에게 의미를 가지는 지점은 바로 디지털 시대의 긍정적 요인과 부정적 요인이 교차되는 이 지점이다.

2. 디지털 환경이 파생시키는 문제

디지털 환경이 우리에게 선사한 긍정적 여건들은 이미 언급한 바와 같이 정보의 손쉬운 접근성과 가득성에 의지해 조성된 삶의 편리와 소통의 쌍방향성들을 들 수 있을 것이다. 예컨대 우리는 유비쿼터스ubiquitous 기술 환경의 구현에 힘입어 집밖에서 집안의 여러 전자제품과 시설들을 가동시킬 수도 있게 되었고 집안에서 원격진료를 받을 수 있는 첨단 의료서비스의 실현도 목전에 두고 있다. 다양한 인터넷 사이트나 케이블을 이용하여 홈쇼핑의 편리성과 실용성을 누리는 것은 이미 구문이 된 현실이다.

　그러나 이러한 편리와 실용성 이면에 간과할 수 없는 여러 부정적 양상이 도사리고 있으니 이는 프랑스의 사회학자 보드리야르 같은 이가 포스트모던 사회를 규정한 개념 정의에서 그 명백한 단서를 얻을 수 있다. 그는 디지털 환경에 의해 조성된 포스트모던 사회를 매체에 의한 기호와 시뮬레이션의 생산으로 요약하며 대중매체를 사회의 중요한 구성인자로 보는 견해를 제시한다. 매체에 의해 기호와 시뮬레이션의 생산이 거듭되면 기호가 기호를 생산하는 생산양식이 자리잡게 되며 이런 상황이 되면 실재와 환영, 진리와 이념, 실재와 사물의 이분법적 구분이 무용해지게 된다는 것이 보드리야르의 주장이다. 그는 포스트모던 사회에 대해 객관적으로, 그러나 환대의 의미로 이러한 주장을 개진하였으나 필자는 디지털이 가능케 한 포스트모던 사회의 이점을 전적으로 부정하지는 않되 환대하기에는 그것이 가진 문제가 매우 심각하다고 보고 그것을 독서 또는 독서교육이 보완하거나 수정해야 한다고 보는 입장에서 이 글을 쓴다.

　필자는 무엇보다 기호가 기호를 생산하는 지경에 이르러 실재와 환영, 진리와 이념, 실재와 사물의 경계가 허물어지게 될 때 무엇보다 우려되는 것이 인간이 지키고 실천해야 할 여러 가치들, 특히 도덕감각이나 윤리의식이 허물어지는 것이 가장 심각한 문제라고 생각한다. 예컨대 우리가 보는 요즘의 영화를 예로 들어 생각해 보자. 요즘 영화들은 현실과 영상의 실재적 상관성은 그리 중요하게 생각하지 않는 듯 보인다. 요컨대 영화는 현실의 모방, 재현 따위에는 그렇게 유의하지 않는다는 것이다. 요즈음 인기를 끌고 있는 〈박물관이 살아있다〉와 같은 영화가 그 단적인 예일 것이다. 박물관의 미니어처들이 밤이 되면 살아 움직이고 온갖 난리법석을 불러일으킨다는 그 설정은 한갓 만화적이고 유희적인 것에 불과해

현실성과는 전혀 상관이 없다. 단지 관객들에게 즐거움을 주고 흥행에 성공하면 그뿐이란 듯한 제작사의 상업적 의도가 도드라진 그런 영화이다. 박물관을 탈출한 미니어처가 날이 밝자 재가 되어 소진되어 버리는데, 다시 말해 중요한 소장품이 증발되어 버린 셈인데 경비원으로 취직한 주인공이나 깐깐한 박물관장 누구도 그런 사실에는 신경쓰지 않는다. 영화의 맥락이 그런 것에는 주의를 기울일 계제가 아니다. 단지 흥미진진하면 될 뿐이지 사실성이나 개연성 따위를 염두에 둔 영화가 아니기 때문이다.

요즈음의 영화들은 이처럼 아날로그 시대의 영화들이 집착했던 선조적 맥락—이야기의 논리성이나 인과성에는 신경쓰지 않는다. 이러한 현상은 문학에서도 감지된다. 문학 역시 자본의 논리와 게임의 법칙에 의해 전단專斷되는 현실을 견디지 못해서인지 종종 환상적 요소를 텍스트 속에 차입하여 현실과 환상이 뒤범벅된 내용을 버무려 놓곤 한다. 박민규는 미국 만화 속의 주인공들—수퍼맨, 베트맨, 원더우먼들을 주인공으로 등장시켜 그들이 벌이는 자기중심적이며 자기도취적인 행태들을 묘사해서 미국의 영웅주의를 비판한다. 그러나 이것은 그 의도가, 즉 주제의식이 선명히 드러나는 우화적 소설이므로 그 환상성에 있어서는 약과이다. 요즘의 젊은 작가들은 토끼를 좋아하다 실제로 토끼모양으로 변해서 죽어버린 인물, 흙으로 만든 요리를 강의하는 요리전문가, 사람을 삶아 죽이고도 태연한 엽기적 인물들을 그야말로 태연하게 그린다. 현실적 개연성이라고는 없는, 현실의 모방이나 재현에는 관심이 없음을 공공연히 천명하는 듯한 이야기의 생산 방식이다. 기호가 기호를 증식해내는, 그리하여 기호와 실재 사물(또는 진실)과의 관련이 부재한 스토리를 풀어내는 꼴인 것이다. 그러나 문학창작 방식의 이러한 생뚱맞음은 오히려 그것의 낯섦과 엽기성으로 자본과 물신에 대한 경배가 판을 치는 오늘의 현실에 어긋장을 놓고자 하는 의도로 읽을 수 있는 측면이 있다. 기호가 기호를 증식하는 인과성 상실의 이 세계, 기호와 사물이 일치하지 않는 이 세계 속에서 한껏 기호놀음을 일삼으로써 인과성과 논리성이 상실된 이 세계를 조롱하고자 하는 의도를 읽어낼 수도 있다는 것이다.

그러나 요즘의 대중매체가 쏟아내는 일회적·유희적 스토리들은 그런 의도조차 읽을 여지없이 오로지 상업적 목적만을 위해 스토리를 증식하고 기호를 조작하는 혐의로 가득하다. 특히 게임컨텐츠들의 경우는 더 말할 나위가 없다. 어린이들이 즐기는 게임들은 사람을 아무리 파리처럼 죽이거나 가격하더라도 아무런 가책감을 주지 않고 오히려 더 죽이고 더 때려야 한다는 의식만을 부추기고, 맞거나 죽은 사람도 한 스테이지가 바뀌면 다시 부활하므로 삶의 유한성이나 존엄성 따위는 이 세계에서는 증발해 버리고 마는 형국이 된다.

이처럼 영화나 게임들이 조성해 내는 인과성과 논리성이 증발된 세계가 우리들이 사는 현실에 나쁜 영향을 미치리라는 우려가 기우에 그칠 수 없다는 개연성은 얼마든지 발견되는 이즈음의 현실이다. 연전에 자기 내무반원들을 무차별 살상한 전방 근무 중이던 한 일병은 게임의 세계에 빠져 살았던 매우 내성적인 젊은이였다는 것이 이미 신문지상에 보도된 바 있다. 최근에 사람들을 충격 속에 몰아 넣었던 폭력 동영상 사건 - 친구를 폭행하고 그것을 버젓이 동영상으로 띄운 여학생들의 행위에서도 우리는 기호와 실재의 관련성에 관한 감각, 또는 인과와 논리성에 관한 의식이 마비된 청소년들의 윤리감각, 도덕의식을 읽을 수 있다. 온갖 자극적이고 엽기적인 영상이 판을 치는 마당이니 이쯤이야 하거나, 또는 좀 더 충격적인 장면을 인터넷에 올려 사람들의 관심을 모으고자 하는 아주 단순하고 즉흥적인 충동이 이들의 도덕감각보다 우위에 올라 있지 않았을까 짐작된다. 무엇보다 이 소녀들은 사건이 사회문제로 비화되고 피해 학생이 그 충격으로 병원에 입원하고 정신과 치료를 받고 있는 이즈음에 와서 그 친구에게 사과하고 그 충격으로부터 잘 빠져 나와 고등학교에 무사히 진학하길 바란다는 바람을 전하고 있다고 신문이 전한다. 이들의 사과와 참회는 그러나 충동이 앞서고 바로 사과가 뒤따르는, 인과와 논리가 증발된 행위의 한 단면을 보여주는 것 같아 씁쓸함을 금치 못하게 한다. 친구를 폭행하고 그것을 동영상으로 인터넷에 띄울 때 그에 따르는 파장과 후유증을 이 어린 소녀들은 왜 미리 사료하지 못했을까? 요즘의 대중매체들이 손쉽게 추수하는 흥미와 상업성 위주의, 인과와 논리가 증발된 스토리라인 생산의 방식이 아직 채 사고와 행동의 기율이 확립되지 않은 청소년들에게 미치는 영향의 한 단면을 읽을 수 있는 사례라 하지 않을 수 없다.

3. 독서의 의의

일본의 노벨 문학상 수상작가 오에 겐자부로는 한 강연에서 인간의 윤리의식은 죽음에 관한 사고로부터 비롯한다고 말했다.[1] 죽음으로 인한 인간의 유한성, 그 앞에 서면 누구나 나약해지고 동등해지는 평등성, 죽음을 앞에 둔 자에 대한 동정과 연민 등이 어떤 윤리감각을 발생케 한다는 의미의 발언일 것이다. 이를 짐작케 하는 단서로 그는 한 예화를 든다. 일본에서 원폭의 피해자로 열두 살에 사망한 사다코라는 소녀와 관련한 이야기이다. 이 아이는 두 살 때 히로시마 피폭 당시에 방사능에 노출되어 이른바 원자병을 앓게 된다. 초등학교에서 릴레이 선수를 할 정도로 건강하던 소

---

1 강연은 원고 형식으로, 『ASIA』 1권 3호, 2006년 겨울호에 실렸다.

녀는 12세가 되었을 때 피폭 후유증인 백혈병 증세가 나타나 병원에 입원하지만 9개월 만에 사망한다. 투병 당시 종이학을 천 마리 접으면 자신의 병이 완치될 수도 있다는 친구의 말을 듣고 소녀는 천 마리의 종이학 접기를 시작한다. 그러나 그것을 다 접지 못하고 그 아이는 죽고 만다. 이 아이의 기념 동상이 세워지고 소녀의 친구와 전세계의 어린이들이 접어 보낸 종이학이 그 기념동상 앞에 같이 보관되고 있었는데, 히로시마 피폭이 있은 59년째 여름-2003년에 친구들과 여행을 하던 한 고등학교 남학생이 그 앞을 지나다 14만 개의 종이학이 든 그 기념물을 깨뜨려 버렸다. 그 소년은 단지 같이 여행을 하던 친구들이 우울하고 침체돼 있어 그들을 신나게 해 주기 위해서 그 짓을 했다는 것이다. 이런 경우, 이 소년이 사다코가 어떻게 죽었는지, 그리고 그 죽음에 바쳐진 종이학의 의미가 무엇인지를 알았다면 그런 행위를 저질렀을 것인가? 사다코 이야기는 이미 그녀의 죽음 일 년 뒤 책으로 발간되어져 전 세계에 알려질 정도였으니[2] 이 소년이 책을 읽었다면 이처럼 충동적이며 비윤리적인 짓은 저지르지 않았을 것이다.

 오에 겐자부로의 경우 죽음에 관한 의식이 윤리 감각을 발생시킨다고 했지만 나의 경우 책을 읽는 행위로부터 윤리의식이 발생한다고 말하고 싶다. 우선 위에서 말한 것처럼 그 소년이 사다코의 사정을 기록한 책을 읽었다면 그런 행위는 하지 않았을 것이기 때문이기도 하지만 무엇보다 책은 인간이 사는 세상에서 인과와 논리성이 매우 중요하다는 사실을 깨우쳐 주는 대표적 매개체이기 때문이다.

 한 권의 책은 그 책을 쓰는 사람의 창의적 발상과 그것을 사람들에게

---

2 캐나다 작가 엘러노 코어가 쓴 실화 소설이 『사다코와 천마리의 종이학』으로 번역되어 우리나라에도 소개되어 있다.

어떻게 설득력있게 전하는가라는 논리적이고 이성적 기획이 집적된 결과물이다. 책을 쓰는 단계에서부터 인과적 구성과 논리적 전개가 따르지 않으면 한 권의 텍스트가 성립될 수 없는 법이고, 그것을 읽는 독자 역시 책에 담긴 논리와 인과성을 이해하기 위해서 그만한 노력을 들여야 하므로 한 권의 책을 읽었다는 것은 결국 그 책의 논리와 인과관계를 이해·습득했다고 말할 수 있는 것이다. 이로부터 세계와 사물에 대한 이성적 인식을 키우는 훈련을 우리는 부지불식간에 행하는 것이라 할 수 있다. 여기서 이성적 인식 능력의 배양은 따뜻한 감성과 대치되는 의미에서의, 단지 이성의 차갑고 건조한 측면만을 말하는 것일 수는 없다. 독서를 통해 우리는 우리 삶의 온갖 희로애락을 경험하게 되며, 생물과 무생물의 차이를 알게 되며, 생명을 가진 것들의 명암과 아이러니로 가득한 삶의 양태를 알게 되는 법이니 독서는 이성적 인식 능력의 배양과 인간 존재에 관한 도덕적 감각의 배양이 동시에 이루어지는 연습장으로 된다. 이 연습장에서 연마한 삶의 여러 양태와 그 의미를 통해 인간은 자신의 삶을 위한 실존적 기획을 꾸리게 된다. 이를 위해 인간 존재는 반드시 자신의 이성으로써 자신이 속한 사회 집단과 환경, 가령 지구와 더 나아가 우주의 성격에 관한 문제까지도 인과와 논리의 틀 속에 정립시키려는 노력을 피할 수 없게 된다. 비록 이 세상의 모든 일이 논리와 인과성 속에 반드시 틀 지워지는 것일 수는 없지만 적어도 그러한 노력과 기획 자체는 우리가 피할 수 없으며 어떤 점에서는 무위하다 할 그런 노력과 기획이 인간 역사의 모든 것이었다고 말할 수도 있는 것이 우리들 삶의 성격이다. 인간의 윤리의식은 이러한 이성적 기획으로부터 싹트는 것이다. 지나온 우리들 삶을 돌아보건대 인간 존재가 이러이러한 삶을 살면 안 되겠으므로, 또는 이렇게 살아야겠으므로 이러한 규범 하에 살아야겠다는 것이 윤리의식의 출발점이다. 그러므로 인간의 실존에 관한 이성적 기획으로부터 비롯한 반성과 성찰은 필연적으로 역사의식과 시대의식으로 이어질 것인데, 이것을 촉발하는 것이 독서이므로 나는 윤리의식의 연마와 습득이 독서로부터 이루어지는 것이라 보는 것이다. 요즘처럼 디지털 환경에 둘러싸여 속도와 편리성, 즐기는 것만을 최고의 가치로 아는 시대에 가장 희박해지는 것이 윤리와 역사에 관한 진지한 성찰이다. 독서는 종이와 활자를 놓고 자신의 논리와 인과성으로 이 세계를 인식하고 윤리와 역사를 정립하려는 노력인 만큼 가장 아날로그적인 행위 양식이라 할 만한 것인데 디지털 시대의 안티테제로서 독서가 성립되는 이유는 여기에 있는 것이다.

다음으로 독서는 인간의 창의성과 이미지 활용 능력을 배양하는 좋은 매개가 된다. 독서는 위에서 언급한 것처럼 아무래도 종이책을 읽는 것으로 이루어지는 아날로그적 행위 양식이다. 여기에는 엔터키를 한 번 누르는 것만으로 정보가 손쉽게 읽어지고 인과성 없는 스토리라도 눈으로 보는 즐거움만으로 시간을 죽인다는 개념이 통하지 않는다. 오로지 검은 활자와 흰 지면의 대비뿐인 책에서 사람들은 활자-어휘가 환기하는 개념들을 떠올리고 그 문맥이 구성하는 바를 자신의 사고로 재구성해야 하며 장면을 상상하고 그 장면들을 연관시켜야 한다. 여기서 우선 시각매체들이 가진 특성-보기만 해도 장면이 나오고 그 장면들이 연관성을 가지고 전개되는 자동적 성격과 독서는 그 노력과 인식의 질에서 다르다. 독서는 이미지를 스스로 구성하고 그것을 스스로 펼쳐가는 자율적인 노력과 능력이 없으면 책이 전하는 내용의 온전한 수용이 불가능한 행위이다. 요컨대 독서는 자신의 상상력과 이성, 감성을 전방위적으로 가동하여 책이 주는 온갖 이미지와 정보를 자기화하는 행위이다. 그리고 자기화된 정보와 이미지는 다시 융합되어 새로운 발상으로 증식되므로 독서가 창의성과 이미지 계발의 중요한 매개가 된다는 근거는 이로부터 성립된다.

　이 글이 마지막으로 제시하는 독서의 의의는 과거와 현재의 소통으로 가능해지는 이른바 '온고이지신溫故而知新'의 효과이다. 책은 원론적 의미에서 모든 과거사의 박물관이며 이미 이루어진 사고의 기록 창고이다. 비록 미래에 관해 예견하고 추정하는 책일지라도 그것은 과거를 토대로 구성된 것이며 저자의 사고는 이미 현재가 아니라 과거에 이루어진 것이므로 이처럼 말할 수 있는 근거를 가진다. 어쨌건 이렇게 이루어진 책의 내용으로 인간은 개인과 그 개인이 속한 정체성을 확립하고 그 정체성을 근거로 미래를 기획하고 실천하게 된다. 이때 인간이 확립한 자기동일성은 근대적 개인이 흔히 범하기 쉬운 자기동일성의 횡포를 용이하게 피할 수 있다. 왜냐하면 책은 과거사의 충분한 집적으로서 개인과 집단이 속한 여기/지금을 폭넓게 사유할 수 있는 여지를 부여해 주기 때문이다. 다시 말해 책은 타자에 대한 존재 이유와 근거 또한 충분히 사료思料할 수 있는 시간적 여유와 사고의 폭을 가능하게 해주는 매개인 것이다. 폭넓고 깊이 있는 독서를 하는 사람이 모두 자신과 타자를 깊이 이해하고 폭넓은 도량을 갖춘 인격자가 된다고는 할 수 없으나 적어도 자기동일성의 정립과 실현에만 얽매어 타자를 배척하지 않는 자의식의 소유자는 될 수 있다고 하는 의미에서 독서는 전통을 올바로 해석·전승하여 미래를 기획하고 실천하는 중요한 수단이 될 수 있다. 이처럼 제대로 정립된 자기정체성은 사고와 실천의 규준이 되는 균형감각을 계발하고 자기화할 수 있게도 한다. 균형감각이란 것은 사건과 사물, 현실에서 전개되는 모든 사태에 대해 판단하고 실천할 때의 선택지로 요구되는 개념이다. 어떤 사건과 사태를 접할 때 자기의 주관적 인식과 정서상태에 따라 판단, 행위하는 것을 우리는 아전인수라 비판하거니와 독서는 '온고'함으로써 사건과 사물에 대한 폭넓은 정보를 얻는 – '지신'하는 행위이므로, 우리는 독서를 통해 이 세계의 모든 사건과 사태에 대한 올바른 판단을 하게끔 하는 균형감각을 갖출 수 있게 된다. 파행과 균열의 역사를 거쳐온 탓인지 감성적이고 즉물적인 대응이 두드러진 한국사회에 절실한 것이 이 균형감각인 바 한국인들의 일년간 평균 독서량이 책 한 권에 못 미친다는 것은 균형감각의 확보와 독서 사이의 밀접한 상관성을 보여주는 사례로 판단된다.

4. 독서교육의 방법(1)

독서의 방법이 아니라 독서교육의 방법에 관한 것이 이 글이 목표하는 또 하나의 논제인데, 독서교육의 방법은 여러 갈래로 나누어 논의될 수 있는 성질의 것이다. 독서교육에 관한 원론 혹은 개론적 사고를 언급할 수도 있을 것이고 구체적 방법의 거론에 있어서도 교실에서의 그것, 가정에서 자녀를 대상으로 할 때의 그것, 피교육 대상자의 연령과 지적 수준 등에 따라 다양하게 논의될 수 있는 것이 독서교육의 방식이다.

필자의 능력이 우선 그에 못 미치거니와 지면의 제한 때문에도 이 모두를 다 다룰 수는 없고 단지 여기서는 독서교육에 관한 원론적 기준과, 연령·지적 수준을 망라하여 적용될 수 있는 일반적 독서교육의 방법을 몇 가지 거론하는 것으로 이 항목을 대신하고자 한다.

먼저 독서교육을 할 때 유의할 일반적 원칙에 관한 것으로 전방위적 독서, 혹은 가능한 한의 폭넓은 분야의 책을 읽어야 한다는 원칙을 유념할 필요가 있다. 지금까지 한국사회의 교육이 독서(혹은 독서교육)라는 것에는 등한해 온 것은 누구라도 동의하는 사실이다. 말할 것도 없이 암기형·사지선다형 입시방법이 학생들의 독서를 저해해 온 이유이다. 요즈음 들어 다품종 소량생산이 요구되는 포스트모던 사회의 생산방식이 문제가 되고 신자유주의가 강요하는 전지구화된 경쟁시대에 살아남기 위해 창의성과 개성의 중요성이 부각됨에 따라 통합적 사고 운운하는 화두가 떠오르고 독서의 중요성이 강조되고 있기는 하다. 이것은 실상 매우 기능적이고 임기응변식의 독서 타령이어서 독서의 근본적 의의를 제대로 이해한 뒤의 주장인지 회의스러운 측면이 있다. 그러나 어쨌든 책읽기의 중요성이 실용적인 측면에서든 근원적인 측면에서든 강조되는 것을 굳이 타박할 이유는 없다. 문제는 단지 요즈음 거론되고 있는 통합형 논술에 대비하기 위해서만이 아니라 초충등 학생이든, 대학생이든, 성인이든 누구에게나 폭넓은 독서가 필요하다는 것이다. 특히 전문지식을 익히고 바로 사회로 뛰어들 대학생들에게 전방위적 독서는 참으로 중요하다. 이공계 학생들이라 하여 그쪽 방면의 지식과 정보만 익혀선 안 되고, 법학과 학생이라 하여 법조문만 달달 외워선 안 된다는 것은 양식있는 모든 사람들이 지적해 온 바다. 오히려 이공계 학생들은 인문학적 교양서를 읽어야 하고 인문계 학생들은 이공계 쪽의 전문서적은 아니더라도 개론서 정도는 읽어서 전방위적 교양과 지식을 섭렵해 두는 것이 필요하다. 이것은 요즘처럼 융합적 사고가 적용된 상품의 개발을 위해 요구되는 창의성을 갖추기 위해서도 요구되며 인간 행위의 모든 부면이 궁극에는 인간과 살아있는 것들의 조화와 평화를 위해서라고 하는 원론적 의미에서도 그러하다. 통합논술이라는 뜬금없는 과제가 대두되어 읽기와 쓰기를 또 강요받아 공부해야만 하는 초중고 학생들도 이 점에서는 예외가 아니다. 문학과 역사, 과학, 예술-전 분야에 걸쳐 폭넓은 독서를 하는 것이 감수성과 지성의 확장을 기해야 하는 청소년들에게 절실하다.

    다음으로 독서는 반드시 토론과 같이 해야 할 것이다. 이 토론은 물론 자신의 이해가 온전한 것인지, 다른 사람의 의견은 어떤 것인지를 확인하는 의미에서 필요하다. 지극히 당연한 이런 이유 외에도 또 한 가지 중요한 것은 이 토론이 시민으로서의 자질을 정립하는 데에도 중요하다는 것이다. 요즈음 한국사회는 인터넷의 파격적 확산으로 말미암아 담론의 백화제방百花齊放 시대를 맞이하고 있다. 그러나 과연 인터넷에서 제대로 된 토론문화가 이루어지고 있는가 하는 것은 어떤 주장에 대한 악의적 댓글, 이른바 넘치는 악플들의 행태를 볼 때 회의적이다. 이를 정화하고 좀 더 조리 있는 담론의 장들이 백화제방 격으로 피어날 수 있도록 독서 후의 토론 연습은 중요하다. 이럴 때의 토론교육은 자신의 의견의 정합성을 위해 조리 있고 체계 있는 주장을 펼치게끔 하기 위해서도 중요하지만 토론은 궁극적으로 결론 없는 대화―대화의 일상화를 위해 요구된다는 사실을 피교육자들에게 주지시켜 주는 것도 간과해서는 안 될 부분이다.

마지막으로 독서는 반드시 글쓰기교육과 병행할 필요가 있다는 사실이다. 이 점에 대해서는 구태의연한 논리를 펼치기보다 필자가 직접 경험한 실제 사례를 들고 싶다. 미국에 연구년을 얻어 머무를 때 필자는 그곳 초등학교 교육의 실상을 직간접적으로 접하고 깊은 인상을 받은 사례가 몇 가지 있었다. 그 중에 한 가지가 학생들의 소설쓰기이다. 초등학교 5학년들이니 이곳의 5학년이나 6학년쯤 되겠는데 이 과정의 학생들은 반드시 스스로 소설 한 편을 써야 한다. 그런데 소재는 다소 제약을 받는다. 자신들이 5학년 과정 중에 읽은 소설 중의 한 가지 모티브를 적용해서 소설을 창작해야 하는 것이다. 소설 읽기라 하니, 강조하지 않을 수 없는 것은 미국 학생들은 초등학교부터 굉장한 분량의 소설을 읽지 않을 수 없는 것으로 보였다. 1학년들은 동화로부터 시작해서 고학년으로 올라갈수록 장편 분량의 소설로 나아가는데 이것은 독서교육의 일환임은 물론이다. 독서

감상문을 만화로 그리기, 내용 요약하기 등의 갖가지 방식으로 쓰고, 내용에 대해 토론한 이후 독서교육의 마지막 총정리가 이 소설쓰기로 마감되는 방식이었다. 학생들이 쓴 소설은 그 내용과 수준은 물론 문제가 아니고 학생들 스스로 삽화도 그려넣고 이 책을 누구에게 바친다는 헌사도 쓰고 출판서지 사항도 넣고 하는 식으로 내용을 꾸려 제출하면 학교에서 간단한 제본을 해주어 학생들이 자신들의 작품집 혹은 저서를 하나 가진다는 것을 성취의 최종점으로 삼는 재미있는 교육방식이었다.

이러한 과정을 거침으로써 학생들이 자신들의 창의성을 시험하고, 사고를 계발하고, 책에 대한 관심과 의욕을 촉발케 하는 등의 여러 목표가 동시에 충족될 수 있는 것이니 우리에게도 참고할 만한 사례라 생각된다. 요컨대 읽기는 그 자체로 끝나는 것이 아니고 쓰는 것으로 마무리되는 교육 방법의 좋은 사례를 우리는 여기에서 확인할 수 있는 것이다.

5. 독서교육의 방법(2)

위의 항에서 독서교육에 관한 원론적인 내용을 개진한 바, 항목을 바꾸어 이하에서는 구체적인 독서교육의 방식을 언급하고자 한다.

① 우선, 교실에서 학생들을 가르칠 때의 방법이다. 이럴 때 유효한 것은 그룹 짓기를 하여 학생들에게 토론을 시키는 방식이다. 토론은 물론 그룹 짓기를 하여 행해져야 하겠으나 필자가 제안하는 방식은 그룹의 계열화 방식이다. 이것은 피교육자들이 10명 이상일 때 가능한 방식인데 우선 옆자리에 앉은 학생들끼리 2인조 그룹이 되어 토론을 한다. 이때 토론의 주제는 텍스트의 주제가 무엇인지, 텍스트에서 인상 깊었거나 재미있는 점은 무엇이었는지, 내가 만약 이 책을 쓴다면 어떤 점을 수정해 보고

싶다든지, 책의 체제는 어떻게 꾸며 보고 싶다든지 등등 강단의 교사가 선정해서 학생들에게 제시한다. 주어진 주제로 2인조의 토론이 끝나고 나면 다음으로 옆자리-혹은 뒷자리의 2인조와 서로 토론한 내용을 가지고 다시 토론한다. 이것이 끝나면 옆자리의 4인과 또 토론을 하도록 한다. 시간의 제약이 있을 터이므로 무한정 토론을 시킬 수는 없는 법이므로 어느 정도 시점에서 토론을 종료시키되 최종 그룹에서 한 사람의 발표자가 그룹을 대표하여 토론한 내용을 정리하여 앞에 나와 발표를 하게 되면 재미있는 결론이 유도될 수 있다. 이렇게 하면 학생들이 서로간의 의견을 확장해 가면서 나눌 수 있을 뿐만 아니라 토론에 토론이 거듭되므로 피교육자들의 흥미유발도 충분히 기할 수 있다.[3]

② 다음으로 제안할 수 있는 것은 학생들이 토론거리를 먼저 발견하여 하나의 주어진 양식에 그것을 정리해 오도록 해서 그것을 바탕으로 토론을 하는 방식이다. 이때 양식지는 적당한 구획을 하여 자신이 재미있게 느낀 점, 이 책의 주제, 이 책에서 의문을 가진 점, 토론해 보고 싶은 문제 등 몇 가지 사항을 미리 프린트한 양식지가 되어야 한다. 이것을 학생들에게 나누어 주어 독서 과제를 미리 읽고 양식지에 정리한 연후에 교사에게 전달하면 교사는 그것을 바탕으로 토론을 하도록 하는 것이다. 학생수가 적은 경우는 학생들 모두의 아이디어를 채택하여 토론을 할 수 있겠지만 학생수가 많거나 시간이 부족한 경우는 교사가 몇 명만 선정하여 그것을 토론의 주제로 삼을 수도 있을 것이다. 이런 경우 학생들이 자신들의 의견이 채택되기를 기대하여 한층 더 성의를 보일 것이기 때문에 학생들

---

3 이 방법은 필자가 교수방법 연수에서 체득한 방식인데, 실제 교실에서도 적용한 바 학생들의 반응이 좋았다.

에게 선의의 경쟁을 유발하는 효과를 기대할 수 있다.

③ 다음으로 장르를 바꾸어 자신이 읽은 책이나 글을 써 보는 방법이 있다. 예컨대 시를 짤막한 소설로 바꾸어 써 보거나 소설을 읽고 난 느낌을 시로 옮겨 보는 방식이다. 이것은 비단 문학 작품에만 한정될 방법은 아니다. 역사책을 읽고 나서 소설로 옮겨 보게 한다든지, 사회학 관련 책을 읽고 그것을 소재로 시를 쓰게 할 수도 있는 것이다. 아니면 어떤 장르의 책이든지 읽은 책의 인상을 중심으로 짤막한 광고 카피를 만들게 할 수도 있을 것이다. 이런 식의 장르 바꾸어 독후감 쓰기 방식 역시 학생들에게 흥미를 유발케 할 수 있을 뿐 아니라, 다른 장르의 특성을 이해할 수 있게 함으로써 학생들이 여러 경우의 글을 직접 접하게 하는 이점 또한 기대할 수 있다.

④ 다음으로 뒷이야기를 써서 독후감상문을 쓰는 방식이다. 가령 한 편의 단편을 읽고 나면 그 단편의 내용에 학생들이 스스로 창안한 내용을 덧대어 쓰는 방식이다. 현진건의 「운수 좋은 날」을 읽었다면 학생들은 김첨지의 뒷이야기를 쓸 수 있을 것이다. 그는 아내의 죽음 이후 더 피폐해진 삶을 살았다, 또는 아내가 죽은 후 오히려 발분망식하여 삶을 열심으로 산 결과 그는 이전보다 생활이 펴이게 되었고 젖먹이었던 어린 것도 잘 키우고 교육시켜 말년의 행복을 얻었다는 등의 방식으로 학생들이 창의적 발상을 하기에 따라 얼마든지 덧대는 이야기가 가능한 것이다. 이 방법은 학생들에게 상상력의 훈련과 즐거움을 누릴 수 있는 방식이 될 수 있을 것이며 흥미 유발 효과 또한 충분히 기대할 수 있는 방법이다.[4]

⑤ 이 글에서 마지막으로 제안하고 싶은 방식은 학생들에게 인터뷰 기사

---

4 이 방법과 그 다음에 소개하는 방법은 조영식, 『창조적 독서교육』(인간과 자연사, 1999)을 참고한 것이다.

를 쓰게 하는 방법이다. 책을 읽고 난 후 학생들로 하여금 저자와 인터뷰를 한다든지, 아니면 작중의 인물과 인터뷰를 한다든지 등의 방식으로 자신의 감상과 느낌을 창의적으로 표현할 수 있게 하는 효과를 기대할 수 있다. 가령 저자에게 이 책은 어떤 의도로 쓰셨느냐, 지금 하고 있는 작품 계획은 뭐냐, 책에서 다 하지 못한 아쉬운 말은 없느냐는 등의 질문을 학생 스스로 작성하고 스스로 답변하는 식으로 인터뷰 기사를 작성케 하는 것이다. 또 작중 인물에게는 당신은 그런 비극적인 결말을 피할 수는 없었느냐, 당신이 생각하는 요즘 우리 사회의 문제는 무엇이냐, 당신이 사랑한 사람에게 지금 전할 말은 무엇이냐는 식으로 얼마든지 질문을 던질 수 있을 것이다. 이런 형식의 인터뷰에 기댄 보고서를 학생들이 작성하여 제출하면 그 중에 창의적이고 흥미있는 감상문은 학생들에게 발표토록 하고 그것을 들은 학생들과 발표자가 같이 토론하게끔 하는 것은 물론 권장될 사항이다.

  이외에도 이와 같은 구체적 교육방법은 얼마든지 있을 수 있을 것이므로 이에 대한 세부 사항들은 기존의 여러 논저들에 그 자리를 미룬다.[5]

6. 맺는말

  이 글은 디지털 시대에 독서가 가지는 의의와 독서교육방법에 대한 고찰을 중점적으로 다루었다. 디지털 시대라 함은 컴퓨터의 출현으로 하여 그에 기댄 기술과 사고의 증식이 이루어지는 시대를 이르는 것으로, 달리 말한다면 영상시대, 이미지, 시대, 속도의 시대를 이르는 것이라 할 수 있

---

5 대진대학교 독서문화연구소에서 발간한 『독서문화연구』 제3호, 2003에 실린 김슬옹, 「독서교육의 전략과 원리」, 이만수, 「독서교육의 어떻게 할 것인가」 등의 논문에서 이러한 내용에 대해 구체적으로 다루어 유익한 정보를 제공하고 있다.

다. 이러한 시대에 독서도 다른 방식으로 이루어질 것이라 기대할 수 있겠으나 필자는 오히려 아날로그 시대의 독서, 즉 종이책을 읽는 것이 역시 독서의 가장 전형적이며 바람직한 방식이라 보고 그것의 의의를 논했다. 디지털화한 제반 텍스트는 역시 아직 우리에게 유효한 것으로 드러난 것이 없었기 때문이다.

독서의 의의로, 필자는 책을 읽음으로 해서 사람들이 이 세계의 논리성과 인과성을 이해하고 익혀 윤리의식과 도덕감각을 획득할 수 있다는 데 제 일의 의의를 두었다. 다음으로 독서는 사람들의 창의력과 사고력을 계발할 수 있는 것이 그 중요한 의의이며, 온고이지신-과거를 알아 자신의 정체성을 확립하되 타자를 포용하는 새로움의 창조가 가능하다는 것이 독서로 해서 얻을 수 있는 중요한 가치임을 이 글은 밝혔다.

독서교육의 방법으로는 원론적인 것과 구체적인 것 양면에서 거론하였다. 원론적 측면에서 독서교육은 우선 전방위적인 책읽기의 강조로부터 시작되어야 할 것, 다음으로 반드시 토론과 같이할 것, 마지막으로, 독서는 글쓰기와 함께 반드시 병행되어야 할 것 등에 대해 논의하였다.

구체적 방법으로는 독서 그룹의 계열화 방법에 따른 토론, 양식화된 독서 감상문 제출 후의 토론 방법, 장르 바꾸어 감상문 쓰기, 원래의 텍스트에 뒷이야기 대어 쓰기, 인터뷰 형식의 독후감 쓰기 등을 소개하였다.

독서는 인류가 생존하는 한 사라질 수 없는 가장 지적이며 인간다운 행위로 영원히 지속될 것이다. 이것의 의의를 강조하는 것은 새삼스럽지만 요즘과 같은 영상과 이미지의 시대에 특별히 필요한 것이기도 하다. 그리고 영상문화에 점점 의존도가 더 높아지는 청소년들을 독서로 유인할 수 있도록 더욱 다양한 독서방법이 계발되어야 할 것이 미래의 과제임을 확인하면서 이 글을 마친다.

잘 쓰기를 원하는 분들에게*

문학은 인문학 가운데서도 역사, 철학과 함께 삼형제를 이루면서 그 성격이 서로 비교되곤 하지요. 역사가 인간이 남긴 족적 중에서도 뚜렷하고 의미있는 일들을 오늘의 시점에서 간추려 교훈을 얻으려는 것이라면 문학은 인간의 여러 쇄말사瑣末事를 구체적으로 재구성하여 그 구체성으로부터 감동과 교훈을 얻으려 하지요. 또한 철학은 여러 가설들을 세워 연역적으로 삶의 진리를 설정해 보려는 노력을 기울이는 데 반해 문학은 역시 삶의 제반 잡사로부터 귀납적으로 진리에 가까워지려는 노력을 기울이는 것이 특징이라 할 수 있습니다.

문학은 이러한 비교에서 드러나듯이 삶의 번다한 구체적 양상으로부터 창작의 원천을 얻습니다. 그러나 그 시작이 잡스러운 것에서 비롯한다 하여 문학이 목표하는 바도 그렇지는 않지요. 그것은 우리네 사람살이의 곡진하고 간절한 면모를 엿보는 데서부터 시작하여 사람과 역사가 나아가

---

* 이 글은 2008년 5월 포천 시민들에게 창작에 관한 특강을 하고 이것을 다시 정리해 『포천문학』에 실은 것이다.

야 할 올바른 방향을 제안하는 것, 자연과 우주에 깃들인 영성靈性 및 그 섭리를 추구하는 데까지에 이르는 광범한 지향성을 갖습니다. 이러한 추구를 통해 문학은 그 궁극에서 억압이 없는 자유와 화평의 삶을 구하고 자연·우주와 일치하는 경지를 엿보려는 것이 아닌가 합니다.

이처럼 극히 사소한 것으로부터 시작하여 원대한 뜻을 구하는 데까지 이르는 문학이기에 그 창작의 소재는 무한하고 작품의 수준도 천차만별일 수 있는 것이 또한 문학입니다. 그러나 문학창작에 뜻을 둔 이라면 전문 작가든 아마추어 작가든 누구나 자신의 작품이 아름답고 남에게 감동을 줄 수 있기를 바랄 것입니다. 이럴 경우에 어떻게 하면 좋은 작품을 쓸 수 있을까 하는 것은 영원한 화두이지만 의외로 그 답에 있어서는 간단한 것이 이쪽의 사정이지요.

가령 송대의 뛰어난 문인이었던 구양수歐陽脩(1007~1072) 같은 분이 제안했던 다독多讀, 다작多作, 다상량多商量 같은 방안이 그렇습니다. 많이 읽고 많이 쓰고 많이 생각하라는 것이죠. 이 중에서 다작—많이 쓰라는 것에 대해서는 사람들 나름의 개인차가 있겠지만 '많이 읽고 많이 사유하는 것'에 대해서는 대개들 이의가 없는 것이 이 방면의 사정입니다. 문학을 업으로 하여 학생들을 가르치고 있는 저의 경우도 학생들에게 항상 읽기를 강조합니다. 쓰는 것보다도 사실은 읽는 것이 더 중요하지요. 많이 읽게 되면 자연히 사고의 폭과 깊이가 높은 경지에 이르게 되며 문학은 특히 언어예술인 바 언어에 대한 날카로운 감각과 선택안을 갖게 되니까요. 많이 읽어서 사유가 깊고 폭넓으며 언어에 대해 정교한 감각을 갖게 되면 자연 허언虛言이나 가식은 삼가게 되고 겸손해지지 않을까요? 그리고 문학이 예술임을 자각하여 마음밭을 진솔하게 가꾸려 애쓰게 되고 언어의 운용을 어떻게 하면 구성의 미를 갖춘 아름다운 글이 되는지를 다독을 통해 저절로 습득하게 되리라 봅니다. 한때 '원미동 연작'으로 유명했던 양귀자씨의 소설에, 옆에 신문지 쪽이라도 없으면 불안해하는 문자중독증에 걸린 작가의 이야기가 나오는데 이처럼 문자중독증에 걸린 사람이라면 아마 전문 작가의 대열에 설 수 있는 사람이 아닐까 합니다. 지금은 김유정문학촌장을 맡고 있는 전상국씨와 같은 원로 작가도 자신이 쓴 창작교재에서 작가를 지망하는 사람은 읽기와 쓰기의 비율을 7:3 정도로 하라고 권하지요.

 이처럼 잘 쓰기 위해서는 읽는 것이 무엇보다 중요합니다. 그러면 무엇을 어떻게 읽어야 할까요? 여기서 '무엇을' 이라는 물음에 대해서는 정답을 내놓을 수가 없습니다. 그저 '닥치는대로' 라는 답을 드릴 밖에 없다는 겁니다. 간혹 나에게서 배우는 학생들도 '선생님, 읽어야 할 책 목록을 좀 일러 주십시오' 라고 부탁하는 학생들이 있는데 저는 이러한 제자들에게도 무엇이든지 읽으라고 답합니다. 하다못해 주간지라도 좋고, 전철역의 광고지라도 좋으니 닥치는 대로 읽으라고 말하곤 합니다. 무엇이든 손에 잡고 보면 그 다음 읽어야 할 책의 길은 저절로 나옵니다. 시에 관심이 있다고 시집만 보지말고 소설가 지망생이라 하여 소설책만 보아서는 안 되지요. 창작의 장르를 가리지 않는 독서, 분야를 넘나드는 광범한 독서, 심지어 자연과학, 종교학에 대한 관심과 독서에까지 이르는 사람이라면 어느덧 뛰어난 문인, 문필가에 이르러 있는 자신을 발견하게 될 것입니다. 이렇게 생각하면 '어떻게' 라는 문제도 그리 어렵지 않습니다. 때로는 설렁설렁 속독을 하기도 하고, 꼼꼼히 읽어야 할 책이라면 정독을 하기도 하고 하는 거지요. 요컨대 읽는 중에 독서의 방법도 수련이 된다는 겁니다. 그러므로 잘 쓰려는 사람이 되려는 당신에게 나는 무엇보다 우선 독서중독자가 되어 보라고 권합니다.

제3부

근현대 작가론

성스러운 아비 되기의 근대적 성격
— 김승옥 론

1. 머리말

김승옥은 흔히 '감수성의 혁명'을 가져온[1] 작가로, 또는 전후소설이 지니지 못했던 독특한 문체의 감각을 산문 속에 살려 놓은 '스타일리스트, 감성의 작가'로[2] 평가된다. 이러한 평가들과 함께 작가 자신이 1960년대의 대표 작가라는 규정에 스스로 동의할 만큼[3] 1960년대 문학에서 김승옥의 문학적 위상은 각별하다. 최근의 젊은 작가들조차 그의 문학을 두고 '스무살에 만난 빛'이란 찬사를 바칠 정도로[4] 김승옥은 마치 살아

---

1 유종호, 「감수성의 혁신—김승옥론」, 『현대한국문학전집17—13인 단편집』(신구문화사, 1968), 489면.
2 권영민, 『한국현대문학사』(민음사, 1993), 205면.
3 김승옥, 「나의 소설 쓰기」, 『김승옥 소설전집 1권』(문학동네, 2004), 개정판 1쇄 8면 참조. 김승옥 전집은 1995년에 문학동네에서 초판을 낸 이후 2004년 10월에 같은 출판사에서 개정판을 내놓았다. 출판사에 의하면 새로운 장정과 초판본에 있었던 약간의 오·탈자 수정 등이 있었을 따름이고 초판본과 다른 차이는 없다고 했다. 본고의 텍스트는 개정판 전집본이다.
4 신경숙이 자신의 문학수련기를 회상하면서 무진기행에 바친 찬사이다. 「내가 읽은 김승옥」, 『전집 제1권』 참조.

있는 신화마냥 군림하고 있는 형국이다. 그러나 실상 김승옥은 '60년대에 서른 편에 좀 못 미치는 중단편을 생산했을 뿐 '70년대 들어서는 대중물이라 할 장편과 본격 단편 한 편 정도를 내놓았고 알려진 바와 같이 '80년대 초에 기독교에 귀의한 이래로는 창작을 아예 중단한 상태이다.

이처럼 그의 창작은 '60년대에 한정되어 있다할 정도인데도 문학 전문가는 물론 일반 독자들조차 김승옥에 매력을 느끼는 것은 매우 독특한 현상이라 할 만하다. 김승옥에 대한 매료는 여러 가지 원인이 있겠지만 대개 무진의 안개 같은 김승옥 소설의 시적 몽롱함이 큰 원인인 것으로 보인다. 이는 달리 말해 김승옥 스스로가 해명했듯이 '시정신에 의한 산문'[5]을 제작함으로써 일상의 현실을 매우 시적으로 응축한 소설을 내놓았으며 이에 따른 시적(혹은 문학적) 모호성이 일반 독자이거나 전문 연구자이건 간에 매력과 관심을 불러일으킨 것으로 판단된다.

이에 따라 이러한 특징에 초점을 맞추어 김승옥 문학의 감수성의 특질과 미적 효과를 규명한 글들이 본격적으로 제출되고 있어 김승옥 문학의 매력의 원인이 상당히 밝혀지고 있는 양상이다. 가령 늘 찬탄의 대상이 되고 있는 김승옥의 감수성은 미술에서 기원한 독특한 회화적 감수성으로서 그는 이것으로 절망과 허무를 감각적으로 그려내는 데 성공했다는 지적이나[6], 공감각적인 이미지의 활용으로 지적 인식과 감각적 인식을 통합적으로 활용하여 시대의 환멸과 허무를 어떤 지적이고 논리적인 반응보다도 더 선명하게 매개해 냈다는 해석[7] 등이 그런 경우에 속한다.

---

5 김승옥, 김 현 등이 창간한 동인지 『산문시대』의 창작의식이었다. 김승옥, 「〈산문시대〉 이야기」, 『내가 만난 하나님』(작가, 2004), 214면 참조.
6 김명석, 『김승옥 문학의 감수성과 일상성』(푸른 사상, 2004), 218~219면.
7 김민수, 『환멸의 세계, 매혹의 서사』(거름, 2002), 188~189면.

그러나 이러한 해명들은 1990년대 이후 문학성, 특히 문체 미학을 중시하는 유미적 성향의 창작경향이 드세어지면서 '60년대에 이미 선구적이고 전형적인 모델이 된 김승옥을 부감시키는 데에는 도움이 되는 것 같지만 여전히 많은 의문들을 남기고 있다. 김승옥은 왜 그의 소설에서 그토록 수많은 위악적 인물들과 행위들을 그리고 있는지, 무엇 때문에 그의 인물들은 몽롱한 안개 속을 헤매면서 괴로워하는지, 또 그의 문학은 왜 난해성과 대중성의 양극을 오가는지, 리얼리즘 성향의 그의 작품에 대한 낮은 평가는 정당한지 등 여러 가지 의문이 선명하게 규명되어 있지 않은 것이 김승옥 연구의 문제이다.

본고는 이러한 문제들을 규명하는데 김승옥이 필경에는 종교에로 귀의한 그의 이력이 해명의 좋은 단서가 된다고 보았다.[8] 다시 말해 그의 독특한 이력이 필자가 보기에 김승옥 문학의 기원을 규명하는 데 중요한 단서가 되리라 보았고 이런 시각에서 김승옥의 텍스트들을 다시 보았을 때 김승옥의 문학이 가지는 여러 특성들이 바로 근대성을 충족시키는 그것으로 판명되었다. 또 이런 시야를 확보하자 시적 비약이 심한 김승옥 소설들의 여러 난해함들이 확연히 풀렸다. 동시에 김승옥의 소설은 모더니즘적 경향과 리얼리즘적 경향의 소설들이 혼재되어 발표되는 데 이런 양갈래 창작이 가능했던 배경도 이런 시각을 적용했을 때 확연히 해명될 수 있었으며 기왕에 김승옥 소설의 평가에서 리얼리즘 경향의 소설들은 가치 평가에서 제외되곤 했던 바 그러한 평가의 문제도 시정될 수 있는 길이 보였다. 본고는 이처럼 김승옥 문학의 기원을 탐사함으로써 그의 몽롱

---

8 본 연구는 주5)에 언급한 『내가 만난 하나님』이라는 작가의 자전적 에세이에 상당히 많이 힘입었다.

한 문학 이해에 새로운 길을 제공함과 동시에 문학사적 자리매김을 새롭게 기하고자 씌어지는 글이다.

2. 죄의식의 근원

머리말에서 우리는 김승옥의 기독교 귀의가[9] 그의 문학의 수수께끼를 푸는 데 중요한 단서가 될 수 있다고 했다. 그런데 이런 방식으로 문제를 풀기 전에 우리는 제기될 수 있는 의문을 해소하고 넘어가야 할 필요를 느낀다. 즉 작가의 생애를 작품에 대입하여 텍스트를 해석하는 것이 옳은가 하는 의문이다. 물론 작품이 작가의 전기적 반영이 아님은 상식적 사항이다. 그러나 그렇다 하더라도 작가와 작품 이해에 작가의 생애가 중요한 보조 자료가 됨은 부인할 수 없는 일이며 작가가 고뇌 끝에 내린 실존적 결단은 특히 작가 이해에 중요한 키포인트가 됨은 두말할 나위가 없다. 김승옥은 일반이 알기에는 갑자기 영성 체험을 하여 크리스찬으로 급속히 전신한 것으로 보이지만 그는 영성 체험을 하기 전에 나름으로 상당한 정신적 방황을 하며 자포자기적 삶을 살고 있다가 기독교에 귀의한 것으로 되어 있어[10] 그의 기독교에의 귀환은 우연한 일이 아니라 그의 실존이 선택한 최선의 방법이었다고 보아야 한다.

그가 정신적으로 방황하고 피폐한 내면으로 괴로워 한 것은 일차적으

---

9 엄밀한 의미에서는 귀가 혹은 귀환이라 해야겠다. 그는 어린 시절 이미 상당히 독실한 신자였으나 하나님에 대한 여러 가지 회의 때문에 고등학교 무렵 기독교를 떠났다고 한다. 그러다가 다시 기독교로 돌아온 것이기 때문이다. 그의 신앙의 이력에 대해서는 주 5)의 『내가 만난 하나님』 중 「내가 만난 하나님」 참조.
10 1981년 4월에 성령 체험을 하기 전까지 그는 술과 우울증에 빠져 살았다고 고백한다. 같은 글, 24~30면 참조.

로 「서울의 달빛 0장」에 드러나는 것처럼 물신에 혹한 자본주의적 일상이 나날의 양식이 되어버린 한국사회의 천박성과 속물성에 절망한 때문으로 유추해 볼 수 있다. 거기에 더해 그가 충격을 받아 모처럼 연재하던 소설마저 중단케 한 광주항쟁의 비인간적 전개도 그의 인간과 세계 이해에 치명타를 가한 것으로 짐작된다. 그러나 우리는 그의 기독교 귀의의 결정적 단서를 이미 그의 데뷔작에서부터 발견할 수 있으니 이는 주목해 마땅한 대목이다.

> 저 사람이, 도대체 저 사람이 손수 칼로 자기의 생식기를 잘라 내버렸을까, 하고 나뿐만 아니라 어른들도 못 믿겠다는 눈치였다. …(중략)… 그러다가 보니 그 전도사가 왜 그런 짓을 해버렸는지조차 어느덧 까맣게 되어서 누나에게 다시 물어보고 나서야 깨닫곤 했다. 하나님을 위해서 아니 성령을 받고 그랬다는 것이 아닌가. 내게도 성령이 찾아오는 어느 순간이 있어서 나 스스로의 목이라도 잘라 버려야 할 경우가 있을는지도 모를 일이라는 생각이 문득 들었다. 그러자 소름이 돋기 시작했다. 땀과 노래와 노래박자에 맞추어 치는 손뼉 소리가 미친 듯이 날뛰다가 가끔 딱 그치고 …(중략)… <u>그 악몽과 같은 부흥회의 밤이 지나자 나는 살아나는 듯했다. 그날 밤처럼 땀을 흠씬 흘려본 때가 그전엔 없었을 것이다.</u>[11]

「생명연습」은 알려진 대로 김승옥의 데뷔작이다. 데뷔작은 작가의 순수한 초심初心을 담은 출발선이며 따라서 작가의 문학적 지향이나 기원을 읽을 수 있는 자료가 된다. 더구나 시적 산문의 형태를 보여주면서 스토리의 비약이 심하여 난해하기 이를 데 없는 데뷔작에서 우리는 지금까지 간과한, 그러나 매우 중요한 작가의 무의식을 이 대목에서 읽을 수 있다.

---

11 「생명연습」, 전집 제1권, 25~26면. 밑줄은 필자.

인용문의 밑줄 친 부분에 대해서는 지금까지 선명한 해석이 없었다. 왜 어린 화자는 부흥회 장소에서 식은 땀을 흘리는 공포에 쌓여 악몽과 같은 밤을 지내야 했는가? 이에 대해서는 말로 설명할 수 없는 영성 체험의 표현으로 김승옥의 시적 감수성이 빚어낸 한 장면으로 넘기기 쉽다.[12] 그러나 아무리 시적 감수성의 세계이며 영성 체험이라 하더라도 공포를 느낀 것 - 거기에 이유는 필시 있는 것이다. 인용문을 보면 어린 화자의 공포는 거세에 대한 공포에서 비롯한 것이 명백하다. "내게도 성령이 찾아오는 어느 순간이 있어서 나 스스로의 목이라도 잘라버려야 할 경우가 있을는지도" 모른다는 공포에서 '목'이란 것은 생식기의 다른 표현으로 쉽게 전환될 수 있는 것이며 이미 어린 화자는 생식기를 자른 전도사란 존재 앞에서 외경과 호기심을 동시에 가지고 있던 터이다. 그런데 이 거세공포야말로 종교가 기원하는 발화점이란 프로이트의 해석은 김승옥의 문학 이해에 실로 중요한 단서를 제공한다.

거세공포와 이디프스 콤플렉스에 관한 프로이트의 학설은 익히 잘 알려져 있어 이는 사실 식상할 정도이다. 그러나 이것을 종교의 기원으로 연결시키는 프로이트의 학설은 우리가 쉽게 접하지 못한 것으로, 뛰어난 자연주의적 정합성과 설득력이 있다. 프로이트에 의하면[13] 원시시대의

---

12 물론 이 장면을 놓치지 않은 날카로운 분석가도 있다. 가령 정과리는 「유혹과 공포-김승옥론」에서 이 대목을 놓치지 않고 이 어린 화자의 공포는 전도사가 매개가 되어 전해 준 이방의 것-낯설고 새로운 서구의 근대적 이데올로기나 문물에 대한 공포로 해석하고, 그것에 대한 매혹도 아울러 느끼는 당대 한국인의 심리를 이 어린 화자의 공포로부터 읽어내고 있다. 물론 사회문화사적 측면에서 이러한 분석은 정곡을 찌른 타당성이 있으나 김승옥 문학의 근원을 해명하기엔 부족하다.

13 이하의 내용은 프로이트 저, 이윤기 역, 『토템과 타부』, 『종교의 기원』(열린책들, 1997), 317~430면까지를 참조하여 중심 논지만 정리한 것임.

아들들은 여자들을 독차지하는 아버지들에 대해 늘 적의와 경쟁심을 가지고 있다. 그러나 아버지에 대한 적개심을 현실화할 경우 그들은 그들 자신이 역공을 당하여 거세당할지도 모른다는 두려움과, 자신을 낳아준 아버지를 살해하는 범죄를 저지른다는 죄의식을 동시에 가지게 된다. 설령 아버지를 살해하는 일이 성공하더라도 형제 간의 상쟁이 그다음에 다시 기다리고 있어 결국 아들들은 공존하기 위해서 근친상간을 금하는 법을 제정하는 데 이른다. 그런데 이럴 때 해소하지 못한 그들의 죄의식 또는 아버지에 대한 경외심이 토테미즘에 스며든다. 즉 원시인들은 토템 동물들에게 경배를 바치는데 이때의 경배는 아들들의 죄의식을 완화시키고 아버지에 대한 복종을 맹세함으로써 아버지와 화해하고자 하는 시도로 해석되어진다.

종교는 어느 시기에 발원한 것인지는 정확히 짚을 수는 없지만 "어찌 어찌하는 사이"[14]에 토템의 경배 대상 대신에 신이라는 관념이 떠오르고 이것이 종교생활을 지배하면서 기존의 토템 향연은 새로운 제도와 연관을 맺게 되었을 것이라는 게 프로이트의 해석이다. 따라서 죄의식과 자책감을 그 연원으로 하는 종교는 기독교와 같은 종교에서 그 모델 타입을 보여준다. 원죄의식을 믿음의 바탕으로 깔고 있는 기독교에서 예수는 아비에 반역하고자 한 아들의 죄에 어울리는 자기희생을 통하여 신과 화해하고자 하는 인간의 소망을 달성해 주는 희생양이다. 인류는 기독교를 통하여 원시시대에 지은 죄를 적나라하게 인정하고 있는 셈이 되는 것이다.

이 지점 쯤에서 「생명연습」의 어린 주인공의 공포로 우리는 다시 돌아가 보자. 그 어린 주인공의 죄의식은 일단 실존적 개인의 죄의식으로 해

---

14 같은 책, 411면.

석할 수 있다. 즉 그는 무엇인지 딱히 정체는 알 수 없지만 무엇엔가 죄를 지은 느낌을 가지고 있고 그것의 해소는 거세한 전도사처럼 그도 극적인 계기를 통하여 성령에 봉사하는 몸이 되어서야 가능할 것이란 것을 본능적으로 감지한다. 아마 여기서 어린 주인공이 가지는 죄의식은 인류에게 유전되어 오는, 그야말로 원죄의식에 가까운 것이라 할 만하다. 다시 말해 살부의식에서 오는 죄책감이다. 또한 살부의식이란 여자와 관련된 것, 즉 에로티즘과 관련된 것인데 김승옥의 다음과 같은 회상은 매우 의미심장하다.

"서울에 가 본 사람 있나?"
아무도 아직 서울에 못 가봤단다.
"서울에 가면 굉장히 높은 탑이 있어. 그 탑은 이 세상에서 제일 높아서 하늘에 닿아 있어. 그 탑 꼭대기에는 작은 방이 있는데 남자와 여자가 발가벗고 꼬옥 껴안고 있어. 밥도 안 먹고 밤에나 낮에나 항상 껴안고 있어. 사람들이 많이 가서 구경해. 나도 구경했어."
이것은 내 최초의 창작을 기억해 보라는 잡지사의 하명을 받고 문득 기억해낸 이야기이다.[15]

이것은 작가 자신이 만 여섯 살 때쯤 처음으로 지어내 또래 친구들에게 들려준 첫 창작물(?)이다. 첫 이야기란 것이 하필 이런 식이었는지 정신분석의한테 분석을 받을 여지가 있다고 작가 자신이 재미있는 첨언까지 한 이 회상기에서 아닌 게 아니라 하필 어린아이가 서울을 이런 풍경으로 그렸는가 하는 의문을 갖는다. 이것은 범용한 어린아이의 상상력으로는 쉽게 꾸며 낼 수 없는 것이고 탁월한 예술가적 자질의 소유자였던 어린

---

15 김승옥, 「나의 첫 창작」, 『내가 만난 하나님』, 129면.

작가가 예술가 일반이 가질 법한 낭만적 기질과 상상력을 발휘하여 만들어 낸 이야기라 할 것이다. 장차 한 시대를 풍미할 작가가 될 어린 아이의 상상력으로 서울이란 동경과 기대의 총화이고 그 서울에서도 최고의 장소란, 모든 것을 내려다볼 수 있는 높다란 건물이었을 것이라고 생각했을 법하다. 그런데 여기서 재미있는 것은 발가벗은 남녀가 꼭 껴안고 있다는 설정이다. 이것은 작가가 될 싹을 가진 어린 이야기꾼에게 지상에서 최고의 장소란 쾌락이 전유專有되는 에로티즘이 있어야 가능할 것이란 상상력이 작동했기 때문으로 해석된다. 그러나 인류의 먼 시대에 에로티즘은 살부를 통해야 가능했던 것이며 또 에로티즘이란 애초에 덧없는 삶의 불연 속성을 자각케 하는 한 계기이기[16] 때문에 죄의식과 막심한 불안을 동반한다. 「생명연습」에 나오는 자신의 성기를 거세한 전도사는 그러므로 에로티즘에의 욕망을 버리고 신에게 속죄하고 그 신에게 한없이 경배하기 위하여 자신의 생식기를 스스로 자른 인물이다. 그러지 못한 다른 외국인 전도사는 자신의 에로티즘을 해결하기 위하여 음울한 장소에서 수음으로 그것을 해결해야만 한다. 식은땀을 흘리는 어린 주인공의 거세공포는 여기에서 비롯하는 것이다. 다시 말해 살부와 관련된 죄의식을 해소하기 위해서는 에로티즘의 매개인 생식기를 잘라야 하는데 이것이 어린 주인공의 공포를 초래한 것으로 읽을 수 있는 것이다. 우리가 이 어린 주인공의 공포에서 작가의 숨은 무의식을 읽는 것이 전혀 터무니 없는 것이라 할 수는 없을 것이다. 작가의 어린 시절의 전기적 자료와 특히 그가 기독교에 귀의한 데서 우리는 이러한 내면 풍경을 읽어낸 것이기 때문이다. 그리고 이러한 두려움과 공포는 작가의 실존적 개인의 풍경일 뿐만 아니라

---

16 조르쥬 바따이유 저, 이한경 역, 『에로티즘』(민음사, 1999), 17~18면 참조.

당대의 집단 무의식을 대변하는 또 다른 측면을 발견할 수 있기에 여기에서 우리는 김승옥의 문학이 사적 의의를 획득하는 지점과 만나게 된다.

3. 성스러운 아비 되기의 사적史的 의의

「생명연습」의 어린 주인공이 죄의식과 공포에 떤다는 것은 살부의식과 관련된 것임은 위에서 익히 입증한 셈이다. 그런데 이것을 시대적 배경과 관련시킬 때 매우 흥미있는 사실을 발견할 수 있다. 김승옥이 문단에 등장한 것은 1961년이다. 이 시기는 6·25 전란의 충격과 혼돈으로부터 어느 정도 거리감을 가지게 된 상태로서 천승세가 김승옥의 등장을 자리매김하면서 '50년대 문학의 강력한 교훈주의나 엄숙주의에서 벗어난 점을 평가한 것은[17] 이 시기의 이러한 거리감각을 지적한 것에 해당된다. 이는 달리 말해 문학과 문화의 관점에서 볼 때 김승옥·김현들이『산문시대』를 만든 것처럼 '60년대에 새로운 지향이 추동하기 시작했음을 의미한다. 또한 사회정치적 측면에서는 박정희 군사정권이 등장하여 경제의 근대화를 지상목표로 삼고 근대화를 추진하기 시작한 때가 이 연대이다. 따라서 문화·정치·경제 등의 제 분야에서 근대화가 본격적으로 추동되기 시작한 시기가 '60년대이다. 이는 달리 말해 아버지의 권력 또는 아비의 존재가 심대하게 부각되고 중요해지기 시작한 시기라 할 수 있는 것이다. 그렇다면 아비 혹은 아버지를 근대화와 연결할 수 있는 논리의 정당성 여부가 문제가 될 것이다.

근대성은 사회경제사적 측면에서 국민국가의 영토 내에서 행사되는 주

---

17 천이두, 「존재로서의 고독」, 『제3세대 한국문학—김승옥』(삼성출판사, 1986), 426면.

권과 그 정통성의 확립, 사적 소유와 자본의 축적, 그리고 대규모 생산과 소비에 근거한 상품 시장 경제, 즉 자본주의 시장 경제의 성립을 근거로 획득되는 것이다. 또한 그것은 문화·사상사적 측면에서 진보·이성·과학을 시대의 모토로 내세우면서 전통적 권위에 대한 도전과 비판을 감행하면서 편견과 미신의 폐지, 지식의 확대에 근거한 자연지배 등을 그 목표로 삼는다.[18] 이에 따라 근대성의 핵심 이념으로서 이성적이고 자율적인 주체개념이 떠오른다. 그러나 이 과정에서 유일한 인식의 주체로 떠오른 '나'는 종전의 이데아나 신에게 부여되었던 초월적 지위를 부여받아 인식의 모든 대상을 타자로 규정하고 그 타자를 자신의 통일성 속으로 전유專有 및 착취하는 난폭하고 비정한 주체로 화한다.[19] 이 가혹하고 냉혹하며, 자신을 전시전능한 신의 자리에 대신 앉힌 주체, 이는 달리 말해 남자-부성父性 혹은 아버지의 다른 이름이다. 힘이며 생명의 알맹이이며 우주를 낳는 씨앗인 남자는 남자·아비·남편이라는 동일성의 개념으로 삼위일체가 되어 초월적 개념으로 전화한다.[20] 그러므로 근대란 남성-아비가 그 자신의 전능한 권능을 휘두르며 진보와 발전의 이념을 모토로 이성에 의거한 가혹한 실천과 행동을 행사하는 시기의 다른 이름이다. 이 주관적이고 비정한 아비에 의해 마르크스와 엥겔스가 그들의 공산당 선언에서 언급했듯이, 근대란 모든 단단한 것이 허공으로 사라지고 신성한

---

18 김성기, 「세기말의 모더니티」, 김성기 편, 『모더니티란 무엇인가』(민음사, 1994), 22~30면 참조.
19 윤효녕, 「주체논의의 현단계; 무엇이 문제인가」, 윤효녕 외 3인 저, 『주체 개념의 비판』(서울대 출판부, 1999), 2~3면.
20 김윤식, 「부성 원리의 형식」, 『운명과 형식』(솔, 1992), 223면. 김윤식은 이 글에서 부성 원리를 근대와 명백히 등치시키는 표현을 동원하지는 않았다. 그러나 그가 문제삼은 것은 부성 원리의 등장과 우리 문학의 근대성과의 연관에 관한 것이었다.

모든 것이 모욕당하며, 마침내 인간은 실제 생활 조건 및 동료와의 관계에서 차디찬 감정을 가지고 대해야 하는 현실에 직면케 되는 것이다.[21]

이처럼 근대를 자율적 주체의 등장이란 측면에서 정의할 때 문학·예술 측면에서는 예술의 자율성과 주체성에 대한 자각을 가진 예술이 등장함으로써 근대가 열리는 것이라 할 수 있다. 즉 정치와 경제 등의 타 분야에 대하여 예술의 가치와 역할을 대등하게 주장하면서 예술이 가진 미적 가치에 자부심을 가짐과 동시에 정치 사회적 근대성과 격렬하게 갈등하면서 또는 그것을 비판하면서 미적 근대성은 성취되는 것이다.[22]

그런데 1960년대까지의 우리 역사에 근대란 이름의 아버지는 임재한 적이 있었던가? 개항 이후 20세기 전반기까지의 우리 역사에서 아버지는 언뜻언뜻 그 흔적을 내비쳤을 뿐 그 모습을 제대로 드러낸 적은 없었다고 해야 한다. 왜냐하면 19세기 말, 중세를 지나 근대를 열어 보려던 한국사회는 일제에 강점되었고 광복 이후에는 6·25라고 하는 민족상잔의 전란을 거쳐 분단으로 이어지면서 아버지를 제대로 만나본 적이 없기 때문이다. 아비가 없거나 혹은 부정되는 우리의 역사적 현실은, 고아가 주인공인 이광수의 『무정』으로부터 『삼대』의 조상훈을 거쳐 1960년대에 들어 북쪽으로 증발한 아비를 가진 『광장』의 이명준이나 패덕한 아비를 가진 『원형의 전설』의 이장李章에 이른다.

공교롭게도—아니 필연적이게도 김승옥의 데뷔작 「생명연습」의 어린 주인공 역시 아비를 가지고 있지 못하다. 그의 아비는 어떤 연유인지는 모르지만 이미 사변 전에 죽고 지금은 부재하는 것으로 되어 있다. 이처

---
21 김성기, 앞의 글, 같은 곳.
22 미적 근대성에 관해서는 김민수가 『환멸의 세계, 매혹의 서사』 제2장에서 잘 정리하였다.

럼 아버지 없는 집안이란 것은 공교롭게도 김승옥의 개인적 이력과 또한 잘 일치한다. 김승옥의 부친은 여수순천 사건 때 사망한 것으로 작가 자신이 연보에 밝히고 있지만 사망의 구체적 원인은 어디에서고 밝히지 않고 있다.[23] 어쨌거나 그의 개인사는 우리의 굴곡 많은 근대사와 매우 일치하는 형국이다. 아버지가 없는 집안. 아버지를 잃은 역사. 이럴 때 아들은 어떻게 해야 하는가? 자기 스스로 아버지가 되어야 할 따름이다.

이 아버지 되기야말로 근대의 본질이고 지향점이다. 그러므로 '60년대에 접어들면서 본격적으로 아비 부재를 인식하고 그 아비를 스스로 체현하려 한 자들이 이명준이고 이장이며 김승옥의 주인공들이다.[24] 그러나 아비 되기는 그에 따른 고통과 고난을 감내해야 가능한 길이다. 그 길은 없는 아비에 대한 죄의식 ─ 아비는 내가 살해한 것이 아닐까 하는 불안을 감당하면서, 없던 길을 스스로 찾아 헤쳐 나가야 하는 시련과 도전의 길이다.

그런데 「생명연습」에는 아비 되기를 감당해야 하는 두 아들이 나온다.

---

23 가령 1995년에 주인석이 김승옥을 인터뷰하면서 아버지에 대한 기억을 묻자 김원일씨나 이문열씨처럼 각별한 아버지의 기억을 갖고 있지 않다고 답한다. 여순 사건 때 사망한 것임은 분명해 보이는데 이 부분에 대해서도 아버지로부터 비롯한 특별한 피해의식도, 탄압도 없었다는 식으로 답하고 만다. 주인석, 「김승옥과의 만남」, 『김승옥 소설 전집4』. 이 글은 개정판이 아니고 1995년의 초판본에 실려있다.

24 그러므로 필자는 우리의 근대는 1960년대에 본격적인 궤도에 올랐다고 본다. 정치 사회적으로는 박정희 정권의 등장이 그렇지만 문학 쪽에서도 스스로 아비 되기의 노력이 이때부터 시작되기 때문이다. 이런 점들을 필자는 일련의 최인훈의 패러디 소설 연구와 장용학 소설 연구 등에서 밝힌 바 있다. 졸고, 「근대성의 구현을 위한 방법적 변용」, 『우리어문연구』 제15집(2000) ; 졸고, 「한국적 문화형의 탐색과 구원 혹은 보편에 이르기」, 『우리어문연구』 제22집(2004), 이상은 최인훈 연구이며, 장용학에 관한 논의는 이 책에 실린 장용학론(1)·(2)를 참조할것. 우리의 근대가 1960년대에 이르러서야 실질적으로 성취되었다고 보는 시각의 정당성을 필자는 앞의 연구들에서 확인했으며 지금 쓰는 김승옥론도 이러한 입장을 확인하는 글이다. '60년대가 실질적인 근대성을 확보했다고 보는 견해는 아직 소수인데 김병익이 「1960년대와 그 문학」, 『21세기를 받아들이기 위하여』(문학과 지성사, 2001)에서 그러한 주장을 개진해 놓고 있어 주목된다.

어린 주인공과 그의 '형'이 바로 그 아들들이다. 이 중에서 형은 아비 되기의 부담과 불안을 감당하지 못하고 자살해 버린다. 6·25 전란 후 스물두 살에 이른 형은 이른바 전후 세대에 속하는 나이로 그는 전쟁과 분단, 그에 따른 삶의 궁핍상을 헤쳐 나가야 하는 힘겨운 위치를 떠맡았다. 어머니에게 형은 단순히 장남이 아니라 집안의 대들보이면서 남편의 대리역이다.[25] 형 또한 어머니의 그러한 '운명적인 요구'[26]를 알고 있기 때문에 부담스러워하고 마침내 절망하여 자살에 이르고 만다. 형의 자살은 전후의 피폐한 현실을 당차게 개척해 나가지 못하는 그의 무능에 대한 절망 때문이기도 하지만, 자신에게서 남편을 무의식 중에 찾는 어머니와, 자신 또한 어머니를 에로티즘의 대상으로 생각하는 이디프스 컴플렉스와 그로 인한 죄의식에서 오는 갈등에서 비롯된 것으로 보아야 한다. 이렇게 볼 때 몽롱하고 모호하여 잘 해독되지 않는 다음 두 문단들의 모호함이 요연하게 풀린다.

① 모든 오해를, 옳다. 모든 오해를 누나는 알고 있었다. 그러나 영원히 풀어 버릴 수 없는 오해라는 것도 알고 있었다. 무서운 결과를 무릅쓰지 않고서는 누나는 결코 그 오해를 풀어줄 수가 없다는 것도 알고 있었다. 아아, 이렇게 얘기해서는 안 되겠다. 이것은 너무나 막연한 표현들이다. 한마디로 말하고 싶다. 어머니는 영혼을 사러 다니는 마녀와 같다고 형은 경계하고 있었고 한편 형은 빈틈을 쉬지 않고 노리는 어떤 악한 세력이라고 어머니는 생각하고 있었다.

---

25 어느 나라이거나 장남의 위치는 맏형이면서 아버지의 부재시 남편이자 가부장의 역할을 맡아야 하는 부담을 지는 것으로 짐작되지만 한국사회처럼 유교 전통 속에 있는 나라는 좀 더 유별한 것으로 판단된다. 이런 측면에서 김원일의 『마당깊은 집』에 나오는 장남 또한 참고할 만한 사례이다. 한국사회의 장남의 위치에 대해서는 『신동아』, 2004년 9월호에 마침 흥미로운 대담과 조사가 실려 있어 참고할 만하다.

26 「생명연습」, 『전집』 제1권, 53면.

② 절망. 형은 발광하는 듯한 몸짓으로 픽 웃더라는 것이다. 그리고 누나에게 이런 뜻의 말을 하더라는 것이다. 어머니의 남자관계를 너는 그렇게 해석해도 무방하다. 그러나 실은 그것에서 그치는 것은 아니다. 그것은 일종의 극기일 뿐이다. 극기일 뿐이다. 극기일 뿐이다. 극기일 뿐이다······.[27]

①에서 서로를 마녀와 악한 세력이라 경계하는 모자 간의 미묘한 관계를 이디프스 콤플렉스에서 찾지 않으면 어떻게 해명할 것인가? 한편 ②의 말미에 거듭되는 형의 독백은 자신의 극기 행위 즉 어머니에 대한 에로틱한 욕망을 극기하는 자신의 내면풍경을 이름이거나 형에 대한 욕망을 어머니가 다른 남자들로써 대체했다는 진실을 이르는 것이다. 어머니의 외도를 옹호하기 위하여 어머니가 상대한 남자들이 모두 아버지의 잔영을 지녔다는 누나의 아전인수적이고 자위적인 논리를 조소하는 발언으로는 이처럼 거듭 독백조로 읊조려질 필요가 없는 것이다. 더구나 형을 생활의 무능으로 이끈 폐병이란 관능 혹은 성욕, 즉 에로티즘과 연관이 많은 질병이다. 결핵의 신화는 정열과다에서 형성된 것이고 그것이 공상 또는 광기와 많은 점은 결핵을 다스리기 위해서는 요양소가 있어야 한다는 점에서 증명된다. 한편 결핵은 붕괴이고 발열이고 각혈이고 육체적 연화, 다시 말해 액체성의 질병이지만 이상한 행복감, 식욕증진과 아울러 성욕증대를 특징으로 하는 질병이다.[28] 우리는 앞에서 죄의식이 에로티즘, 즉 아비를 죽이고 어미를 강탈하려던 아들의 심리에서 기원한 것을 이미 살폈다. 그렇다면 형이 자살한 이유는 이 점에서 명확해진다. 그는

---

27 같은 책, 51면.
28 수잔 손탁, 『은유로서의 병』(파라르 스트라우스, 1977), 제4장. 이 부분은 김윤식, 「결핵의 속성과 결핵문학」, 『이상 연구』(문학사상사, 1987), 118~119면에서 재인.

어미에 대한 관능을 금치 못한 데서 폐결핵이란 정열 과잉의 질병을 앓은 것이고 이로써 자신이 '풀 수 없는 오해'[29]라 말한 죄의식을 견디지 못하여 자살이란 방법을 선택한 것이다.

물론 형의 자살은 앞에서도 언급한 바와 같이 가장의 역할을 다하지 못한—전후의 곤핍한 현실을 헤쳐 나가지 못한 무능력에 대한 좌절이란 이유 또한 크다. 그러나 형이 이처럼 무능력할 수밖에 없는 이유는 자명하다. 그는 문학도이기 때문이다. 고등학교도 채 마치지 못한 학력에 폐병을 앓고 있는 문학도란 두말할 나위 없이 생존능력 없는 무능한 백수요 예술가 지망생의 초상이다.[30] 그런데 작품의 화자—대학생이 된 어린 주인공은 이 형을 두고 '자기 세계'를 꿈꾸었던 자라 한다. 여기서 우리는 자기 세계의 비밀 또한 풀 수 있는 계기를 얻는다.

> '자기 세계'라면 그것을 가지고 있는 사람을 몇 명 나는 알고 있는 셈이다. 자기 세계라면 분명히 남의 세계와는 다른 것으로서 마치 함락시킬 수 없는 성곽과도 같은 것이 아닌가 생각한다. 그 성곽에서 대기는 연초록빛에 함뿍 물들어 어른대고 그 사이로 장미꽃이 만발한 정원이 있으리라고 나는 상상을 불러 일으켜 보는 것이지만 웬일인지 내가 알고 있는 사람들 중에서 자기 세계를 가졌다고 하는 이들은 모두가 그 성곽에서도 특히 지하실을 차지하고 있는 모양인 것이었다. 그 지하실에는 곰팡이와 거미줄이 쉴새없이 자라나고 있었는데 그것이 내게는 모두 그들이 가진 귀한 재산으로 생각된다.[31]

위에서 언급했듯이 자기 세계를 가진 것으로 치부되는 형은 문학도이

---

29 「생명연습」, 『전집』 제1권, 52면.
30 전후세대인 이 형의 죽음에다 '50년대 문학의 극복이라는 창작 의도를 담은 것으로 해석될 수도 있다.
31 같은 책, 29~30면.

고, 화자 주인공의 친구인 영수, 또 존경하는 한 교수나 만화가 오선생은 모두 문학도가 되려거나 문학과 문화에 종사하고 있는, 다시 말해 예술가들이다. 낭만적 시각으로 본다면 예술가들은 연초록빛 대기와 장미꽃 만발한 정원 속에서 사는 이들이겠지만 현실적으로 이들은 보상없는 노동과 실용적 가치가 없는 사유의 지하실에서 곰팡이와 거미줄을 키우고 있을 따름이다. 그러므로 이들에게는 「생명연습」의 또 다른 화두인 '극기'가 운명처럼 따른다. '60년대의 현실에 형과 같은 골동품적 인물은 진작 떠났고 남은 이는 대학생이 되어 있는 동생이다. 그런데 이 동생은 자기 세계를 가진 이를 선망하는 것으로 보아 역시 예술가를 동경하고 있는 것은 분명한데 이 동생의 내면적 지향은 형과 좀 다른 면이 있는 것으로 보아야 한다. 왜냐하면 우리가 이 단락의 서두에 살폈듯이 그는 언젠가 성령이 찾아올 순간을 예감하는 어린 시절의 공포를 가진 인물이기 때문이다. 그리고 이 인물의 특징은 김승옥 소설의 주인공들이 종종 자연 앞에서 보여주는 것처럼 종종 바다 앞에 서거나 자연 앞에서 평화를 맛보는 것이다.

> 여수에서는 가장 큰 교회였다. 그 교회마당에서 내려다보이는 광장 너머에 부두가 있고 부두 저 편으로는 거문도로 가는 바다가 항상 차디차게 흔들리고 있는 것이었다. 나와 누나는 나란히 서서 금속처럼 차게 빛나는 해면을 바라보며 한참씩 서 있곤 했는데 그럴 때야 비로소 나는 어린 가슴에 찾아오는 평안을 느끼는 것이었다.[32]

여기서 어린 주인공이 평화를 맛보는 바다―자연이란 단순한 자연이 아니다. 그것은 엘리아데에 의하면 종교적 의미로 충만해 있는 자연이다.

---

32 같은 책, 23면.

왜냐하면 우주는 신의 창조물이고 세계는 신들의 손으로 완성된 것이어서 성스러움으로 가득 차 있기 때문이다. 신은 세계와 우주적 현상의 구조 그 자체 안에서 다양한 성聖의 양태를 현현하는 것이다.[33] 마침 주인공이 향수하는 자연은 자연물 중에서도 가장 원초적인 바다이며 또 그것은 바로 '교회마당'에서 내려보는 바다이다. 우리는 여기서 어린 주인공의 지향 혹은 대학생 화자의 내면 풍경을 그려볼 수 있다. 그는 예술가 지향이면서 성스러운 존재와 언젠가 만날 것을 예감하는 혹은 자신이 그리되고 싶어하는 인물인 것이다. 또한 성스러움holy이란 온전함, 건강함, 전체성이라는 의미를 어원상으로 지니는 것이므로[34] 이 어린 주인공 혹은 대학생의 내면은 완벽한 아비가 되고 싶다는 열망에 사로잡혀 있다는 추정이 가능하다. 이러한 모습이야말로 '60년대 초반에 문단에 발을 디딘 김승옥 자신의 내면 풍경이 아닐 것인가? 다시 말해 생활의 부담과 어머니에 대한 부담을 동시에 가지고 있는 형, 예술가를 동경하면서도 성스러운 아비가 되고 싶어하는 어린 주인공은 김승옥의 다른 두 분신들에 다름 아닌 것이다.

그리하여 완벽하고 성스러운 아비가 되고 싶어하는 점에서 주체적 자율성을 지향하는 김승옥의 인물들은 근대성을 지닌 인물들이다. 동시에 이들은 예술의 자율성과 심미성으로 세계에 맞서고자 하는 점에서 근대적 예술가들의 모습을 지녔다.

---

33 M. 엘리아데 저, 이은봉 역, 『성과 속』(한길사, 1998), 120~123면 참조.
34 이은봉, 「성과 속은 무엇인가」, 같은 책, 22~23면.

4. 위악의 변모 양상과 소설 세계 변모의 상관성

지금까지 김승옥의 데뷔작인 「생명연습」에서 살핀 주인공의 인물 특성은 김승옥의 다른 난해한 소설들을 이해하는 데 중요한 매개역이 되어 준다. 이 글의 서두에서 제기했던 의문들을 이를 고리로 하여 규명해 보기로 한다.

4-1. 우선 김승옥 소설의 인물들의 위악성과 그들이 지독한 위악을 무릅쓰면서 추구하는 궁극의 세계에 대해서이다. 김승옥의 소설에서 가장 위악적인 인물은 임수영일 것이다. 『환상수첩』에서 자기 집에서 태연히 춘화를 제작하여 자기의 폐병 치료비를 버는, 그러다가 자기의 누이동생이 동네의 폭력배들에게 오빠의 패악을 빌미로 겁탈을 당했을 때도 "그래, 남자맛이 어떻든? 하고 묻다가 자기 어머니에게 방망이로 죽어라 얻어맞"[35]은 그 임수영이다. 이 인물은 그러나 액자구조의 내화의 주인공인 '정우'의 다른 반면이라 함이 적실할 것이다.

정우는 "부글부글 끓어오르는 내면을 무관심한 표정으로 가장"[36]하지 않으면 살아 남을 수 없는, 서울이 싫어서 대학을 휴학하고 귀향길에 오른 주인공이다. 신성한 것이 모욕당하고 모든 단단한 것이 해체되는, 그리하여 싸늘하고 차가운 관계만 남은, 근대가 바야흐로 시작되는 서울에서 그 역시 누구보다 차가운 인물이 되고자 노력한 자이다. 진정을 섞어 사랑한 선애라는 여자를 역시 한 명의 위악자인 친구 오영빈에게 아무렇지도 않은 듯이 양도하여 마침내 선애를 죽음에까지 몰아넣는 위악까지도 행한 자가 정우이다. 하지만 그는 자신이나 오영빈이 저지르는 위악적

---

35 『전집』 제3권, 92면.
36 같은 책, 12면.

인 행위들이 환상, 즉 망상인 줄 알기에 환상과 현실을 구분 못하는 삶을 접고자 귀향길에 오른 것이다.

그러나 그가 돌아온 고향은 "규모가 작기는 하지만 고향도 도시였다. 도시이기 전에 저 사조思潮라는 맘모스와 그리고 그것이 찍고 가는 발자국에 고이는 구정물의 시간"[37]에 침윤되어 가는 장소이다. 진정한 그 무엇이 남아 있는 고향을 기대하고 돌아온 그에게 고향도 더 이상 낙원의 모습일 수는 없었던 것이다. 그러니까 정우는 교환가치만을 중시하는 도시의 삶, 또는 근대의 삶에 좌절하고 사용가치의 삶을 찾아 귀향한 것인데 이것마저 불가능함을 알게 된 것이다. 이러한 정우의 내면은, 그가 작품에서 보여주는 바와 같이 문학가(예술가) 지망생이고 또 진정한 삶의 가치를 찾아 헤매는, 즉 성스러운 어떤 상태를 지향하는 인물이란 점에서 「생명연습」의 주인공들과 동일한 성격인 것을 알 수 있게 된다. 이러한 인물이 진정한 가치의 궁극을 찾아 떠나는 모험은 그가 성스러운 장소라고 믿는 - "이상한 마력으로써 우리의 마음을 한없이 설레게 하는 물결 높은 바다"[38]와 하나가 되는 것, 즉 그것에 몸을 던지는 행위, 바다에서 자살하는 것이고 정우는 실제 그것을 실천한다. 정우보다 더 위악의 극단을 걷는 수영은 "죽음, 그 엄청난 허망 속으로 어떻게 하면 자기를 내던질 생각이 조금이라도 난단 말인가?"[39]라고 정우를 책망하지만 그 역시 예술가 지망생으로서 극도의 순수, 즉 성스러운 어떤 단계를 가상하다가 그것에 실패하자 위악의 진창 속에 자기를 내던진 인물이라는 점에서 정

---

37 같은 책, 42면.
38 같은 책, 72면.
39 같은 책, 73면.

우와 크게 다르지 않은 인물인 것이다. 다만 그는 위악의 탈을 좀 더 두껍게 쓰고 현실의 삶을 택한 외양을 하고 있을 따름이다.

4-2. 김승옥의 초기 단편 「건」에 나오는, 윤희 누나를 형들의 겁간 음모에 옭아 넣으려는 어린 화자 주인공 역시 이러한 심리적 맥락에서 이해해도 좋을 것이다. 이념 대립에 의해 사람이 죽고, 그 죽음의 허망함을 깨달은, 즉 세속의 비루함을 깨달은 주인공이 그에 대한 하나의 반발로써 뒤집어 쓴 위악의 탈이 윤희 누나의 겁간 음모에 가담하는 식으로 나타난 것으로 볼 수 있는 것이다. 김승옥의 주인공들이 위악의 탈을 쓰는 이유는 이러한 사회적, 심리적 상황 속에서 찾아지는 바, 그런데 이들의 위악성은 시간이 지나면서 즉 김승옥의 소설쓰기의 연륜이 더해지면서 그것이 완화되는 양상을 보여준다. 이것은 달리 말해 소설 속의 인물들이 극단적 성스러움을 포기하는 - 혹은 약화되는 - 궤적과 일치한다.

비루한 현실과 성스럽게 되기의 이상 가운데서 후자를 포기하고 전자를 인정하는 인물의 현실적 패퇴기라 할까, 아니면 현실에의 적응기라 할 만한 것이 김승옥의 대표작으로 인식되는 「무진기행」이다. 이 작품의 난해성을 명료하게 풀어내기로는 "결국 이 소설은 선량함과 순수가 이 각박한 세상에서는 젊음의 꿈을 좌절케 하는 무력함과 바보스러움 이상이 되지 못한다는 것과 그것을 인식하고 부끄러워 하면서도 속물이 되어가지 않을 수 없는 허약한 지식인의 갈등을 보여준다"[40]고 지적한 이남호의 견해만한 것이 없다. 여기에 덧붙인다면 선량과 순수의 상징 인물인 윤희 중 역시도 원래는 예술가적 지향을 가진 인물이며, 성스러운 어떤 단계를

---

40 이남호, 「삶의 위기와 내면으로의 여행」, 『문학의 위족2』(민음사, 1990), 262면.

꿈꾼 인물이라 할 수 있다는 점이다. 윤희중의 과거의 꿈에 대해서 「무진기행」은 구체적으로 전해 주는 것이 없다. 그러나 다음과 같은 점들은 우리의 추정이 정당함을 충분히 입증해 준다. 그가 무진에서 만나 자신의 분신인 듯 느낀 하인숙은 음대 출신 즉 예술가 지망생이 아닌가. 또 폐병과 수음, 개들의 교미와 창부의 죽음, 불면의 사이렌이 있는 무진이란 것은 들끓는 열정을 가진 예술과의 내면과 동형인 것이다. 그리고 마치 수많은 비단조개 껍데기를 한꺼번에 맞부빌 때 나는 것과 같은 개구리 울음소리를 들을 때 밤하늘에서 쏟아질 듯이 반짝이는 별들을 보고 "그 도달할 길 없는 거리를 보는 데 홀려서 멍하니 서 있다가 그 순간 속에서 그대로 가슴이 터져 버리는 것" 같음을 느끼는 인물은 성스러운 그 어떤 단계를 갈망하는 인물의 격정이 아니면 경험하기 어려운 심리상태라 할 것이다.

그러나 윤희중은 딱 한 번의 무책임과 배반, 유행가와 미쳐가는 것을 인정하려던 자기를 포기하고 서울행을 택한다. 다시 말해 그는 자신의 깊은 내면에 끓고 있는 예술가적 열정과 성스러움에의 지향을 가슴에 묻어 두고 현실에 몸을 던지는 것이다. 윤희중이 행하려던 위악, 즉 무책임과 배반, 속물적으로 다시 한 번 미쳐보기는 『환상수첩』의 그것보다 약화된 것임은 물론이거니와 그는 이마저도 포기하고 서울행을 택하는 것이다. 그런데 윤희중의 이러한 변신, "너무 쉽게 빨리 그리고 무력하게 현실에 굴복"[41]하는 인물을 그릴 때 작가가 그의 리얼리즘 경향의 소설 「차나 한잔」을 동시에 집필했다는 사실은[42] 매우 흥미로우면서 이 작가의 이해에

---

41 같은 글, 263면.
42 낮에는 「차나 한잔」을, 밤에는 「무진기행」을 쓰는 식으로 함께 썼다고 작가 자신이 술회한다. 주 23)의 주인석의 대담, 312면 참조.

새로운 암시를 던져주는 사실이다.

  4-3.「차나 한잔」은 근대의 풍습이 뿌리내린 대도시 서울에서 불안한 일상을 살아가야 하는 소시민의 삶을 그린 단편이다. '요즘 재미좋으시다면서요', '이형, 다음에 좀 봅시다' '차나 한잔 하실까요' 등의 무책임한 도시적 어법 구사에 길든 서울 사람들을 풍자하면서 만화가라는 불안정한 직업으로 일상을 아등바등 살아갈 수밖에 없는 소시민의 애환을 현실 재현의 기법으로 그리고 있는 작품이어서 어렵지 않게, 재미있게 읽어갈 수 있는 소설이다.

  이러한 리얼리즘 경향의 소설들, 다시 말해 관념어라기보다 구체적 언어로 현실을 반영해 내는 소설은 작가가 현실을 통째로 이해하기 어려운 어떤 것, 즉 세계가 자아보다 우월한 것으로 인식할 때 나오게 된다. 반면에 관념적인 성향의 소설들은 자아가 세계보다 우월한 지위에서 세계를 관찰할 수 있다고 생각할 때 가능해지는 창작의 방식이다. 「차나 한잔」이 나온 것은 1964년인데 이때는 김승옥이 졸업을 앞둔 때이다. 아마 이때쯤 새로운 언어감각으로 새로운 문학의 시대를 열려던 이 조숙한 천재는 벌써 현실에서 성스러운 완벽한 아비가 되는 것이 그리 쉬운 일이 아니라는 것을 깨달았을 법한 것으로 짐작된다. 이것은 「차나 한잔」이 나온 것이 1964년인데 그 전 해까지 김승옥이 발표한 소설 여섯 편 중에서는 「역사」가 무난한 리얼리즘 계열의 작품이었고 나머지 작품들이 모두 난해한 모더니즘 계열의 소설이었는데 이 「차나 한잔」을 계기로 리얼리즘 취향의 작품들이 활발히 제작된 데서 추정해 볼 수 있는 사정이다. 물론 「서울, 1964년 겨울」 같은 모더니즘 취향의 소설이 발표되지 않은 것은 아니지만 「다산성」, 「내가 훔친 여름」, 「재롱이」, 「60년대식」, 「보통여자」 등의 리얼리즘 성향의 작품들이 1965년 이후 활발히 발표되었된 것이다. 이것은 「무진기행」에서 이미 현실로 귀환하지 않을 수 없는 윤희중의 사정에서 예고된 것이라 할 만하다. 즉 성스러운 어떤 단계에의 도달이 현실에서 이미 쉽지 않은 것을 갈파한 윤희중이 달리 현신한다면, 현실 세계란 괴물이 자아보다 훨씬 압도적인 것으로서 거기에 굴복하고 타협하지 않을 수 없음을 아는 「차나 한잔」의 주인공 만화가로 될 것이기 때문이다. 만약 자신의 현실에 대한 우월함을 계속 고집스럽게 밀고 나간다면 「60년대식」에 나오는 주인공 '도인道仁'처럼 아내의 바람과 그 아내가 진 빚 때문에 빈털터리가 되는 것도 아무 원망없이 감수하는 초탈한 '도인道人'이 되는 길뿐이다. 김승옥이 리얼리즘 성향의 작품을 써내는 방향으로 전신하게 된 것은 이러한 사정이 작용한 것으로 판단된다.

그러나 사정이 이렇다 하여 지금까지의 연구들이 그러한 것처럼 그의 모더니즘 성향의 소설들은 고평의 가치가 있고 리얼리즘 성향의 소설은 치열한 작가정신이 부족한 산물로 저평가 하는 것은 잘못된 판단이다. 「보통여자」나 「강변부인」처럼 대중지의 취향에 맞춰 발표한 장편소설의 경우는 통속적 성향이 다분하여 제외 대상에 넣어야 하겠지만 그 나머지 그의 현실 재현적 성향의 소설들은 일정한 의의들을 가진 문제작이라 할 수 있는 것이다. 가령 「60년대식」 같은 중편의 경우 스토리는 세태를 반영하는 세태소설의 형식을 취하고 있지만 이 작품은 '60년대에 본격적으로 진행되고 있는 개발독재와 물신에 미친 세태를 날카롭게 풍자하는 작품이다. 물고 물리는 사건 전개도 한 치의 오차가 없어 선명한 개연성을 확보하고 있는 뛰어난 작품인 것이다. 솜씨있는 능숙한 작가의 손이 아니면 이처럼 재미와 문제성을 동시에 갖춘 작품이 나오기는 어렵다. 아마 이런 작품들을 받아들이는 독자층과 독서 시장의 수요가 뒷받침되었더라면 김승옥의 활발한 창작이 더 연장되었을지도 모를 일이다. 근대성이 실질적으로 획득되는 시기이기는 했지만 아직 문화를 상품으로 구매하고자 하는 '대중'들이 형성되지 않은 '60년대에 '아름다움'이라는 질료로서 단단한 주체를 구축하기는 어려웠기에 그의 문학적 부진이 생겨난 것이 아닐까 생각해 보는 것이다.

그러나 이것은 어디까지나 하나의 가정이다. 비단 그의 문학이 활발히 소비되지 못하는 시대 여건 탓이 아니라 하더라도 그의 내면에 잠복하고 있던 영성에의 기원은 그를 언제고 다시 신앙으로 이끌었을 터이기 때문이다. 달리 말해 운명에 속하는 일은 어떤 분석도 닿지 않는 한계 저편의 수수께끼인 것이다.

5. 맺는말

이 글은 김승옥 문학의 근본 동인이 무엇인가를 탐구하고 그로부터 김승옥 문학이 드러내는 여러 난점들을 규명하기 위하여 쓰였다. 논의된 결과를 정리하면 다음과 같다.

김승옥 문학의 근원은 예술로서 이 세상에 주체를 정립하려는 의지, 또는 성스러운 어떤 단계에 이르려는 작가 정신에서 비롯한 것으로 파악된다. 이는 그의 데뷔작인 「생명연습」의 등장인물들이 드러내는 내면의식을 정신분석학적 측면에서 탐색한 결과이다. 동시에 이는 작가의 에세이나 연보 등에 의해 뒷받침 되는 이차 자료에 의해서도 입증 가능한 것이었다. 다시 말해 그의 소설 속 인물들이나 작가 자신은 모두 예술가로서 주체를 정립하고자 하며 성스러운 어떤 단계를 꿈꾸는 인물이란 점에서 일치된다는 사실이다. 이는 아비-근대를 실질적으로 성취하지 못했던 한국문학사에서 근대성을 제대로 성취한 한 사례라는 점에서 김승옥의 문학사적 위상을 평가할 수 있는 근거가 된다.

김승옥 문학의 동인을 이러한 데서 찾음으로서 여러 의문들이 풀릴 수 있었다. 그의 인물들의 위악성, 「무진기행」의 주인공 윤희중의 모호한 정체, 모더니즘과 리얼리즘 성향의 소설이 동시에 나올 수 있었던 이유, 리얼리즘 성향 소설의 가치 여부 등이 요연하게 해명되었다. 이는 모두 예술가로서의 입신과 성스러운 아비가 되고자 하는 주인공들이나 혹은 작가의 욕망이 개입됨으로서 태생한 수수께끼들이었던 것이다.

이렇게 볼 때 김승옥은 심미적 작업 그 자체 또는 예술이라는 장르 그 자체로서 주체의 자율성을 꾀한 근대인이었다는 평가가 가능해진다. 그러나 근대인이 되고자 한 그의 기획은 그의 문학이 그러했던 것처럼 매우 감성적이고 심미적인 것이었기 때문에 시대 환경이 받혀 주지 못하자 그의 예술가로서의 자립은 완숙의 단계에 이르지 못한 채 꺾인 것으로 판단된다. 최인훈처럼 학자적 탐구심과 치밀한 이성적 기획을 가지고 한국문학의 근대성을 획득해 낸 경우와[43] 김승옥처럼 직관적 감수성을 가지고 근대성에 도전한 경우는 상당히 대조적이어서 우리의 흥미를 끈다. 어쨌거나 이들의 경우는 결국 1960년대가 우리의 근대성의 실질적 성취기임을 입증해 주는 사례라 하겠는데, 이 점에 대해서는 후일 더 정밀한 연구를 기약하고자 한다.

---

43 졸고, 「한국적 문화형의 탐색과 구원 혹은 보편에 이르기」, 『우리어문연구』 제22집(2004), 참조.

완벽한 주체의 추구, 그 시대적 성격
— 장용학 론(1)

1. 머리말

장용학은 이른바 전후문학 작가군 중에서 특이한 위상을 지닌 작가임이 분명하다. 종래의 소설문법을 벗어난 파격적인 구성, 역설에서 역설로 이어지는 관념적 문체, 근친상간에까지 이르는 초속적 주제의식 등이 당대의 다른 작가들과 그를 뚜렷하게 구분하는 변별점이다. 그를 두고 풍문으로 알려진 작가,[1] 이상 이래 최대의 파문을 일으킨 작가라 평한 것은[2] 그의 낯설음의 정도가 어떤 수준인지를 충분히 짐작케 해주는 사례들이다.

이런 사유로 그의 독특한 소설세계는 당대 평단의 주목을 받았고 이에 따른 평문 또한 적지 않게 발표된 바 있다. 그러나 적어도 '70년대 이후 장용학에 대한 관심은 적요해진 듯하다. 그것은 전후문학이라는 개념 자체가 지성사적 혹은 시대사적 흡인력을 상실한 문학적 풍토와 함께 작가

---

1 김현, 「에피메니드의 역설」, 『현대한국문학전집 4-장용학집』(신구문화사, 1967), 403면.
2 같은 책, 서문.

자신 '70년대 이후 뚜렷한 창작활동을 보여주지 못했던 점과 관계있는 것으로 보인다. 그런데 후자의 경우, 사실은 용학이 '70년대 들어서도 활발하게는 아니지만 간헐적으로 작품 발표를 했으며 그것이 일본 비판을 주제로 한 소설들이고,[3] 더욱이 '80년대 들어서는 의외롭게도 일본연구서라 할 수 있는 『허구의 나라, 일본』(일월서각, 1984)이란 저서를 상재한 것을 보면 그의 창작의 부진은 그 자신에게 내재해 있던 독특한 성향 때문이었던 것으로 판단된다.

이 글이 지적하고자 하는 그의 독특한 성향이란 다름 아닌 모더니스트적 자질이다. 그를 모더니스트라 한다면 모더니즘에 대한 개념 정의를 문제 삼을 수 있겠지만, 모더니즘의 함의를 현대문명이 야기하는 제반 문제-가령 기계문명, 도시문명이 산출하는 모순, 그 부산물로서의 인간소외 등에 비판적 시선을 겨누면서 문학의 현실 초월적 계기에 힘입어 모순된 현실을 초극하려는 의도를 문학적 형식의 실험과 함께 종종 드러내는 하나의 사조로 폭넓은 정의 속에 틀지어 본다면 그가 모더니스트임은 분명한 일이다. 서두에 언급한 장용학 문학의 특성은 이러한 자질을 충분히 함유하고 있기 때문이다.

이 글은 바로 이런 문제와 관련하여 장용학 문학의 특질을 규명하고 그의 문학이 가지는 시대적 성격 및 문학사적 위상을 밝히고자 쓰는 글이다. 이를 통해 아직도 풍문의 작가로 남아 있는 장용학의 문학적 특질에 대한 정확한 규명 및 문학사적 자리매김이 가능해지리라 본다. 아울러 이 글의 맥락을 따라 가노라면 '70년대 이후 장용학이 보여준 문학적 선회의

---

3 가령 「상흔」, 『현대문학』(1974.1)과 같은 작품이 대표적인 예이다.

이유도 그 윤곽이 잡히게 될 것이다.[4]

2. 자유에의 갈망과 매저키즘적 추동력

장용학의 문학적 특질을 규명하는 데 매개적 단서로 적합한 작품은 아무래도 「요한시집」이다. 이 작품은 그의 출세작인 동시에 그의 창작에 일관되게 잠복되어 있는 하나의 모티프를 단적으로 드러내주고 있기 때문이다. 용학에게 일관된 하나의 모티프 – 그것은 '자유에의 갈망'이다. 「요한시집」의 서두에 독특하게 배치되어 있는 토끼우화에 그 모티프가 드러난다.

우화의 개략인즉 깊은 굴속에 은폐되어 자족적 삶을 즐기던 토끼가 밖에서 스며들어 온 태양광선에 자극받아 살가죽이 터지는 고통을 참고 밖으로 기어 나왔으나 그 광선의 강렬함에 눈이 멀어 그 자리에 붙박힌 채 죽어갔다는 이야기다. 그리고 그 자리에는 버섯이 하나 솟아올랐는데 사람들은 무슨 까닭에선지 그를 자유의 버섯이라고 불렀다는 것이다.

우화란 설화적 장르인 만큼 개인 창작으로 되면 설득력이 덜한 법이나, 용학은 그 스스로 창작한 우화로서 방법상의 기발함과 주제의 독특함을 과시하고 있다. 생경한 우화와 내부서사의 대비를 통해 주제를 전달하고

---

4 장용학에 대한 기존의 평문에는 김현, 앞의 글 ; 이어령, 「주제와 방법」, 『한국현대문학전집』 4 ; 염무웅, 「실존과 자유」, 같은 책 ; 이철범, 「소외된 인간의 비극」, 같은 책 ; 김윤식, 「장용학론」, 『(속)한국근대작가론고』(일지사, 1981) 등이 있다. 위의 글들은 장용학 문학에 대한 해설적 성격을 가진 비평문들이다. 따라서 그의 사적 위상에 대한 자리매김은 시도하지 않고 있다. 이는 물론 이 글들이 씌어진 시기 탓이 크다. 이 글은 장용학 문학의 특질을 해석하는 작업과 함께 사적 자리매김을 기하고자 하는 데서 지금까지의 평문들과 변별력을 얻고자 한다.

자 한 독특한 수법이 당대의 독자들에게 이상 이래로 센세이션을 일으킨 작가라 지목받는 요인으로 작용했겠지만, 우화의 주제는 문면에 드러난 바 그대로이다. 요컨대 이 우화는 자유 획득의 어려움, 그것의 궁극적 성취란 결국 죽음에 이르는 것임을 말하고 있다.

이 우화에서 암시된 주제는 내부서사의 주인공 누혜의 삶에 그대로 적용된다. 누혜는 어떤 인물인가? 철조망에 목매어 자살한 그가 남긴 유서에 따르면 그는 나이 열일곱이던 어느 해 "'자율'이라는 모토"를 책상 위에 붙일 정도로 타율과 자유의 개념에 유난히 민감하던 인물이다. 그는 2차 대전이 끝날 때까지 시를 쓰며 '무위無爲'를 연습하며 보냈으나 광복이 되자 인민의 벗이 됨으로써 재생하기를 기도하고 인민군에 입대한다. 그러나 당에 들어가 보니 "인민은 거기에 없고 인민의 적을 죽임으로써 인민을 만들어내는" 현실만이 그를 기다리고 있다. 이로부터 생은 의식함과 함께 꺼져버리고 그 '회灰를 삶'이라고 하는 인식이 움튼다. 6·25에 참전한 누혜는 포로가 된다. 거제도 포로수용소에서 좌·우의 극심한 분쟁과 살육에 절망하고, 더욱이 좌익세력에게 무위한 중간자로 심한 압박을 받던 그는 마침내 자살을 결심한다. 그의 자살의 변은 이렇다.

> 자살은 하나의 시도요, 나의 마지막 기대이다. 거기에서도 나를 발견하지 못한다면 나의 죽음은 소용없는 것이 될 것이고, 그런 소용없는 죽음이 기다리고 있는 생이라면 나는 차라리 한시바삐 그 전신을 꾀하여야 할 것이 아닌가…….[5]

---

5 장용학, 「요한시집」, 『현대한국문학전집 4—장용학집』, 327면. 앞으로 장용학의 작품을 이 책에서 인용할 경우 『전집』으로 표기한다.

전신을 꾀하여 비루한 삶을 살기보다는 자살을 택한다는 것이다. 이로 인해 자살은 진정한 자신, 자유로운 주체를 회복하고자 하는 결단의 의미를 띤다. 그러나 죽음은 삶의 끝이다. 그것은 관념적 차원에서 자신을 회복하는 것이라 하겠으나 자신과 자신이 속한 세계를 철저히 파괴하는 행위이다. 프로이트가 말하는 타나토스적 욕망의 구현이 누혜의 죽음에 개재해 있는 근본동력임을 본다.

우리는 지금까지 완벽한 자유의 추구를 위해 죽음에 이른다고 하는 장용학의 중요한 주제 하나를 정리한 셈인데, 여기서 그의 문학을 가동하고 있는 근본동력 하나를 확인해 두고자 한다. 타나토스적 욕망으로 귀일되는 그의 자유추구는 매저키즘적 성향이 그 기반이 된다는 사실이다. 프로이트에 의하면 매저키즘이란 본질적으로 죽음의 본능의 산물이라 하였지만[6], 이는 역으로 매저키즘적 성향을 지닌 경우에 자살충동에 쉽게 빠지는 것이라 할 수도 있는 일이다.

용학의 작품에는 죽음 혹은 그것에 비견되는 세상으로부터의 은둔, 광란으로 끝을 맺는 작품이 두드러지게 눈에 띈다. 앞서 언급한 「요한시집」을 비롯하여 「비인탄생」, 「현대의 野」, 『원형의 전설』 등이 모두 그러한 결말로 끝나는 작품들이다. 이는 용학 문학에 매저키즘적 성향이 잠재해 있음을 언표해 주는 것이라 할 수 있는 것이거니와, 실상 장용학 소설의 이러한 특징은 그의 처녀작 「쳐囚」에서부터 하나의 표지화하여 있다.[7] 이 작품의 주인공은 혜청이 – 요즘의 표현으로 언청이 – 라는 육체적 결함

---

6 E. 프롬, 이규호 역, 『자유로부터의 도피』(삼성출판사, 1982), 142면.
7 「육수」는 『전집』의 연보에 의하면 1948년에 창작한 그의 처녀작이지만, 발표는 『사상계』, 1955년 4월호에 이루어졌다.

을 지닌 인물이다. 그는 이러한 결함 때문에 끊임없이 자기 자신을 해치며 괴롭힌다. 사랑하는 여인이 있어 마스크를 쓰고 그 여인을 만나지만 자신의 결함이 폭로될까 두려워 스스로 그 여인을 떠난다.

이러던 그도 결국 집안의 강요로 돈으로 중개된 강제결혼을 하게 된다. 그러나 신혼 첫날밤 상대여인에게도 "'젊음의 권리'는 있을 것"이라 하고 신방을 박차고 나온다. 밤새 산속을 헤매던 그는 새벽 무렵 산꼭대기에서 장엄한 일출과 깨어나는 숲의 신선한 생명력에 촉발되어 새로운 삶의 의욕을 회복한다. 이때에도 그 각성은 역시 매저키즘적 성향과 맞닿아 있어 눈여겨 볼 만하다.

> 입술이 내가 아니다. 내가 내다! 보이는 내가 내 아니고 보는 내가 내여야 한다. 전신轉身을 꾀하는 것만이 너를 밭에 서게 한다. …(중략)… 뺏어가는 것은 뺏겨야 한다. 기갈이 너의 자연이라면 포식은 그들의 자연이었기 때문이다. 개구리가 뱀에게 잡아먹히는 것이 자연인 것처럼 너는 그들의 포식 앞에 기갈을 감수해야 한다. …(중략)… 겸손한 마음으로 너의 그 얼굴을 네거리의 게시판에 걸어 놓아라. 그래도 돌을 던지는 자가 있으면 그땐 다시 마음을 낮추어라.[8]

장용학 문학의 전체적 맥락으로 본다면 언청이라는 결함은 지식인의 현실적 어떤 결함을 우의한 것으로 읽히지만, 어쨌든 주체적 삶을 회복코자 하는 이 실존적 각성의 순간에도 약육강식의 질서를 인정하고 매저키즘적 계기를 통하여 다시 비상을 도모하는 인물의 특성이 선연히 부각되어 있음을 볼 수 있다. 이와 같은 매저키즘적 표지는 용학의 다른 작품에서도 종종 발견된다. 가령 매저키즘적 인물의 특성은 그들 자신의 존재에 대한 고독과 무의미라는 공포로 가득 차 있다는 점을 지적할 수도 있

---

8 장용학, 「육수」, 『사상계』, 1955. 5, 184면.

는데[9] 용학의 인물들에게서 이러한 증상은 쉽게 발견된다.

> 나는 홀로다. 언제 이런 외로움 속에 놓인 적이 있다. 아, 만국기 아래서다! 그때 그 소년은 이 나였다. 내가 그때 여기서 이렇게 외톨로 서 있었다. …(중략)… 나만이 인간이다. 그래서 나는 고독하다. 그러면서 여우가 뭐라고 떠드는데, 늑대가 뭐라고 소리 지르는데, 곰이 뭐라고 말하는데, 어째서 무엇을 가지고 그렇게 떠들고, 소리 지르고 말하고 있는지 알 수 없다. 그들의 말을 알 수 없다. 단절이다. 그들과 단절되어 있는 것이다.[10]

「현대의 야」에서 간첩으로 몰렸으나 변명도 없이 재판정에 선 주인공 현우는 심판의 현장에서 외로움과 단절을 경험한다. 그 고독과 단절감은 실상 소년시절에도 경험한 것으로 연원이 오래된 것이다. 이 인물에 스며있는 존재의 고독감과 무력감은 무의식에 깊이 침투해 있다. 이런 인물들은 한 마리의 생쥐나 한 장의 나뭇잎조차도 위협적으로 생각하는 경우가 있는데,[11] 쥐만 보면 일이 어그러진다고 하여 생쥐 공포에 사로잡혀 있는 「비인탄생」의 지호가 바로 이런 유형이다.

여기서 다시 프롬의 견해를 빌리건대 매저키즘적 성향의 인물들은 개인적 자아의 안정을 위하여 자기 이외의 사람이나 사물에 자아를 통합시키려 하는 충동의 소유자들이다. 다시 말해 이들은 이미 상실해 버린 기본적 결속－자아의 개체화 과정이 완성되기 이전의 결속－의 대체로서 새로운 이차적인 결속을 찾고자 하는 충동에 이끌린다는 것인데[12] 이를

---

9 프롬, 앞의 책, 144면.
10 장용학, 「현대의 야」, 『전집』, 360면.
11 프롬, 앞의 책, 144면.
12 같은 책, 147면.

참조하면 우리는 용학의 인물들에 대한 한 단계 더 나아간 분석을 해볼 수 있다.

3. 고결한 자아, 비속한 세계

프롬의 성격 분석은 그 목적이 파시스트의 전제정치에 추종한 대중의 심리분석을 위한 것임은 잘 알려져 있는 터이지만, 그러면 용학의 인물들이 한갓 그러한 대중에 불과하다는 말일까? 물론 그렇지는 않다. 우선 용학의 소설들이 배경으로 한 시대가 그런 문제와는 관련이 없고[13], 그의 주인공들은 모두 지식인들이다. 그러므로 그들이 추구하고 의지하고자 하는 대상은 다른 성향을 나타낼 수밖에 없다. 지식인인 용학의 주인공들은 존재의 무력과 고독을 메우기 위한 2차적 결속을 진리 혹은 원리에서 얻고자 하는 양상을 보인다. 장용학의 소설에 나타나는 관념적이고 현학적이며, 때로는 역설적인 지문들이 바로 그런 노력의 증거들이다. 그들은 "인간이 인간이려면" 어떤 조건을 갖추어야 할 것인지,[14] "의미란 무엇인지"[15] 등을 끊임없이 추구한다. 다시 말해 이들은 절대적 존재 또는 권력에의 예속보다 진리나 원리에 예속되고자 하는 인물들이다. 그러나 이들이 찾는 진리나 원리는 이 세상에 없다. 오히려 이 세상은 철저한 위선과 거짓관념에 둘러싸인 오류투성이일 따름이다. 주인공들이 세계를 보는 이러한 시각은 그것이 '이름'들에 의해 지배되고 있다는 사고에 응축되어 나타난다.

---

13 이승만의 독재가 문제될 수 있겠으나 파시즘이랄 수는 없는 것이었다.
14 장용학, 「원형의 전설」, 『전집』, 96면.
15 장용학, 「비인탄생」, 『전집』, 249면.

이름의 유래. 서울역에 내리자마자 걸려든 계집에게 얼을 다 뺏긴 촌신사. 하룻밤 사이에 주머니를 다 털리고 이튿날 새벽차에 도로 몸을 실을 수밖에 없게 되었던 그가, 시골에 돌아가선 툇마루에 버티고 나앉아서 서울계집이라는 것은… 하고 수염을 쓰다듬는 것이다. 이렇게 해서 성립된 것이 세계이다. '시골'과 '서울역' 사이가 그들의 세계인 것이다.[16]

　이 비유적 문맥에 담긴 원관념인 즉 이름이란 무수한 오류와 허위의 집적체라는 것이다. 세계는 바로 이 이름에 의해 둘러싸인 것인 만큼 우리들의 존재현실이란 사실은 위선과 허위에 둘러싸인 오욕의 그것이 된다. 이 속에서 본래의 인간은 망실되고 가짜 인간만이 판을 친다. 그는 본래의 인간과 가짜인간을 인간과 인간성이란 개념으로 다시 함축한다.

　　　말에는 과장이 아닌 말이 없고 입 밖으로 나갈 때는 과장이었는지는 몰라도 한번 공기에 닿게 되면 그것은 권리를 지니게 된다. 그리고 인간은 그 권리에 이끌려 다니게 마련이다. 이렇게 해서 인간성이란 것이 이룩된다. 인간성이란 인간의 과장이다. 과장된 인간, 이것이 인간성이다. 처음에는 전매특허품이었던 '과장된 인간'은 공기에 오래 묻혀지고 있는 동안에 색이 낡아져서 중매장이 신세가 되는 것이다. 이리하여 인간성 속에 인간은 망실된다.[17]

　이름 또는 말이란 것이 본질을 담보하고 있지 못하기 때문에 이것에 속박된 인간성이란 존재의 순수 혹은 본래적 자아가 탈색된 개념으로 보고 있다. 그러나 이름이 언어의 다른 표현이라는 맥락에서 살핀다면 위의 인용문은 지나친 단정 속에 놓여 있음을 발견한다.
　왜냐하면 우리의 의식은 이름, 다시 말해 시니피앙(기표)에 의해 움직

---

16 「비인탄생」, 『전집』, 218면.
17 「현대의 야」, 『전집』, 345면.

이며 우리의 삶은 시니피앙에 의해 규정되기 때문이다. 이런 견해의 체계화한 용례를 우리는 라캉에게서 빌려 볼 수 있다. 그는 소쉬르의 기의와 기표의 이분법적 언어분석의 틀을 빌어 언어와 의식과의 관계를 규명한 바 있는데 소쉬르가 기의에 무게를 둔 데 비해 그는 기표에 무게를 두고 있음이 특징적이다. 그에게 시니피에는 시니피앙 이전에 따로 존재하는 실체가 아니라 시니피앙을 통해 비로소 존재하는 것으로 파악된다.[18]

기의와 기표의 선후관계를 따진다고 하는 것은 닭이 먼저냐, 계란이 먼저냐 하는 것처럼 단정적인 답이 나올 수 없는 질문이기에 라캉의 견해를 전적으로 수용할 수는 없는 것이지만 적어도 시니피앙에 의해 시니피에가 다시 규정되고 탄생되는 일면이 있는 것은 부인할 수 없는 일이다. 그럼에도 불구하고 용학은 왜 이름을 깡그리 부정하고 있는가? 여기에는 사실 '자아/이름'이라는 대립구도보다 '자아/세계'라는 대립구도를 의식의 저변에 깔고 있는 용학의 세계인식이 중요한 역할을 한 것으로 판단된다. 다시 말해 용학의 주인공들은 모두 지식인들로서 세계의 모순을 인식한 고결한 자아들인 데 비해 세계는 그것을 주시하는 자아의 고결성에 못 미치는, 부조화와 모순에 찬 대상이라는 인식이 '자아/이름', '인간/인간성'을 구분하는 도식의 밑받침으로 되어 있는 것이다. 그러기에 장용학의 인물들은 번번이 세계와 괴리를 일으킨다. 「비인탄생」의 지호는 교칙의 경직된 적용에 대해 교장에게 반발하다가 해고당하는가 하면, 「상립신화」의 인후는 고지식한 성격 때문에 치료비를 마련치 못하여 어머니의 죽음을 앞당기고 만다. 이럴 때 그들이 취할 수 있는 선택지는 무엇일까?

---

18 강영안, 「자크 라캉 : 언어와 욕망」, 김욱동 편, 『포스트모더니즘과 포스트구조주의』 (현암사, 1991), 195면.

귀속할 진실을 찾지 못한 그들에겐 현실로부터의 은둔, 아니면 착란, 최후의 선택으로 죽음이 남아 있을 뿐이다.

이렇게 본다면 용학의 소설적 구도는 삶의 진실 혹은 진리를 찾다가 패퇴한 인물들의 패배기가 된다. 이는 장용학 자신의 체험이 형성한 개인적 퍼스낼리티의 변용이라 할 수도 있는 일이다. 작가 자신이 개인적 신상에 관한 발언을 별반 남기지 않았으므로 작가의 실존적 체험의 세부를 낱낱이 확인할 수는 없으나 다음과 같은 고백에서 그 체험의 일단을 엿볼 수는 있다.

> 그해(55년)는 또 나에게 있어서, 정월에는 「육수」가, 10월에는 「사화산」이 이렇게 나의 작품들이 다량으로 발표되고 해서, 이제 바야흐로 내 시대가 오나 부다 할 뻔도 했는데, 월남한 무능한 자식을 믿고 고생에 고생을 거듭했던 어머니가 와병, 끝내 별세했으니 플러스 마이너스 하고도 어머니는 영원히 불귀, 어머니를 그렇게 돌아가시게 할 줄 알았더라면 이 잘난 땅에서 소설은 안 했을 것이다.[19]

고단한 소설가로서, 현실에 무능했던 한 지식인으로서 겪어야 했던 고뇌의 편린이 문맥의 틈새로 드러나 있음을 본다. 고결한 자아와 속악한 세계와의 대립은 이와 같은 작가적 체험이 반영된 결과라 하겠으나 한 작가의 소설적 구도를 단순히 작가의 개인적 전기의 반영으로 보는 것은 너무 협소한 일이다. 문학은 한 뛰어난 작가의 개성과 상상력 위에 시대와 사회의 모순을 종종 겹쳐 놓기 때문이다.

---

19 김현, 「에피메니드의 역설」, 『전집』, 410면에서 재인.

4. 사생아 의식의 함의

전후문학의 대표적 작가 중의 한 사람인 장용학의 소설에서 자아에 대립하는 부조리한 세계의 실상은 역시 전후의 한국사회와 깊은 관련을 맺은 채 드러난다. 그의 소설들은 굶주림 때문에 인간적 품위를 지키지 못하는 지식인의 자의식을 그리는가 하면[20] 극한상황에서 아이까지 버리고 자신만의 생존에 급급하는 여인을 그리기도 한다.[21] 여기에 폭격으로 널부러진 시체들에 구더기가 들끓는 전쟁의 참상이 그의 주요한 소재임을 확인할 때[22] 그의 시대적 입지의 성격이 무엇인가는 명백해진다. 요컨대 그가 위치한 세계는 전쟁의 참화로 하여 모독 받은 인간들이 사방에 널부러져 있는 '50년대-전후戰後의 한국사회인 것이다. 그리하여 구역질나고 구질구질한 '50년대적 일상이 그의 중요한 소재가 되어 있다는 점에서 손창섭과 유사하다는 한 평자의 지적은 타당성을 얻는다.[23]

그러나 역시 지식인을 중요 등장인물로 하는 장용학의 소설들은 현실을 관념 속에서 체계화시켜 통합적으로 인식하는 데 탁월한 점이 손창섭과 그를 구분하게 한다. 용학의 폭넓은 조망에 의하면 한국의 현실은 사생아 의식으로 그 큰 윤곽을 얻게 된다. 사생아란 무엇인가? 당연히 애비 없는 아이다.

> 사생아라고 하면 여러분은 무엇인지 모를 것이지만 아버지가 없는 아이를 사생아라고 하였습니다. 이렇게 말하면 그럼 그것은 단세포 동물이었느냐고

---

20 장용학, 「그늘지는 사탑」, 『신태양』, 1955. 1.
21 장용학, 「부활미수」, 『신천지』, 1954. 9.
22 장용학, 「현대의 야」, 『사상계』, 1960. 3.
23 김현, 앞의 글, 404면.

묻는 사람이 있을지 모르지만 아무렇기도 그런 것은 아니고, 아버지가 정말 없달 수는 없지요. 그렇지만 아버지가 없는 아이라고 했습니다. 그 당시에 어머니에게는 아무 권리도 없는 부계시대였는데 호적이라는 제도가 있어서 거기에 오르지 못하면 인간취급을 받지 못했습니다.[24]

장용학 소설에 나타난 인간형과 그 사고, 이것이 조성해 내는 소설적 상상력의 집적체라 할 수 있는 『원형의 전설』의 주인공 이장李章은 바로 이런 사생아이다. 그가 사생아란 것은 다양한 의미의 함축을 지닌다. 첫째, 이는 분단현실로 하여 민족의 온전한 귀속처가 상실되었다는, 개체의 소속부재 의식을 암유한다. 둘째, 용학 자신의 세대로 볼 때 그의 세대는 민족어 계승의 측면에서 또한 사생아이다. 그는 일본에서 대학공부를 마치고 광복 이후 한국어로 창작을 해야 했다. 다시 말해 언어 전통의 수용에서 그는 단절을 느끼지 않을 수 없던 세대였다. 그의 무수한 한자숙어, 틀 잡히지 않은 문장 등은 이러한 단절의 소산이라 할 수 있다. 셋째로 사생아 의식이란, 한국사회가 전후에 직면한 무질서와 황폐한 현실, 그 자체의 환유적 표현으로 읽을 수도 있는 일이다. 그러나 이러한 성격 전체를 포괄하는 사생아 의식의 핵심적 성격은 무엇보다 부부재父不在 의식에 있다.

아버지란 명령과 금지, 규범과 의무 등을 표상하는 사회적 금기의 상징이다. 그러한 아버지의 존재가 이장이란 인물에게는 사상되어 있는 것이다. 아니 앞의 인용문에서처럼 아버지가 있기는 있다. 그 아버지는 자신의 여동생을 범하여—근친상간으로 이장을 낳게 한 오택부이다. 이 인물

24 장용학, 『원형의 전설』, 『전집』, 15면.

은 자신의 패륜을 교묘하고 비열한 방법으로 남에게 덮어씌우고, 이장이 태어나자마자 그를 죽이려 한 파렴치한 인물이다. 그러나 그는 월남한 뒤 남한 사회에서 그의 동물적 본능과 추진력으로 국회의원에까지 이르러 있다. 아버지의 성격은 용학의 소설에서 이처럼 뒤틀려 있는 것이다.[25]

요컨대 오택부는 있는 아버지이기는 하지만 그의 성격은 부정적 면모로 점철되어 있다. 그는 파렴치하고 비열하며 목적을 위해서는 수단방법을 가리지 않는 악덕의 화신이다. 그리하여 오택부는 장용학의 소설적 구도에서 그 존재가 부정된다. 『원형의 전설』의 대단원에서 이 아버지-오택부는 권총 오발로 죽음을 맞고야 만다. 이는 이 세계의 규범 또는 질서의 규준이 될 어떤 원리가 부재한다는 작가적 의식의 변용이다. 이야말로 장용학이 당대의 현실에서 얻을 수 있었던 현실 판단의 최대치가 아닌가 한다.

그렇다면 원리가 부재한 시대에 인간은 어떠한 행동을 취할 수 있을까? 그 스스로가 원리가 되는 것이다. 다시 말해 인간 스스로 모든 행동의 규준이요 실행의 주체가 되는 것이다. 『원형의 전설』에서 이장은 자기와 이복남매임이 분명한 안지야와 정사를 가지고 벼락을 맞아 무너지는 굴속에 갇혀 죽음을 택하는 파국적 종말로 이를 실행한다. 근친상간으로 태어난 이장이 근친상간으로 파국을 맞는 데서 이 작품의 원형적 순환구조가 드러나는 터이지만, 이는 원죄적 의식-기성의 윤리와 도덕에 맞서는 대담한 저항이라 할 만한 것이다. 이장은 기존 현실의 가장 근본적이요

---

25 속악으로 뒤틀린 이러한 아버지 상은 용학의 희곡 「일부변경선 근처」, 『현대문학』, 1959, 7~10면에서 그 전신을 드러내고 있는 터이다. 이 작품에서 오택부에 상응하는 이치우란 인물 역시 부정한 수단으로 치부를 했고 사생아 한지의 아버지이다. 용학의 사생아 의식은 콤플렉스화하여 있는 듯하다.

억압적인 모럴을 스스로 범한 것인데, 이 점에서 그는 존재의 모순과 피구속성에 가장 과격하게 반항한 인물이라 할 만하다. 그는 인간존재에 부과되어 있는 현실의 모럴과 인습을 깡그리 부정하고 전혀 새롭고 완벽한 주체에의 비상을 그러한 파국적 종말로 획득하고자 한 것이라 하겠다.

이장이 선택한 이와 같은 극단적인 주체적 자유의 획득방식은 실상 용학의 인물들에게서 자연스러운 것으로 보인다. 나는 앞에서 용학의 인물들의 매저키즘적 성향을 지적한 바 있거니와, 이런 인물들에게 현실적으로 존재의 고독과 무력감을 해방시켜 줄 수 있는 다른 방식이 발견되지 않을 때 죽음은 최후의 희망이 되기 때문이다.[26] 다시 말해 이장이 선택한 파국적 종말은 현실에서 귀속할 근거나 원리를 찾지 못한 자의 최종적 선택인 것이다.

그러면 이장이 선택한 파국적 종말은 진정한 주체적 자유에의 획득에 값할 수 있는 것인가? 이 점에 대해 숙고해 볼 때 이에 대한 답은 부정석일 수밖에 없다. 왜냐하면 죽음이란 궁극적으로 개인적인 자아를 벗어나서 자기 자신을 상실하는 것이기 때문이다. 다른 말로 하면 그것은 자유라는 짐을 벗어버리고자 하는 행위가 된다. 우리는 이로써 장용학이 보여주고자 한 주체적 자유의 선택방식이 자유를 위하여 자유를 버린다는 역설 속에 놓여 있음을 보게 된다. 이는 달리 말해 용학이 이르고자 한 주체적 자유의 획득방식이 하나의 꿈꾸기에 귀속되는 것을 의미한다. 그는 문학 장착으로써, 이룰 수 없는 꿈 하나를 표현해 본 것이다.

물론 문학은 현실의 결여에 민감한 인간들이 그 결여를 꿈꾸기로써 보상하는 방식에 다름아니라 할 수도 있는 일이다. 그러나 그 꿈꾸기가 하

---

26 프롬, 앞의 책, 144면.

나의 공상적 차원에 지나지 않는다면 그것은 문학의 존재의의를 스스로 부정하는 것이 된다. 문학이 가지는 꿈꾸기의 진정한 의미는 자아의 세계에 대한 일방적 부정에 있는 것이 아니라, 서로 갈등을 일으키며 불화하는 자아와 세계 가운데서 인간존재의 의미를 새롭게 조명해 줄 수 있는 삶의 새로운 가치 또는 원리를 모색하는 그 노력 가운데 비로소 성립하는 것이 때문이다.

5. 완벽한 주체의 추구, 그 시대적 성격

장용학이 꿈꾼 주체적 자유의 성격이 이렇다고 한다면 우리는 그의 꿈꾸기의 방식에 어떤 시대적 위상을 매길 수 있을까? 이를 밝히기 위해서는 그의 부부재 의식의 대극에 자리하고 있는 모성회귀母性回歸 또는 모성에의 집착이라는 또 하나의 모티프에 유의하지 않을 수 없다.

이장이 안지야와 함께 굴속에서 죽음을 맞이한다는 결말은 그 자체로 모성회귀의 상징적 화소가 되는 것인데, 용학의 소설에서 모성회귀 또는 모성에 대한 집착이라 할 만한 부분은 『원형의 전설』 이전에도 진작 드러나고 있어 주목된다. 가령 「비인탄생」은 동란 후의 황폐한 서울에서 방 한 칸을 마련치 못하여 굴속에서 어머니와 기거하다 그 어머니를 잃고 세상을 등지는 지호란 인물을 주인공으로 삼고 있으며, 「상립신화」 역시 중병에 걸린 어머니를 회생시키지 못하자 착란상태에 빠지는 인후라는 인물이 주인공으로 등장하고 있다. 이들은 모두 성인이므로 어머니와 분리되지 않을 수 없을 것이란 사실 정도는 자각하는 인물들이다. 「상립신화」의 인후는 자신의 목숨 5년과 어머니의 수명 1년을 바꾸어서 어머니의 병을 낫게 해달라고 빈다. 그러다 어머니의 병세가 약간 호전되자 "하느님,

어젯밤에 5년이라고 한 것을 3년으로 고쳐 주시옵소서. 5년이면 어머니보다 제가 먼저 죽을 것이 아니겠습니까? 그리 되면 우리 어머니를 누가 봉양해 드리겠습니까"[27]라고 소원을 수정한다. 그러다 어머니의 병세가 다시 악화되자 자신의 미련에 벼락이 내리는 대신에 어머니의 수명 1년과 자신의 목숨 10년을 바꾸어 달라는 회화적 기원을 연출해 마지않는다. 이는 어머니와 자신 사이에 객관적 거리를 둔 아들의 속마음을 희극적으로 표현한 것이지만, 그러나 그 거리는 그렇게 냉정한 거리가 아니다. 어머니의 죽음을 당하여 착란상태에 빠지는 인후의 정황이 그것을 증거하기에 충분한 일이다.

> 밤중에 그는 눈물과 콧물이 범벅이 된 얼굴을 들었다. 의식을 잃었던 것은 아니지만 어머니가 운명한 후 처음으로 자기 정신이 돌아온 것만 같았다. …(중략)… 벌떡 일어나더니 사잇문과 바깥문을 닫아 걸어버린다. 그리고 관 쪽으로 돌아앉았다가, 다시 발칵 하면서 분이를 불러낸다. 종이와 칼과 풀을 가져오라는 것이었다. 종이로 문틈을 돌아가면서 모조리 발라버린다. …(중략)… 장례날 그들은 힘있는 젊은이들을 앞세우고 왈칵 문짝을 넘어뜨리면서 덮쳐들었다. 그런데, 본인은 멀뚱해서 앉아 있는 것이었다. 사람들이 정작 이 사람이 미친 것이 아닌가 한 것은 배가 고프다고 밥을 달래 가지고, 관이 있는 앞에 앉은 채 쩝쩝 씹어 먹으면서 "어머니 난 조금두 냄새가 안 나요 재미있을 정도예요." 했을 때였다.[28]

어머니의 시신 앞에서 밥을 먹는 인후의 실성기 어린 반응에서 우리는 이 인물의 모성과 분리되지 못한 의식의 일면을 엿볼 수 있다. 「비인탄생」에서도 이러한 정황이 드러나는 바, 이런 맥락에서 우리는 장용학의

---

27 장용학, 「상립신화」, 『전집』, 366면.
28 같은 책, 398~9면.

인물들이 모성에 강하게 얽매어 있음을 보게 된다. 이는 부부재 의식과 함께 장용학의 의식, 혹은 문학적 특성을 규명하는 데 좋은 단서가 된다.

라캉에 의하면 인간의식의 성장은 상상적 질서로부터 상징적 질서로 편입되면서 이루어진다. 상상적 질서는 이른바 거울단계로, 아이와 어머니의 관계가 완전한 일치를 이루고 있는 시기이다. 이때 아이는 자신이 어머니의 전부이고 어머니는 아이의 전부인, 말하자면 자신의 욕망과 타자의 욕망이 완전히 일치된 낙원을 맛본다. 그러나 이는 사실 아이를 욕망의 주체로 설 수 없게 하는 것이며 이런 상황이 현실적으로도 계속 지연될 수만은 없다. 바로 이 지점에서 아이는 아버지란 이름으로 대표되는 상징적 질서로 진입한다. 여기서 아버지는 문화가 설정해 둔 명령과 금지의 체계를 상징한다. 이 아버지에 부닥침으로써 아이는 그의 욕망에 직접 답하지 않는 타자의 욕망에 직면하고 아이와 어머니의 관계도 제3자를 거치게 된다.[29]

인간의식의 성장단계가 이러하다면 장용학의 소설에 드러나는 부부재 의식과 모성집착이라는 모티프를 어떻게 해석할 것인가? 그것은 용학의 소설이 상징적 질서체계로 편입하지 못하고 상상적 질서체계의 주변에서 배회하고 있음을 의미하는 것으로 볼 수 있다. 장용학 소설의 이러한 특성은 물론 시대적이며 역사적 시각에서 조명되어야 한다. 장용학은 아버지의 부재-문화적 규범 또는 납득할 원리의 부재를 알아챈 작가이다. 그가 겪은 시대적 체험에 의하건대 광복 이후의 혼란과 6·25 동란 이후 한국사회의 황폐상은 아비 부재, 또는 초월적 원리의 부재로 비칠 수 있는 일이었다. 아비-상징적 질서는 있어도 없는 것이나 다름없는 상태였던

---

29 강영안, 앞의 글, 203~5면 참조.

것이다. 그의 사생아 의식의 전거는 여기에 있었다.

아비를 발견할 수 없을 때 용학이 할 수 있었던 것은 무엇인가? 앞에서 언급한 대로 그는 모성에 집착하고 있는 것이다. 그러나 그의 인물들은 자신들이 모성에로 회귀할 수 없음을 안다. 이 점은 그들이 어머니에 대한 어느 정도의 객관적 거리를 유지하고 있음에서 드러난 바이다. 그리하여 그들은 그러한 거북한 상황을 초월하기 위하여 착란에 빠지거나 죽음을 택하는 것이다. 우리는 여기서 장용학의 소설적 특성이 상상적 질서와 상징적 질서의 틈새에서 당혹을 금치 못하고 있는 주체의 혼돈, 이것에 있음을 발견하게 된다. 다시 말해 장용학의 소설은 질서가 보이지 않는 상징적 질서의 체계로 나아갈 수도 없었고 더구나 모성회귀는 이룰 수 없음을 자각한 인물들의 비극이 그 중요한 테마였던 것이라 할 수 있다. 이렇게 본다면 주체적 자유의 회복을 위한 누혜 또는 이장의 죽음이란 진정한 초월이 아니요 일종의 비약임이 다시 확인된다.

인간이 진정한 주체로 성립되는 것은 상징적 질서로의 진입을 통해 즉각적인 욕망 충족이 연기될 때 가능한 일이다. 존재가 모든 것을 다 가지고 있을 때 그때는 욕망이 들어설 자리가 없다. 인간이 주체로 설 수 있는 여건은 오히려 결여나 모자람인 것이다. 자신과 타자의 이 결여를 메울 수 있는 공동의 도덕과 질서를 발견하려는 노력이 있을 때 인간 존재는 주체적 행위와 자유의 소유자가 될 수 있다. 이것이 주체가 자유를 획득할 수 있는 메카니즘이라면 장용학의 인물들은 오히려 부부재의 현실에 몸을 섞어 그것의 구체적 모순과 문제를 직시하고 그것들과 갈등하되 그 모순이 자신에게까지 스며들어 있음을 자각하는 데까지 이르렀어야 하지 않을까 한다. 그러나 장용학은 이러한 경계에로까지 나아가지는 못하였다.

그렇다 하더라도 이러한 한계를 작가의 그것만으로 치부하고 말 수는 없는 노릇이다. 이는 작가의 한계이자 시대의 한계이기도 한 탓인 때문이다. 6·25로 하여 믿었던 인간의 존엄이 상실되고 기존의 가치가 전복되는 황폐한 시대, 즉 작가가 처한 상황 그 자체가 엄청난 결여 그 자체였던 시기에 존재 그 자체가 하나의 결여태라는 인식은 작가에게 다가오기 어려웠을 것이라 하지 않을 수 없는 노릇이기 때문이다.

6. 맺는말

지금까지의 논의로써 우리는 장용학이 황폐한 시대에 구속되어 있는 존재의 주체적 자유를 열렬히 탐색한 작가임을 알 수 있게 된 셈이다. 그의 주체적 자유의 탐색이란 그러나 구체적 현실과 밀접하게 조우하기보다는 자아와 세계 사이에 명백한 경계를 둔 하나의 초월적 꿈꾸기에 속하는 것임도 아울러 드러난 셈이다. 이런 점에서 그의 소설적 특성은 현실과 치열하게 몸을 섞는 리얼리스트의 그것이라기보다 소설을 매개로 현실의 성격을 논리적으로 규명해 보려 한 한 모더니스트의 지적 모험에 해당하는 것으로 규정지을 수 있게 된다.

다시 말해 부조리와 모순에 가득한 현실의 초월을 갈구한 장용학은 전형적인 한 명의 모더니스트였던 것인데 이로 보아 그는 이상의 후계자요 최인훈의 선배격이 아닌가 한다. 이상의 경우 그는 문학의 현실 초월적 계기에 누구보다 관심을 기울인 작가이나 그의 초월은 현실은 뒷전으로 밀고 자신만의 세계에 침잠하여 개인적 자아의 비상을 시도한 작가라 할 수 있다. 개인의 초월이 문제였기에 그의 문학은 그만큼 파격적이고 실험적인 양상으로 나타났던 것이다. 장용학의 경우 이상과 유사한 점이 있긴 하나 그의 문학은 현실에 더욱 밀착하여 초월을 다루었다 할 만하다. 그러나 그 역시 시대의 문제에 좀 더 적극적으로 발을 담그지는 않았다. 시대와 역사적 현실에 적극 개입한 모더니스트는 역시 최인훈이다. 분단 조국의 모순된 현실에 적극 참여해 보나 결국 죽음으로 삶을 마감치 않을 수 없었던 이명준에게서 우리는 '자아/세계'의 이분법적 족쇄를 풀어보려 한 실천적 모더니스트의 족적을 찾아볼 수 있기 때문이다. 최인훈이 이러한 조망을 보일 수 있었던 것은 그의 문학적 출발이 장용학보다 한 연대가 늦은 뒤여서 시대를 조망하는 데 여유가 있어서이기도 하겠지만 선배 세대의 노고가 그러한 전망의 확보에 적지 않은 밑거름이 되었을 것도 충분히 짐작할 수 있는 일이다.

이 글의 서두에 제기한 장용학의 '70년대 이후의 문학적 선회 또한 이제 그의 모더니스트적 특질과 관련하여 어림해 볼 수 있다. 그는 주체의 자유를 꿈꾸고 현실을 자아의 저 편으로 밀어버린 작가였다. 이는 전후의 한국사회라는 텃밭이 그의 기초적 토양이 됨으로써 가능했던 일이다. 그러나 시간의 흐름과 함께 그러한 토양은 그 토질이 소진되어 갔다. 이럴 때 그가 부닥쳐 그의 존재의 대자성을 시험해 볼 만한 과제가 일본 문제였던 것이다. 그러나 애초에 그의 기질이 리얼리즘적인 자질을 요구하는 이러한 과제에 맞지 않았고 그러한 문제의 소설화가 큰 주목을 끌지 못했기에 이 문제에 대한 그의 노력은 차라리 일본 문제에 대한 하나의 비평적 연구서로 나타났던 듯하다.

이러한 범주까지 포함하여 장용학에 대한 좀 더 구체적이고 전체적인 조감도를 그려야 온전한 장용학론이 될 것이나 거기에 까지는 미치지 못하였다. 이는 차후의 과제로 미룬다.

부부재 의식의 궤적
— 장용학 론(2)

1. 머리말

지난 8월 30일 장용학 선생께서 영면하셨다. '87년 이후 거의 절필 상태로 침거하시던 선생의 부음은 세인들의 주목을 끌지 못한 채 문단의 작은 파문으로만 남은 듯하다. 선생에 대한 기림은 내가 알기로『문학사상』10월호의 추모특집이 전부인 듯하다. 이른바 전후작가의 대표 작가 중 한 사람으로 '50년대 문학에 각별한 정채精彩를 남긴 선생에 대한 애도치고는 너무 적막하고 무심하다는 느낌이 있다.*

어쨌든 문학을 하는 사람들은 이제 장용학 문학의 전모를 본격적으로 해석하고 평가해야 할 과제를 안게 되었다. 장용학에게는 전후작가라는 지칭이 붙어 그의 작품에 대한 연구 분석은 주로 '50년대의 작품들에 집중되었고 하한선이 더 확장되었다 하더라도 '63년에 발표된 장편『원형의 전설』을 넘는 경우가 드물었다. 이와 같은 한정된 관심은『원형의 전

---

* 이 글은 선생이 영면하신 1999년에 씌어졌다.

설』 이후 '50년대만큼 활발한 창작 활동을 보이지 못한 작가 자신의 과작에도 원인이 있는 듯하다. 그러나 '63년 『원형의 전설』 이후에도 장용학은 '87년 중편 「하여가행」을 내놓기까지 20여 년간 창작활동을 지속했고 3권의 장편도 남긴 문제 작가이다. 그의 전모에 대한 연구와 정리가 따르지 않을 수 없는 이유이다.

용학에 관한 언급 혹은 고찰은 아무래도 5, 60년대에 제일 활발했다. '이상 이래 최대의 파문을 일으킨 작가'[1]라는 평이 대변하듯이 이 당시 그는 독특한 서술기법과 문제의식의 제기로 경탄과 폄훼를 동시에 얻은 바 있다. 그러나 이 당시의 글들은 역시 동시대의 작품에 대한 비평적 성격이 강한 것들이고 그에 대한 본격적인 논의는 '90년대 들어 드물게나마 제기되는 형편이다. 이런 사정은 현시점이 '50년대 문학을 객관적으로 볼 수 있는 시간적 거리를 확보했다는 것, 다시 말해 '50년대의 작가들을 문학사적으로 정리할 시기에 이르렀음을 반영한다. 이러한 맥락에서 다루어진 장용학에 관한 고찰은 그러나 여전히 『원형의 전설』까지가 하한선이어서 그의 전모를 다룬 경우는 보이지 않는다.

이 글은 작가가 절필할 때까지 발표한 작품들을 전체적으로 조감하여 장용학 문학의 특질을 밝히는 것에 우선적 의도가 있다. 그런 다음 장용학 문학의 문학사적 위상을 점검하려 한다. 이러한 의도로 쓰는 이 글은 논의의 기점을 『원형의 전설』에 두려 한다. 왜냐하면 필자는 이미 장용학의 '50년대 작품들에 관해서는 일차 다룬 바 있기 때문이다.[2] 이번에 장

---

1 『현대한국문학전집 4-장용학집』(신구문화사, 1967)의 「서문」.
2 이 글의 앞에 실린 「완벽한 주제의 추구, 그 시대적 성격 – 장용학론(1)」. 필자는 이 논문을 마무리하면서 '60년대 이후의 작품들까지 망라하여 온전한 장용학론을 완성키로 언급한 바 있는데 이 글은 그 약속에 스스로 답하는 성격의 것이다. 이 논문을 작성하면서 마음 한

용학의 '60년대 이후 작들을 통독한 결과 용학의 작품세계는 『원형의 전설』이후로 확연히 그 경계가 구획됨을 확인할 수 있었다. 『원형의 전설』은 이 작품 이전까지의 정점이요 이후 작품들의 '원형' 역할을 하고 있다. 이런 점에서 『원형의 전설』은 장용학 문학의 특질을 규명하는 데 있어 최대의 관건이다. 필자의 앞선 연구에서 이미 『원형의 전설』을 거론한 바 있으나 이의 상론으로부터 이 글을 시작하지 않을 수 없는 이유이다.

2. 장용학 문학의 정점 ― 『원형의 전설』

이미 언급했듯이 『원형의 전설』은 장용학 문학의 결정판이다. 개성적이면서도 보편성을 띤 인물들의 성격 설정, 반전을 거듭하는 사건 전개, 부父에 대한 극단적 불신, 근친상간으로 끝나는 극적인 결말, 여기에다 끊임없이 끼어드는 역설과 기지로 가득찬 화자의 요설 등은 여타 작가와 장용학을 구분케 하는 고유성인 동시에 장용학 자신의 여타 작품과도 구분케 하는 변별성이다. 여기서 독창적인 인물 설정과 극적인 사건 전개, 관념적 요설 등은 이 작가의 출세작인 「요한시집」의 방법이 장편으로 확장된 것이라 할 만하고, 부부재 의식과 이와 관련한 독특한 주제 의식 등은 『원형의 전설』 이후 소설들[3]의 원형을 이룬다.

구석에 아쉽고도 미진한 감정을 가진다. 실은 선생께서 살아 계실 때 직접 인터뷰도 가지고 해서 장용학론의 완결편이라 할 만한 글을 내놓고 싶은 욕심이 있었다. 그러나 몇 년 전 『월간조선』의 최보식 기자가 원로작가들을 취재한 적이 있었는데 이때 선생이 보여준 완강한 취재 거부의 태도는 나의 의욕을 많이 꺾어 놓은 바 되었다. 어쨌거나 게으름 탓이라 할 밖에 없고 이래저래 차일피일하다가 선생의 부음을 접하고 보니 아쉽기만 하다. 재삼, 고인이 되신 선생의 명복을 빌 따름이다.

3 이제부터 『원형의 전설』 이후 작들을 거론할 경우 '후기작'이라 칭한다. 필자가 보기에 용학의 작품들은 『원형의 전설』 이후로 기법과 주제 의식 등의 측면에서 이전 작들과 구분되는 공통된 성격들을 가지고 있기 때문이다.

1) '원형'의 다양한 함의

『원형의 전설』은 여러 가지 측면에서 난해하지만 가장 우선하는 궁금증은 역시 제목과 관련된 것일 터이다. 왜 '원형의 전설'인가? 이 물음에 답하는 것은 기본적 궁금증에 답하는 것이면서 이 작품의 핵심 의도 및 성격을 밝히는 관건이 된다. 이 문제에 답하는 데는 '원형의 전설'이란 표제어를 '원형'과 '전설'이란 두 가지 키워드로 나누어 놓고 작품의 의도 및 특성, 문제점 등을 생각하는 것이 효과적이다.

'원형'이란 어휘의 선택은 먼저 작품의 구성이 원형적 성격을 띠고 있음에 기인한다. 근친상간으로 출생한 주인공 '이장'이 이복동생인 안지야와 정사를 가지고 근친상간으로 종말을 맞는 데서 이 작품은 원형성을 드러낸다. 그러면 왜 하필 근친상간이라는 모티프를 취했느냐는 것이 먼저 해결되어야 할 의문이다.

작가의 원형관은 이장이 패덕한 아비 오택부에 의해 동굴에 갇혀 사육되다시피 할 문지기 역할을 하는 노파에게 쏟아 놓는 방백에 잘 드러난다.

> 모두 이분법이란 것 때문이오. 세상에는 분법이 여러 가지 있지만 이 이분법이란 것이 압도적으로 많고 따라서 가장 인간적인 분법인데, 그래서 가장 주먹구구로 되어 있는 거요. 이분법이란 바꾸어 말하면 대립인데 소위 과학적이라는 입장에서 볼 때 세상에 대립이라는 것은 없는 것이오. 한줄로 '나라비'를 시켜 놓으면 서로 이웃이 되어서 모두 친척이란 말이오. 청은 남색과, 남은 자주와, 자주는 적색과, 적색은 주황과, 주황은 녹색과, 녹색은 청색과, 이렇게 한 바퀴 휘돌게 되거든. 도덕도 마찬가지. 봐요. 선은 충과, 충은 애국과, 애국은 암살과, 암살은 악과, 그리고 이번엔 거꾸로 말이오, 악은 도둑질과, 도둑질은 굶주림과, 굶주림은 봉양과, 봉양은 효와, 효는 선이거든. …(중략)… 이 사슬을 끊어 놓으면, 끊어진 고 자리만 봤을 땐 두 조각으로 갈라진 것 같지만 전체를 보면 여전히 한 줄이란 말이오. 원의 둘레는 끊어 놓으나 안 끊어 놓으나 한

줄 아니오? 삼라만상은 제각기 이렇게 서로 돌고 도는 것인데, 거기에다 이분법을 썼으니 주먹구구가 될 수밖에.[4]

세상의 모든 행위와 개념들이 물고 물리는 것이기에 그것들은 경계가 해체되고 하나의 둥근 고리(원환)를 이룬다는 것이 인용문의 핵심이다. 이러한 사고는 해체적 사고의 전형이라 할 만하다. 다시 말해, 바르트가 『S/Z』에서 정반의 벽이 무너진 부재를 드러내고자 했을 때[5], 혹은 데리다가 차연의 개념을 확정하고자 현존과 부재의 이분법을 무너뜨리려 했을 때[6] 바탕이 된 해체적 사고가 장용학의 원형관의 기저를 이룬다. 알려져 있다시피 해체적 사고의 바탕에 탈중심, 다원주의적 세계관이 자리하고 있는 것이라면 놀랍게도 장용학은 그러한 사고를 이미 선취하고 있음을 보여주고 있는 것이다. 그는 인간이란 인간의 존엄성을 스스로 무시하는 '중심이 없는 원'[7]의 세계를 살고 있음을 지적하고 있으며, 이 세계란 "실제는 다원적인데 이것을 일원론적으로 성명하자니까 궤변이 생기고 아전인수가 되는"[8] 것임을 언명한다.

탈중심 혹은 다원주의적 세계관은 후기구조주의 담론의 핵심적 주제임은 익히 알려진 사실이다. 그런데 이러한 담론의 사회적 생성 배경이 되는 후기자본주의는 용학이 자리하고 있었던 '5,60년대와는 너무 거리가 멀다. 당대의 한국은 너무나 자명하게도 후기자본주의는커녕 공장 굴뚝

---

4 장용학, 『원형의 전설』(동아출판사, 1995), 193~194면. 이후, 『원형의 전설』은 『전설』로 약해 표기함.
5 권택영, 「해체론적 독서」, 『후기구조주의 문학이론』(민음사, 1990) 참조.
6 자끄 데리다, 권택영 역, 「차연」, 같은 책, 232~233면 참조.
7 『전설』, 76면.
8 『전설』, 46면.

형의 산업화도 이루지 못한, 원조물자에 의지해 나라의 경제가 지탱되고 있던 저개발 후진국이었던 것이다. 이러한 '60년대에 저개발국의 한 지식인이 띄운 다원주의, 혹은 탈중심적 세계인식을 우리는 어떻게 이해해야 할 것인가? 아마도 이는 용학이 니체의 해체적 사고에 큰 영향을 받았음에 기인하는 것 같다. 후기구조주의자들의 선구자격인 니체는 이분법적 세계인식의 모순을 가장 먼저 지적한 철학자이다. 그는 근대이성을 비판하면서 이성중심주의와 인식중심주의에서 벗어나 실재의 생생한 삶과 만나려는 전략을 내보인 철학자였다. 니체의 경우에 실재적 삶의 생명력은 '권력에의 의지'이며 그것은 진리를 추구하는 모든 형이상학적, 이성적 억압에서 풀려난 삶의 근원적 생명력을 의미한다. 니체는 그같은 근원적 (실재적) 삶의 양상을 진리의 동일성에 폐쇄시키는 근대이성에는 전도된 권력이 작용하고 있다고 생각했다. 동일성의 진리는 경계선을 만들어 그 내부의 진리를 말하면서 외부의 것을 비진리로 배제한다. 이처럼 동일성의 진리와 이항대립(진리/비진리)의 논리는 실재적 삶을 진리의 내부에 폐쇄시켜 억압한다.[9] 이러한 이항대립의 해체는, 우리의 해석을 넘어서는 어떤 단일한 물리적 실재란 없으며, 있는 것이란 단지 개인의 시각(perspective)일 뿐임을 알고 대립항들은 서로서로 연루되어 있다는 자각에로 시각을 바꾸는 데서 가능해진다.[10] 니체의 이와 같은 해체의 전략이 위에서 인용한 장용학의 담론에 그대로 반영되어 있다. 그는 모든 개념들이 연루되어 있는데 왜 일원론적인-폐쇄적인 사고방식에 사로잡혀 있느냐고 조소하고 있는 것이다. 장용학의 독특한 소설문법도 이러한 해체적

---

9 나병철, 『한국문학의 근대성과 탈근대성』(문예출판사, 1996), 56면.
10 마단 사럽, 임헌규 편역, 『데리다와 푸꼬, 그리고 포스트모더니즘』(인간사랑, 1991), 37면.

사고와 관련이 있는 것으로 봐야 한다.

니체적인 사고를 연장시킨 데리다는 어떤 언어가 문자적인 의미만을 지닌다고 생각하는 것은 잘못이라 지적한다. 문학 작품은 어떤 점에서 다른 형식의 담론에 비하여 우리를 훨씬 덜 미혹시킨다. 그것은 이미 기표와 기의의 일대일 대응관계를 포기한, 언어의 은유적 속성을 이미 파악하고 자신의 수사학적 지위를 인정한 위에서 수행되는 담론이기 때문이다. 이렇게 본다면 문학과 철학, 비평과 창조 사이에 명백한 구별이란 없다. 우리는 여기서 용학이 자신의 사고를 요설 형태의 담론으로 무차별적으로 사건의 행간들에 개입시키고 있음을 상기할 필요가 있다. 그는 「창작여담」[11]에서 자기는 작품을 쓸 때 사건의 특별한 구성 같은 것은 미리 생각지 않고 인물의 행동을 전개시키면서 생각나는 사념은 그때그때 아낌없이 개입시킨다고 고백한다. 완성된 작품을 10이라고 할 때 3정도가 미리 의도한 내용이고 7정도는 그때그때 떠오르는 착상에 의해 채워진다는 점에서 그는 '예술은 우연이다' 라는 지론의 소유자임을 밝히기도 한다. 이러한 서술기법은, 원래 기표의 본질이 다른 기표의 흔적을 떠안고 있는 유동적인 것이기에 하나의 고정된 의도 또는 형식에 얽매일 필요가 없다는 해체적 발상을 엿보게끔 한다. 이러한 발상에다 '사상이 없는 예술이란 존립할 수 없다'[12]는 그의 문학관이 겹칠 때 창작과 비평 혹은 문학과 철학 사이를 오가는 파격적인 소설문법이 성립되는 것이다.

이러한 점과 관련하여 용학의 소설기법에서 또 하나 주목되는 것은 우연성의 연속으로 이어지는 것 같은 사건의 전개방식이다. 『전설』에서 주

---

11 『문예』, 1961년 11월호, 278~279면.
12 같은 글, 280면.

인공 이장은 참으로 드라마틱한 삶의 반전을 거듭한다. 의용군에서 국군으로, 그리고 공산군의 포로로, 포로수용소에서 광산의 노무관리자로, 대학원 학생으로, 간첩으로, 그리고 안지야와 동굴에서 최후를 같이 할 때까지 — 참으로 한 사람의 인생행로라기엔 너무도 파란만장해서 그의 삶의 반전들은 우연성으로 점철되고 있는 것처럼 보인다. 그러나 이러한 우연성들도 실은 작가의 해체적 세계인식으로부터 비롯한 것으로 판단된다. 작가는 이 세계가 중심이 없는 그것이기에 이분법적 대립이란 대립요소들의 상호침투로 하여 경계가 허물질 수밖에 없는 것이고 이에 따라 꿈과 생시의 계기적 연결조차도 단순한 우연의 일치로만 볼 수 없는 것이라 생각한다.[13] 그리하여 "필연이라고 처음부터 따로 있었던 것이 아니다. 동류의 우연들이 덩치를 겨서 필연을 참칭했던 것이다"[14]라고 단언한다. 이는 실로 불확실성이 지배하는 현대인의 불안과 그에 따른 혼돈된 의식을 정확히 반영하는 것으로 보인다. 그러므로 이 장의 행동 전개에서 드러나는 우연성들은 현대의 불확실성을 양각시키기 위한 작가의 의도적 조작에 의해 가능했던 것으로 파악된다. 요컨대 우연과 필연의 경계가 허물어진 이 세계에서 사실적 개연성이 떨어지는 이장의 드라마틱한 변신은 얼마든지 있을 수 있는 것이다.[15]

---

13 간첩임이 우연한 계기로 탄로나자 피곤한 심신으로 오택부를 찾아가던 기차안에서의 상념이다. 기계와 이데올로기에 휘둘리는 현대인의 삭막한 상황을 우의하는 꿈과, 기차에 치인 소년의 비극(현실)을 동일한 시간선 상에 결합시키려는 사차원적 발상을 현시하는 대목이다. 『전설』, 161~162면을 볼 것.
14 같은 곳.
15 최근 장용학에 대한 논의는 알레고리적 측면을 강조하는 경향이 있다. 서영채, 「알레고리와 계몽」, 『소설의 운명』(문학동네, 1996)과 이건우, 「장용학의 '원형의 전설' 론」, 박동규 외, 『한국 전후문학의 분석적 연구』(월인, 1999) 등이 그러하다. 그러나 알레고리적 재현이란 것이 김건우가 벤야민의 경우를 들어 언급한 바와 같이 파괴되어 잔해만 남은 세계,

2) 아방가르드의 기원

그렇다면 용학의 이러한 선진성은 어디서 온 것일까? 그는 과연 기표와 기의는 끊임없이 미끄러지며 그리하여 우리가 보는 것은 끊임없는 기표의 자리바꿈이며 고정된 자기동일성을 가지는 기표란 부재일뿐이라는 사실을 인식했던 것일까? 이에 근접한 듯하지만 그러나 실은 이와는 다른 사유체계의 단서를 용학은 '50년대부터 보여준 바 있다.

용학의 사유체계에서 기표에 상응할 만한 개념으로 '이름'이 있다. 이 '이름'은 실상 우리가 쓰는 '말'의 다른 표현인데 용학은 이 말이야말로 인간의 관습적 인식과 제도의 억압성이 전적으로 각인된 기호체계임을 지적한다.[16] 그러므로 인간의 말은 무수한 허위와 오류를 그 안에 품고 있는 것이며 존재의 본질을 담보하지 못하기에, 말에 제약되어 걸러진 '인간성'이란 개념도 제도와 관습이 만들어낸 허명에 불과하다는 것이다. 여기서 알 수 있듯이 장용학의 '이름' 혹은 '말'은 '언어' 혹은 '기표'를 대치하는 표현이 아니라 '제도' 혹은 '문명'을 지시하는 환유적 표현에 해당한다. 다시 말해 인간이 이룩한 제도나 문명이란 것은 인간의

혹은 속화되어 본질이 사라진 세계를 재현하면서 다른 것을 가리킨다는 의미를 가진다면 그러한 정의는 너무 광범하다. 현대적 상황을 반영하는 소설치고 그러한 성격에 갇히지 않는 작품이 있을 것인가? 서영채가, 이장의 행위에 나타나는 우연성들은 계몽주의자인 작가의 목소리가 압도함으로 하여 인물이 작가 자신의 목소리를 반영하는 카메라로 기능했기 때문이라 본 것은 설득력이 있다. 그러나 그렇다 하여 『전설』을 알레고리 범주에 넣는 것은 동의하기 어렵다. 위에서 언급한 것처럼 『전설』은 작가의 세계인식에 소설문법을 일치시킨 데서 온 결과물이다. 다시 말해 작가는 현실에 몸을 섞어 얻은 경험보다는 자신의 관념을 우선한 모더니스트였던 것인데 이는 작가 나름으로는 필연성을 가진 창작기법으로 이해되는 것이다. 이렇게 볼 때 『전설』은 계몽을 목적한 알레고리라기보다는 작품 자체가 하나의 리얼리티를 확보한 측면을 인정해 주어야 하는 것이다.

16 이에 대한 상론은 앞의 글, 「장용학 론(1)」을 참조할 것.

순수한 본성을 억압하고 다수의 행복을 찾는다는 명목 아래 위선과 허위가 더께더께 쌓인 그것이란 데서 장용학의 독특한 언어관이 성립된 것이다. 이러한 인식은 『전설』에서도 일일이 예거하기 어려울 정도로 거듭 표명되고 있다. 도입부에서 어린애들의 부수고 찢고 하는 동작을 어른들이 금함으로써 음험한 파괴의 욕망으로 변했다고 하는 대목[17], 아카사키 센세이를 회상하면서 '교훈이 사람을 죽일 뻔했' 다고 독백하는 대목[18], '훈장이란 대부분의 경우 범죄의 대명사' 이며[19], 인간은 미시와 거시를 견뎌낼 수 없는 '중간적 존재' [20]밖에 되지 못한다는 등의 수많은 역설들은 장용학의 해체적 인식이 어디서 연원한 것인지 짐작케 해준다. 그의 해체관은 기표가 기의를 충분히 담지하지 못한다는 데리다식 해체관이 아니라 문명과 제도에 대한 불신으로부터 그 연원이 찾아지는 것이다. 이러한 불신은 장용학 생애의 모든 직간접 체험으로부터 비롯된 것이겠지만 아무래도 가장 큰 영향 인자는 6·25 체험이라 하지 않을 수 없다. 전후작가라는 지칭을 얻게 한 그의 '50년대의 모든 작품들이 인간의 모독된 현실, 삶을 그 근원에서부터 회의케 하고 허무에 빠져들게 하는 현실을 고발하는 작품들임은 새삼 거론이 필요없는 사항이다. 이런 사실들로 미루어 볼 때 용학의 해체적 사유는 현존을 허무의 심연으로 빠뜨린 '50년대 전후 현실이며 이로부터 비롯한 허무주의에 말미암은 것이라 하겠다. 후기구조주의의 해체 담론은 타자를 배제하는 주체로부터 비롯한 사회적·역사적 모순을 해결키 위한 '근대적 주체의 해체' 를 목표한 것이었던 만큼 용

---

17 『전설』, 14~15면.
18 『전설』, 51면.
19 『전설』, 112면.
20 『전설』, 113면

학의 해체적 사유는 이와는 한참 거리가 있는 것이다. 생각해 보라. 비대해진 주체의 탐욕이 빚어낸 제국주의적 침략과 동족상잔의 6·25는 얼마나 다른지, 그리고 '50년대 한국인은 자연파괴, 생태계 파괴에 이른 근대 이성의 횡포와 얼마나 거리가 있는 것인지를.[21]

3) '전설'의 종착지

용학의 해체적 사유가 상도한 곳이 결국 기표의 한없는 지연, 혹은 자리바꿈이 아니란 곳에서 우리는 그러면 장용학이 닿고자 한 해체의 궁극적 기항지는 어디였던가를 묻게 된다. 이 점은 '원형의 전설'이란 제명의 구성소인 '전설'과 관련하여 고찰할 사항이다. 원래 전설이란 불특정한 언중이 구전으로 만들어 내는 적층문학이다. 그것은 현실적으로 존재하는 표지로써 수용자들의 신뢰를 얻고자 한다. 『원형의 전설』은 '전설'의 증거물로 이장과 안지야가 죽은 동굴터에 솟아난 복숭아나무를 설정하고 종결되는 구조를 가진다. 작가가 이처럼 구비전승의 한 갈래를 자신의 개인 창작으로 산출했다는 것은 작가자신의 세계에 대한 압도적 우월성을 드러내는 대목이다. 이때 작가가 마주한 세계는 허위와 위선뿐인 '이름'들로 속화된 그 세계이다. '상'도 아니고 '하'도 아닌 '중심 없는 원'의 세계, 그 천박하고 속화된 세계를 초극하는 방법은 인간 스스로가 그 중심이 되는 것이다. 스스로 그 중심이 되는 행위가 바로 이 장과 안지야의 근친상간으로 끝나는 정사情死이다. 두 사람의 근친상간은 이 장이 그처

---

21 이 점은 자연과 일체화된 한국인의 질박한 생명력을 즐겨 그린 오영수의 한국적 리리시즘이 '50년대에 건재했다는 사실이 좋은 반증이 될 것이다. 졸고, 「1950년대 소설의 한 연구― '50년대 소설에 나타난 욕망의 지형도와 주체의 근대성 여부」, 『어문논집』 40집(1999) 참조.

럼 타기해 마지않는 아비 오택부의 근친상간과는 의미가 다른 것이다. 오택부는 더러운 욕망에 따라 누이동생을 범했지만 이장은 위선의 이름으로 단단한 성채가 된 제도를 파괴하고, '인간적'이 아닌 '인간'으로 환속[22]하기 위해 인위적 금기의 대명사 격이라 할 근친상간을 행하는 것이다. 우리는 여기서도 장용학에게서 니체 사상의 짙은 그림자를 본다. 삶의 원인이 되는 제1원인을 설정한 형이상학과 이성의 억압에서 풀려난 근원적 생명추구를 권력에의 의지라 갈파한 니체의 초인 사상이 장용학에게서 문학적으로 구현되고 있음을 보는 것이다. 『원형의 전설』에 일관되게 드러난 시니시즘도 바로 이러한 작가의 주제의식과 연관된다. 속화된 세계에서 금욕적이며 초연한 위치에 선 인간이 그 세계를 굽어보며 냉소할 때 기능하는 것이 시니시즘이 아니던가.

하지만 그렇다 하여 장용학의 소설세계를 니체 사상의 문학적 전화轉化로만 읽는다는 건 중대한 오독이 될 것이다. 중심 없는 세계에서 스스로 중심이 되고자 한 이장의 종말은 기독교적 대속代贖의식의 다른 표현이기도 하다. 근친상간으로 이장을 낳은 오기미吳起美가 벼락에 넘어진 나뭇가지 끝에 찔려 죽는다는 것은 원죄의식의 투영이며, 스스로 택한 죽음으로 삶을 마감하는 이장과 안지야의 종국은 속화된 세계를 자신들의 죽음으로 정화시킨다는 의지의 표현이라 볼 수 있는 것이다. 또 이는 아비 없는 세계에서 스스로 아비로 화하는 절차이기도 하다.[23] 이장에 의해 그 존재가 부정되는 오택부는 허명의 제도와 규범을 상징하는 속물적 존재로서 그가 소거된 빈 자리를 이장은 새로운 규범과 초월적인 현존의 자격

---

22 『전설』, 298면.
23 장용학 소설에 나타난 부부재 의식에 대하여는 졸고, 「완벽한 주체의 추구, 그 시대적 성격」을 참조할 것.

으로 메꾸기 때문이다.

3. 『원형의 전설』 이후

'60년대 중반 이후 간헐적으로 발표된 장용학의 소설은 소설 기법적 측면에서 완연히 달라진 모습을 보인다. 『전설』까지 그의 소설문법상의 특성이라 할 수 있던 실험적이고 난해하던 서술기법은 사라지고 리얼리즘적 소설기법이 주류를 이룬다. 이러한 기법으로 그가 중점적으로 다룬 주제 의식은 쿠데타로 집권한 박정희 정권에 대한 비판과 이와 결합한 부부재 의식이며 일본에 대한 비판이 곁가지를 이루고 있다. 아래에서 리얼리즘적 소설문법으로 변신하면서 그가 제기한 문제의식과 부부재 의식의 의미, 일본 비판 등에 대해 구체적으로 살피기로 한다.

1) 인간적 관점의 근대화 비판

'65년에 발표된 「부화孵化」는 군사쿠데타로 집권한 박정희 정권의 비리와 부정을 시니컬하게 조소한 작품이다. 6·25 당시 부하를 구하지 못한 가책 때문에 군생활에 의욕을 잃고 무능장교로 찍혀 예편한 퇴역 소령 '을하'가 이 작품의 주인공이다. 그는 세태 현실에 비판의식도 가지고 있으나 도시 변두리 빈민으로 웅크리고 사는 소시민적 인물이다. 장교로서의 그의 자긍, 동시에 지식인으로서의 그의 비판 의식이 비등점을 넘어 분출하는 것은 이웃하고 사는 정노인 가족의 비극적 죽음 때문이다. 정노인은 한때의 가세家勢가 군사정부의 패정悖政 때문에 몰락했다고 믿고 앙앙불락하는 인물이다. 호기롭게 정권을 비판하나 생활고 때문에 결국 남매를 데리고 집단 자살하는 데 이르자, 몸을 팔아 생계를 부양하던 정노인의 딸 복희를 사모하던 을하는 착란상태에 빠진다. 착란상태에 빠진 그는 현장 조사를 나온 경찰 앞에서 쌓인 울분을 마구 털어낸다.

> "그래 주먹구구와 손끝 재간으로 된 사탕발림이 그게 혁명이라는 거야! 밀봉당密封黨을 만들어서 돈방석 교체나 꾸미는 게 근대화야! 응 나두 만세를 불렀지만, 정치도 교통정리 하듯이 척척 해 줄 줄 알았지 그 울창한 공원까지 팔아먹을 줄 어느 귀신이 알아맞혔겠느냐 말이다!"[24]

박정희 정권에 대해 시니컬한 독설을 뿜어대던 을하는 경찰이 그를 빨갱이로 몰아붙이자 패닉 상태에 빠져 도망치다 트럭에 받혀 즉사한다. 이 작품이 일차적으로 의도한 바는 부정과 비리를 자행하는 박정희 정권에 대한 비판에 있다고 할 것이다. 그러나 실상 작가의 궁극적 의도는 인간적인 삶을 불가능케 하는 현실에 대한 비판에 있다. 다시 말해 이 작품의 근본적 구도는 의로운 개인/속악한 현실이라는 이분법적 관점을 가시고 있다는 것이다. 장용학의 이와 같은 시각은 한국의 현실이 싫어 파월 기술자로 조국을 뜨려던 주인공이 전락한 옛 애인과 죽음을 같이 한다는 「형상화 미수」[25]에도 드러나지만 '72년에 발표된 「잔인의 계절」 같은 작품이 그런 시각을 다시 선명히 부각시킨다.

이 작품의 주인공 'K'는 근대화에 대한 완강한 거부감을 가진 인물이다. 왜냐하면 근대화는 부정과 비리에 의해 구축된 소돔의 성이기 때문이다. 정부 비판을 하다 해직된 전직 교수라는 이력을 가진 'K'는[26] 출판사

---

24 「부화」, 『사상계』, 1965년 2월호, 346면.
25 『신동아』, 1967년 8월호.
26 해직 당하기로는 작가 자신도 〈동아일보〉 논설위원으로 있다가 박정희 정권에 대한 부정적인 논조 때문에 그리된 적이 있으므로 K에게는 작가 자신의 흔적이 투영되어 있을 것

직원이 되어 생계를 꾸리는데 퇴근길에 남산길을 넘으면서 의식적으로 서울 시내를 돌아다보지 않는다.

> 근대화에 저항을 느끼고 있던 그는 그 상징처럼 되어 있는 서울의 고층건물에 무감각 했었고, 그것은 조작된 무감각이었는데, 그러한 무감각을 조작한 마음속의 응어리가 그로 하여금 일주일 동안 남산길을 오르면서도 한 번도 고층건물이 임립해 있는 서울 거리를 뒤돌아 보지 않게 하였다고 할 것이다.
> 그로부터 그는 의식적으로 돌아보지 않기로 하였다. 그것은 맹서가 되고, 날을 거듭함에 따라 집념으로 굳어졌다.[27]

K의 근대화에 대한 이런 혐오는 오늘날 우리가 박정희 시대에 제기하는 비판과는 그 성격을 달리 하고 있다. 박정희 정권의 유신독재가 본격화되기 전인 '72년작이어서이기도 하겠지만 이 작품에서 작가는 독재 정치 혹은 그와 관련한 부의 편중, 인권탄압 등 정치 사회적 측면에서의 비판보다는 박 정권의 불의不義함이라고 하는 윤리적 입장에서 그를 비난하고 있다. K는 대학 재직 당시 신문에 「인간전선」이라는 제명의 짤막한 글에서 이 땅에서 민주주의를 요구하는 것은 흑인들이 백인에게 냉방장치를 요구하는 것이나 마찬가지로 어리석다고 적었다. 그리고 한국 현실을 타락한 소돔성에 비유하면서 오늘의 이 사회가 소돔과 다른 점은 소돔의

으로 짐작된다. 『문학사상』(1999년 10월)이 마련한 추모특집 중 박창원이 쓴 「유고소설〈빙하기행〉이 남긴 의미」에 의하면 장용학은 〈경향신문〉과 〈동아일보〉의 논설위원을 지냈으나, 박정희 정권에 대한 부정적인 입장 때문에 해직된다. 이때 그는 남산 중앙정보국에 두 차례에 걸쳐 심문을 당하였다는 것이다. 언제, 어떤 구체적인 이유로 해직당했는지 알 수 없으나, 장용학에 대한 대개의 연보가 1972년부터 공적인 활동을 그만 둔 것으로 되어 있으므로 해직당한 것은 '72년임이 정확할 것으로 본다. 「잔인의 계절」에는 작가의 이 당시 심회가 많이 얽혀 있으리라 추정된다.

27 「잔인의 계절」, 『문학사상』, 1972년 11월호, 103면.

타락이 신을 저버린 데서 생긴 것인데 대해, 오늘 우리 앞에 전개되고 있는 타락은 사람의 손에 의해 구조적으로 저질러진 것이란 데에 있다고 비판한다. 그리고 우리가 지금 그 속에서 숨 쉬고 있는 이 사회에 의인이 열 사람만 있어도 이렇게 타락하지 않았을 것이라고 하면서 의인이 없는 사회 현실을 개탄하고 있는 것이다. 박정희 정권의 문제성을 의인의 부족이라는 종교적 우화를 빌어 비판하는 'K'의 시선은 단순히 이 무렵 심화되고 있던 이 정권의 폭압성을 피하려는 작가의 우회적 현실비판의 방식에서 비롯한 것은 아니라 보인다. 이 작품에 드러난 갈등의 중심축은 유명 대학교수에서 출판사 사원으로 영락한 K와 세속적 영달을 목말라 하는 아내의 갈등이기 때문이다. 아내는 K가 현실과 타협하고 관료로 진출할 수 있게끔 전직 관료이자 사업가인 인물에게 인사 청탁까지 해놓았으나 남편이 그를 거절하자 남편과 이혼하고 유망한 그 전직 관료와 정을 통하려 한다. 결국 그 전직 관료의 속악성을 알고는 남편에게 참회하는 유서를 남기고 자살한다는 것이 이 작품의 줄거리다. 이 작품은 아내의 일탈마저도 잔인한 계절 – 비속한 현실이 유인한 것이라 보고 있으며 그러므로 나는 더 잔인해질 수밖에 없다는 K의 비통한 독백을 통해 속악한 현실과 몸을 섞지 않겠다는 비극적 인물의 의지를 보여준다. 여기서 우리는 이 작품의 근본적인 대립구도 역시 의로운 자아/속악한 현실이라는 장용학의 고유한 현실 인식에 긴박緊縛되어져 있음을 확인할 수 있다. 『전설』 이후 전개된 장용학 문학의 근본 성격이 이러하다면 이는 장용학이 『전설』에서 그토록 타기해마지 않았던 이분법적 사고로 환원한 것임을 드러낸다. 이는 실로 아이러니한 일이다. 용학의 이러한 아이러니가 어디서 기원한 것인가는 그의 부부재 의식 모티브와 연관하여 거론할 사항이다.

2) 부부재의 세계와 아비 되기

『전설』에 관한 앞선 논의에서 우리는 이장의 비극적 종말이 스스로 아비 되기임을 확인한 바 있다. 그러면 이장은 왜 스스로 아비가 되고자 했던가? 이장은 사생아이기 때문이다. 패덕과 패륜의 대명사격인 오택부를 아비로 둔 아이, 그러므로 아비가 있어도 없는 것이나 마찬가지인 인물, 즉 아비 부재의 현실이 이장을 스스로 아비가 되게끔 추동한 것이다. 필자는 『전설』에 나타난 아비 부재 의식이 몇 가지 함축적 의미를 지니는 것임을 이미 지적한 바 있다. 첫째 분단 현실로 하여 민족의 온전한 귀속처가 상실되었다는 개체의 소속 부재 의식의 암유적 표현, 둘째 장용학 세대의 민족어 계승 측면에서의 단절 의식, 셋째 신뢰할 만한 규범과 질서가 자라진 한국 현실에 대한 환유적 표현 의도가 사생아 의식의 준거가 되었다고 하는 것이다.[28] 그런데 장용학은 부부재 의식을 후기 소설의 중요한 모티프로 다시 전용轉用하고 있는 바 그 전용의 중요한 의도는 위에 언급한 세 가지 의미 중에서 세 번째 사항과 가장 관련이 깊다.

장용학의 후기 소설들이 대부분 그러한 모티프를 가진 것이라 볼 수도 있지만 그 중에서도 같은 주제를 반복했다 할 만한 것이 『태양의 아들』, 「효자점경」, 「하여가행」 등의 작품들이다. 『태양의 아들』은 '65년 8월부터 다음 해 12월까지 『사상계』에 연재된 장편이다. 작품의 프로타고니스트는 김준업이란 인물이다. 김준업은 자기가 모시던 상전을 치밀한 계략으로 살해하고 그 주인이 가졌던 금궤를 밑천삼아 동진산업이라는 거대 기업체를 일군다. 그러고도 그는 그 주인의 대형 초상화를 걸어 놓고 결

---

[28] 주) 23과 같은 곳.

초보은한 주인공으로 자신을 포장하는가 하면 독립운동가의 추앙협회장 직을 맡고 있기까지 한 간교한 악인이다. 그는 또 자기가 점찍은 여자는 금력과 지위를 이용해 반드시 정복하고야 마는 호색한이기도 하다. 국회의원도 면장 정도로 부리는 권모술수까지 갖추었으니 『전설』의 오택부보다 한참 앞에 나설 인물인 것이다. 요컨대 오택부의 부정적 성격이 극한적으로 확대된 인간형인 것을 알 수 있다. 「효자점경」(『한국문학』, 1979년 1월호)에 나오는 주인공 시평時平[29]의 아비 김원도金原渡도 같은 인물이다. 이 인물 역시 독립군의 군자금을 중간에서 갈취해 입신출세의 발판으로 삼아 해방 이후에는 국회의원, 중의원 의원, 장관, 온갖 상설기구의 회장 등을 거치는 권모술수형 인간이다. 마음에 드는 여자는 무슨 수를 써서라도 정복하고 마니 이 또한 오택부·김준업과 동종이다. 장용학의 마지막 작품인 「하여가행」(『현대문학』, 1987년 11월)의 주인공 진우는 악인형 인물이라고는 할 수 없으나 그 역시 부정적 인간형이기는 마찬가지다. 그는 비판적 지식인에서 변절하여 국장, 차관, 정부투자기관의 부사장까지 지냈으며 한 여자를 버려 놓은 전력이 있는 인물이다. 이들은 모두 결말부에서 죄값을 치른다는 점에서 또 공통적이다. 김준업은 상전의 아들이면서 프로타고니스트 역할을 하는 유평에게 죽음을 당하고 김원도는 아들 시평이 스스로 아비의 죄과를 대신하는 희생양이 되며 진우는 출세의 좌절, 아내의 배신, 자신에 대한 모멸 등으로 괴로워하다 순간적 실수에 의한 뇌진탕으로 죽는다. 『전설』에서 오택부가 맞이한 최후와 다를 바 없는 종적들을 보여주는 것이다. 이들과 같은 인간형으로 장용학이 발

---

29 장용학의 인물 이름 짓기는 매우 용의주도한 점이 있다. 이 장은 현재 역사의 장章, 오택부는 오직 부를 택한 인간, 시평은 이 시대를 평정하는 인물이란 의미를 각각 감추고 있다.

표한 유일한 희곡 「일부변경선근처」(『현대문학』, 1959년)에도 이치우란 패덕한 아비가 있으며 여기에도 사생아가 등장하고 있으니 장용학의 아비에 대한 부정과 반감은 집요하다 할 만한 것이다. 아비에 대한 부정과 신랄한 비판은 무려 20년 넘게 그의 작품 세계의 중요한 주제가 되고 있기 때문이다. 특히 『태양의 아들』은 장편이요, 나머지 두 편은 중편인데 작품의 분량 면이나 이들 작품들이 10년을 격해 창작된 것임을 상기하면 부부재 의식 혹은 아비 부정은 장용학의 필생의 주제라 해도 과언이 아닐 정도이다.

장용학의 이러한 부부재 의식은 도대체 어디서 기원한 것일까? 이 물음에 답하는 것은 전항에서 문제 삼은 장용학 문학의 아이러니를 해명하는 것이면서 장용학 소설의 의미와 의의를 규정하는 일이 될 터이다. 우선 용학의 부부재 의식의 근저에는 작가의 생장배경과 관련하여 아비를 부정할 만한 정신적 외상이 있었을 것임을 짐작해 볼 수 있다. 그러나 이는 작가의 생장배경이 전혀 베일에 싸여 있어서 확인할 수 없는 일이다. 또 설령 그러한 자료가 발견된다 하더라도 이는 작품의 발생적 기원을 확인하는 데 도움을 줄 수는 있겠지만 문학적 가치평가와는 무관한 일이 된다. 결국 우리가 수행해야 할 것은 사회적 역사적 맥락의 텍스트 해석이다. 이런 관점은 앞서 지적한 부부재 의식의 몇 가지 함축적 의미 중 셋째 항목으로 우리의 시선을 다시 이끈다.

아비란 이 사회의 규범과 질서, 금기를 상징하는 존재이다. 이러한 존재의 부재를 용학이 '80년대 말까지 환기시키고 있다는 것은 작가의 우리 근현대사에 대한 부정적 시각을 대변하는 것에 다름 아니다. 다시 말해 장용학은 우리의 근현대사란 정의와 올바른 규범이 결핍된 오탁의 현장이며 그런 만큼 근현대사를 주도한 인물들은 표리부동, 음모와 부정, 자기기만적 욕망으로 가득한 인간이란 불신을 독자들에게 환기시키는데 주력해 왔다는 것이다. 장용학의 이러한 근현대사 파악은 『전설』을 제작한 아방가르드한 해체적 사유와는 모순된 듯하지만 이것이 앞서 『전설』을 논할 때 이미 거론한 것처럼 전후 한국사회의 혼란과 황폐가 조성한 허무로부터 비롯된 것임을 상기한다면 그리 모순된다거나 아이러니컬하다 할 것은 아니다. 왜냐하면 용학의 일관된 관심은 전위의 맹목적 전취前取에 있었던 것이 아니라 인간을 인간으로서 성립할 수 있게 하는 조건 혹은 정의와 자유가 한 짝이 된 유토피아니즘의 갈구 그것에 있었기 때문이다. 이는 그의 작품들에 등장하는 선한 인간형들이 선뜻 결단하고 행동하는 영웅적 인물들이 아니라 선택 앞에서 주저하고 망설이며 두려움에 떠는 인물들인 점에서도 입증된다. 장용학의 못된 아비에 대한 비난은 이러한 인물들이 평화롭고도 건강한 삶을 살지 못하는 현실에 대한 항변의 다른 표현이다. 이런 측면에서 평가한다면 용학의 인과응보적 이분법은 정의가 규범과 제도로 정립된 합리적인 근대사회에 대한 갈망의 다른 표현이라 할 수 있는 것이다. 그리고 이를 위해 그는 비판적 지성의 역할을 외롭고도 줄기차게 해낸 것이라 할 수 있다. 그의 외롭고도 의로운 비판 정신은 '7, 80대에 걸쳐 전개된 지식인들의 반독재 투쟁의 전사前史에 값한다.

장용학 소설 세계의 의의를 이렇게 평가하더라도 우리는 그의 후기 소설들이 부부재 의식의 변용에 머물면서 새로운 전개를 보이지 못한 것에 대해서는 아쉬운 시각을 가질 수 있다. 비록 드문드문 발표한 소설들이지만 새로운 문제 제기라든지 형식과 내용의 진화까지 포함한 소설적 변모가 보이지 않기 때문이다. 그의 소설이 『원형의 전설』에서 정점을 이루고 그 이후 더 이상의 진경進境을 보이지 못한 데는 몇 가지 이유가 추정된다. 우선 그의 사유와 경험의 핵심 동력은 역시 전후인 '50년대로부터 성립되었다는 점이다. 처참했던 전쟁과 전후의 참담했던 현실은 그의 사유의 원형질이 될 수밖에 없었던 것이다. 둘째, 그의 언론 투신을 들 수 있다. '60년대 초부터 교육자에서 언론인으로 전신한 이후 창작 여건은 아무래도 제한될 수밖에 없었을 것이다. 셋째, 그의 세계인식과 관련한 것으로 그의 소설 세계는 고결한 자아 혹은 의로운 자아가 거의 초월적 위치라 할 만한 지점에서 속악한 현실을 부정 비판하는 것임을 이미 읽었지만 장용학은 '70년대 이후에도 이러한 현실 인식을 한 치도 바꿀 수 없었던 모양이다. '87년 이후의 은둔에 가까운 칩거는 속악성이 제거되지 않는 현실에 대한 무언의, 그리고 외로운 저항의 굽힘 없는 표현으로 이해된다.

3) 일본 부재론

장용학에게는 다른 작가들이 거의 다루지 않은 한일 고대사 문제를 소설화한 작품이 두 편 있다. 「상흔」(『현대문학』, 1974년 1월호)과 「부여에 죽다」(『현대문학』, 1980년 9월호)가 그것이다. 이들은 소설의 외양을 빌린 일본 비판론이라, 소설 미학적 측면보다는 작가의 메시지 전달 의도에 맞춰 읽을 때 의미가 있는 작품들이다.

「상흔」은 일본인들의 소인근성과 연관하여 일본 부재라는 신랄한 비판에 이르는, 작가 특유의 논리적 비약과 시니시즘이 엿보이는 단편이다. 이 작품에는 일본인들의 자부심이자 국가관의 근간이 되는 천황제와 황국사관이란 일본인들이 오직 조선을 멸시하기 위해 고안해낸 열등의식의 산물이라는 작가의 독특한 발상이 담겨 있다. 일본이 천손민족이란 것을 증명하려면 일본민족의 기원이 되는 조선을 부정해야만 그것이 가능해지는데 그것을 위해 역사 왜곡을 일삼은 째째한 일본은 결국 부재라는 표현을 얻는 것이 마땅하다는 것이다. 그러나 이러한 비판을 건네는 작가의 자세는 신중하다. 그 신중함이란 이러한 비판도 실은 일본에게 식민통치를 당한 피해자의 열등의식에서 비롯한 것이 아니냐는 자의식으로 나타난다. 주인공 병립에게서 독특한 일본 비판을 들은, 지한知韓 일인이면서도 역시 시니시스트인 도시오란 인물은 병립의 일본 비판에 '열등의식에서도 그 나름대로의 꽃은 피는구나' 라 빈정거리는데 이는 작가의 자의식에 다름 아닐 것이다. 작가의 이러한 자의식은 결국 일본에 대한 객관적 인식의 노력의 산물일 터인데 아닌 게 아니라 작가는 병립은 병립의 입장에서, 도시오는 도시오의 입장에서 한일 간의 관계사를 보는 것을 용인하고 있다. 이러한 시각은 병립이 한국 아버지, 일본 어머니라는 혼혈 후손으로 설정한 된 데서 드러나는 것처럼 한일 간의 관계란 상호 영향사란 것을 인정하는 유연함 또는 객관적 시각의 산물이다. 병립이 도시오의 동생 시즈에와 사랑에 빠지면서도 결연을 거부하는 것은 상처받은 자의 피해의식은 그것대로 인정해야 한다는 객관적 시각에 기인한 결말이다.

그러나 작가는 이 단편만으로는 나름의 일본 통찰을 다 드러내지 못했던지 「부여에 죽다」로 일본론을 보완한다. 여기서는 임나일본부설, 기마민족도래설 등이 매우 꼼꼼하고 치밀하게 거론되고 있어 역사적 이슈에 관한 작가의 탐구열을 충분히 엿보게 한다. 이러한 열정과 탐구욕이 결국 『허구의 나라, 일본』(일월서각, 1984)이란 본격적 일본론의 상재로 이어졌을 것이다. 「부여에 죽다」는 일본인의 입을 빈 일본 비판이 기둥 줄거리인지라 소설적 구성이나 사건 전개가 결여되어 있다. 다시 말해 소설 양식을 빈 일본 비판론이라는 이야기다. 이 점은 「상흔」보다 더 노골적이다. 그렇지만 작가 의식의 중요한 단면이 드러나 있음을 엿볼 수는 있다. 이 작품에서 '하다나까' 라는 지한知韓 일인은 아비의 잘못을 속죄하러 한국을 알려고 왔다가 한 한국인 처녀를 알게 된다. 그 처녀의 고향은 부여 근처의 어느 시골. 하다나까에 의하면 삼국 중에서도 문화적 선진국이었으며 일본문화의 원류가 된 백제문화가 흥기한 곳이다. 자신의 아이를 가진 처녀가 아이를 낳다 죽은 것을 뒤늦게 알게 된 하다나까는 이곳 부여에서 실연과 속죄 의식으로 자살로 삶을 마감한다. 정점에 이른 갈등이 자살로 종결되는 것은 용학의 작품이 종종 드러내는 작품의 결구이다. 이는 필자가 앞선 장용학 론(1)에서 지적한 바 있듯이 매저키즘적 무의식의 산물이어서 속악한 현실을 앞지르려는 주체의 저항 방식이라 할 수 있다. 그러나 용학은 이러한 죽음을 하나의 대속, 또는 정화의 의례로 삼고 있음도 분명하다. 죽음으로 맺는 대부분의 파국적 종말은 그런 인위적 의도 때문이 아니면 그처럼 빈번할 리 없기 때문이다. 어쨌든 이를 통해 장용학은 일인조차 용서하고 포용하려는 화해 의지를 내비친 셈이다. 비록 속죄하는 일본인, 자신의 죄과를 아는 일본인이라는 단서가 붙어 있는 셈이긴 하지만.

4. 맺는말

장용학은 우리 문학에서 매우 특이한 족적을 남긴 작가이다. 난해하고 실험적인 모더니즘 성향의 작품 성격에서뿐만 아니라 문단과도 발을 끊고 살다시피 한 삶의 이력 등에서 그러한 특이성은 물씬 묻어 나온다. 이 논문은 참으로 개성적이었고 독보적인 작품 세계를 이룬 장용학의 전체를 규명하고자 쓴 것이다. 아래에 논의된 바를 정리하면서 장용학의 문학사적 위상을 짚어 보려 한다.

장용학의『원형의 전설』은 형식과 내용의 양면에서 매우 전위적인 작품이다. 비평과 창작, 문학과 철학이 잘 구분되지 않는 형식, 우연성에 의

지한 사건 전개, 근친상간으로 대변되는 현실 초월 의식 등은 니체 철학에 영향받은 해체적 사유가 그 근간이 되었음을 우리는 확인할 수 있었다. 그리고 이러한 해체적 사고의 탄생 배경은 장용학의 문학적 원형질인 전후 한국의 황폐성과 불모성에 있는 것임도 동시에 확인하였다.

『원형의 전설』은 이 작품 이후 제작된 소설들의 원형을 이룬다. 특히 부부재 의식은 장용학의 후기작들을 추동하는 가장 중요한 모티브이다. 그의 부부재 의식은 박정희 정권이 추진하는 근대화에 대한 비판으로 이월되어 강한 정권 비판적 성격을 띤다. 그러나 사실은 그의 근대화 비판은 인간적 삶이 보장되는 사회에 대한 갈구－유토피아니즘의 다른 포현이며 근대적 합리성이 정립된 사회에 대한 갈망의 다른 표현이었다.

특히 후자와 관련하여 우리는 장용학 문학의 문학사적 위상을 가름할 수 있다. 최근 『원형의 전설』이 근대성 비판이라는 지적이 제출되고 있으나 장용학은 근대성 혹은 이에 기반한 이데올로기를 비판한 것이 아니라 오히려 이성과 양식이 통용되는 근대적 시민사회를 열렬히 갈망한 작가라 함이 마땅하다. 필자는 장용학을 논한 앞선 논고에서 장용학을 근대와 전근대 사이에 위치한 작가라 평가하였거니와 이런 지적은 장용학의 작품 전부를 분석하고 난 지금에도 변경될 이유가 없음을 확인한 셈이다.

일본 비판을 목표한 단편들은 소설적 완성도보다는 장용학의 대속의식을 확인케 하는 근거라는 점에서 의미가 있었다. 그의 후기작들이 비록 양적으로나 질적으로 『원형의 전설』을 뛰어넘은 진경을 보이지는 못했으나 『원형의 전설』에서 이미 보인 높은 문학성, 인간적 삶에 대한 그의 한결같은 추구, 그와 연관한 비판정신은 우리 정신사와 문학사에 길이 남을 기념비적 의의를 가지는 것임에 틀림없다.

솔직한 폐쇄, 그 성취와 위험
― 하일지의 『경마장…』 시리즈에 대하여

1

 문학은 우리들 삶의 도처에 함정처럼 놓여 있는 불안과 두려움을 걷어내는 중요한 정신의 기제이다. 그것은 안정되고 조화로운 삶에 요구되는 여러 조건들의 결핍―건강한 심신, 공정한 분배, 애정의 결핍과 같은 일차적이며 감각적 요인들에서부터 자유, 정의, 평등과 같은 추상적이며 포괄적인 요인들의 결핍이 빚어내는 불안과 공포를 면밀히 주시한다. 이러한 주시로부터 삶을 서스펜스에 가득한 그것으로 조성해내고 그 속의 인물이 공포에 대항하는 방식을 통해 문학의 향수층은 주체적 자유의 다양한 진로를 발견할 수 있게 된다. 물론 문학의 기능이 이에 한정되는 것은 아니지만, 문학이 우리들 삶의 현실에 미만한 불안과 서스펜스에 민감히 반응하고 그것의 극복방안을 제시하기에 힘쓰는 것은 부인할 수 없는 문학의 순기능이다.
 우리는 지금 이곳, 격심한 변화가 일상사가 되어있는 오늘의 한국사회에서 지금까지 경험한 바 없던 새로운 불안과 두려움에 직면하여 문학의 예민한 더듬이가 미세하게 떨리고 있음을 본다. 그것은 징후적이기에 아직 미세한 전율로 나타난다. 그러나 그 징후는 제법 확실한 체계를 갖추고 있다. 어떤 불안이 체계를 갖춘 것에 안도하면서, 나는 그 징후를 다음과 같이 정리하고자 한다.

불안의 첫 번째 징후로 현상하는 것은 이른바 '총체성의 위기'이다. 이러한 징후의 등장은 얼마되지 않는 시기에 비롯한 것임을 우리는 잠깐의 통시적 성찰로서 감지할 수 있다. 적어도 '80년대까지 우리에겐 사고와 행위가 지향해야 할 이념적 정향들이 존재했었다. 우리들 삶의 질적 차원을 개선하기 위해 우리는 사회 구성원을 감싸고 있는 정치적·경제적 여건들에 대해 숙고하고, 진보적이거나 혹은 전통적인 이념틀을 선택하였으며, 그 이념틀을 통한 세계의 주시가 다소의 오류를 초래할지라도 적어도 우리가 택한 이념적 정향이 빚는 대립과 갈등은 변증적으로 지양되어 더 나은 미래를 가져올 것이라는 믿음들 속에서 살아왔다. 그러나 이제 총체성의 획득을 위하여 자신의 모든 정열을 기투企投한다는 총체적 열정의 시대는 사라져가고 있는 듯이 보인다.

이것의 증거는 대설大說 혹은 거대담론들이 그것을 회의하는 해체지향의 비판적 담론가들에 의해 서서히 무너져가고 있는 현실에서 포착된다. 거대이론을 비판적으로 해부하는 담론들은 세계를 명백히 이원적으로 분할하고 그 대립의 지양·발전으로 세계가 최종적 완성으로 줄달음쳐 간다는 헤겔적 사고에 강한 거부반응을 보인다. 그들에 의하면 자아와 비아, 진리와 허위, 내면과 외면, 현상과 본질 사이의 굳은 경계는 쓸모없는 것이 된다. 일대일의 엄밀한 대응이 불가능한 기표와 기의의 대립명제를 설정하는 것처럼 이러한 대립적·분할적 사고는 단지 위계화된 대립을 통하여 중심적 현존—권위를 확보하려는 이성주의자들의 비이성적 흉계이다. 현실적으로 사회주의권의 몰락을 보는 우리들에게, 위의 인식이 담은 정합성은 고통스러운 불안을 야기케 한다.

불안과 동요를 촉발하는 또 하나의 유인은 자본과 기술이라고 하는, 살아 꿈틀대는 자족적 생명의 무한한 팽창성이다. 이것은 첫 번째 징후를 배태한 요인이기도 하며, 첫 번째 요인에 의하여 더욱 고무되는 듯이 보이는 요인이기도 하다. 물물교환의 불편을 감소하기 위해 교환수단으로 채택된 이래 화폐는 인간의 욕망을 해결해 주는 절대적 신으로 군림해 온지 오래다. 그것-화폐 즉 자본의 소유는 사물의 소유이며, 자본에 순종하며 사람을 현혹하는 무언의 사물들은 무궁무진하고 눈부신 윤택함의 이미지로 우리들 삶에 깊숙이 침투해 있다. 그 이미지를 실재로 현현하기 위해서는 기술의 무한한 개발이 또한 필요하다. 기술의 개발은 인간의 과업을 더 능률적으로 처리할 수 있게 해주며 이러한 개선된 작업에 의해 산출된 잉여가치는 자본의 확대 순환을 가능케 한다. 오늘날 컴퓨터가 모든 사람들에게 초미의 관심사가 된 것은 이것이야말로 기술의 총화이며 최고의 이윤을 얻게 해주는 정보기술시대의 총아이기 때문이다.

마르쿠제가 말한 바 일차원적 삶으로의 진입이 뚜렷해 보이는 오늘 이곳의 현실은 그 기술성과 단편성으로 하여 총체적 혹은 인문적 가치지향에 익숙해 왔던 우리들에게 하나의 불안 요소임이 틀림없다. 물론 이런 조짐은 문학 세계 안의 중요한 지적 관심 사항일 따름이고 우리의 현실 안에서는 극히 작은 현상이기 때문에 너무 우려할 필요가 없다는 위무의 발언이 있기는 하다.[1] 그러나 우리의 문화 현상 전반에서 그러한 조짐들은 안개처럼 피어 오르고 있으며(미술, 영화, 드라마 등에서 드러나는 새

---

1 『문학』 창간호(두리 · 1991) 특집좌담 중 68면, 김우창 교수의 발언 참조.

로운 조짐들을 여기서 기술할 여백은 없다) 특히 이를 형상화한 소설 작품이 이미 제출되어 있지 않은가? 그리고 그 작품이 긍·부정간에 이러한 조짐들을 잘 반영하고 있는 데서 우리는 그 불안과 두려움의 원천을 말소할 수는 없는 일이다.

그 작품이란 바로 하일지가 발표한 일련의 『경마장…』 시리즈들이다. 이 작품들은 작가 자신이 감지한 새로운 불안을 새로운 형식 속에 담고 있는 것으로 보인다. 나는 이 글에서 새로운 불안의 구체적 세부와 그것을 담은 형식이 일치함을 보이고 이 작품이 의도하고 있는 불안의 극복 방식의 긍부肯否를 논해볼 셈이다. 그동안 이 작품은 박래적 모조품이라 하여 혹평을 받기도 했고 우리 소설의 새로운 경지를 개척한 작품으로 찬사를 받기도 했는데 나는 이러한 평들의 정부正否를 넘어 작가 자신의 개인적 욕망을 문제 삼을 작정이다. 소설은 철학, 역사, 윤리, 교육 등 모든 학제를 포괄하는 인간학인 만큼 하일지의 소설을 논하면서 나는 동요하는 시대에 새로운 문학적 정향을 찾고자 하는 나의 관심을 침투시켜 보고자 한다.

2

『경마장 가는 길』, 『경마장은 네거리에서…』, 『경마장을 위하여』 – 이 세 편의 소설은 각각의 스토리는 다르지만 연작이라 할 만큼 강력한 연결고리를 갖고 있다. 이 세 편의 소설들은 작가의 의도적 조작에 의해 긴밀한 상호텍스트성을 유지하고 있음이 두드러진다. 가령 인물의 설정을 보자.

『경마장 가는 길』의 주인공은 R, 『경마장은 네거리에서…』와 『경마장을 위하여』(이하 같은 작품을 지적할 경우 편의에 따라 『가는 길』, 『네거리』, 『위하여』로 줄여 씀)의 주인공은 K이다. 이중 후자 두 편의 주인공인

K들은 R의 흔적이 침투되어 있는 인물들이다. 왜냐하면 K란 인물은 『가는 길』의 R이 자신의 어처구니없는 좌절과 패배의 경험을 형상화해야겠다고 마음먹었을 때 등장한 그 K이기 때문이다. 그리고 R과 두 사람의 K는 지시 대상이 분명하지 않는 '경마장'에 대하여 그리움과 열망을 품고 있는 점에서도 공통적이다. 심지어 『네거리』에서의 K는 느닷없이 J를 떠올리기도 하는데 이는 바로 『가는 길』의 그 J임을 작가는 그녀의 가슴에 있는 흉터로써 의도적으로 상기시켜 주기도 한다. 인물의 설정에서 상호 연관된 고리로 묶이는 이 작품들은 그러므로 일종의 피카레스크식 구성을 가진 연작소설의 형태로 보아도 좋다. 이로부터 우리는 이 작품들이 동일한 세계인식의 지평 위에 기반하고 있음을 강하게 암시 받는다.

과연 작가는 세 작품의 구성에서 처음과 끝이 대칭을 이루는 수미상관한 기법을 통하여 이들 작품이 동일한 세계 이해의 내용을 담고 있음을 의도적으로 현시하고 있다. 『가는 길』의 경우 작품의 서두는 R이 공항에 도착하는 것으로 시작하여 결미結尾 역시 R이 공항에 도착하는 것으로 끝맺는다.

> 2월 16일 R이 돌아왔다. 어쩌면 2월 15일 또는 17일이었던지도 모른다. 지구를 반 바퀴 돌아왔기 때문에 막상 도착했을 때 그는 곧 시간의 혼동 속으로 빠져들고 만 것이다. 도착하면 몇 월 며칠 몇 시가 되는가 하는 데 대해서는 미리 충분히 계산해 두었어야 옳았을 것이다. 그러나 20여 시간의 비행기 여행 동안 줄곧 심한 두통과 불면, 그리고 알 수 없는 불안에 시달리느라고 그런 것에 대하여 전혀 생각하지 못했다. 그러나 중요한 일이 아니다. 시간이라는 것은 어떤 식으로든지 그에게 주어졌다.
>
> ─『경마장 가는 길』(9면)

이와 같은 서두는 작품 결미에 단지 R이 K로 바뀔 뿐 똑같이 재현된다. 이런 식의 구성은 『네거리』에서는 K가 작품의 시작과 끝에서 경마장의 위치를 거듭 확인하는 대목으로, 『위하여』에서는 K가 신검을 받기 위해 내린 역전 광장에서 오줌을 갈기며 수를 세는 장면으로 일관된 양상으로 나타난다. 시작과 결말을 이처럼 전후 대칭되게 꾸민 것은 텍스트를 열린 상태로 두려는 이 작가의 구성상의 전략으로 읽힌다. 다시 말해 작가는 시작이 끝이며 끝이 시작임을 알려서, 종래의 소설들이 마침표와 함께 갈등의 극적 해소를 지향하던 것과는 달리 그 자신의 소설을 완결된 어떤 것으로 닫아 두려 하지 않는다.

대개 새로운 구성은 새로운 인간형의 등장으로부터 오는 것이며, 새로운 인간형의 창조는 새로운 인식의 각성을 수반한 인물로서 가능한 법이다. 『가는 길』의 주인공 R은 작가의 흔적이 진하게 묻어 있는 인물이다. 이는 작가 자신이 서문에서 "이 글에 묘사된 모든 것이 비록 작가의 상상에 의해 이루어졌다고는 할지라도 엄격히 사실에 의존하고 있음"을 알린 데서, 또는 R의 약력이 작가 사신의 그것과 일치하는 데서 명백히 드러나는 일이다. 작가의 분신이라 할 R은 여태까지의 소설적 인물과는 다른 인식을 보여주는 새로운 타입의 문제적 인물이다. J와 끝이 보이지 않는 갈등을 거듭하던 R은 그가 현실을 보는 시각을 이렇게 말한다.

> 나는 한국에 돌아온 지 이제 거의 한 달이 됐지. 그동안 나는 흡사 내가 허구의 세계 속에 살고 있다는 생각이 문득문득 들어. 가령 길에서 보는 사람들의 표정 하나하나가, 버스에서 듣는 대화 토막들이, 그리고 지금 저기에서 숨을 마시고 있는 남자들의 동작 하나하나가 나한테는 허구적으로 보여. 왜냐하면 그런 것들은 모두 그 원인도 결과도 그리고 의미도 알 수 없는 것들이기 때문이지.
> ―『경마장 가는 길』(218면)

R에 의해 피력되는 이 세계의 운행방식은 원인도 결과도 의미도 알 수

없는, 다시 말해 인과성이 결여된 세계이며 '도저히 자초지종을 알 수 없을 만큼 혼란'스럽기에(221면), 총체성을 발견할 수 없는 세계이다. 앞서 인용한 이 작품의 서두에서 R이 자신의 귀국일자에 혼동을 일으키면서도 그것을 중요치 않은 것으로 치부해 버리는 데는 인과의 고리가 없는 불확실한 세계에서 시간의 선조적線條的 진행에 강한 회의를 표명하는 작가의 시선이 묻어 있다.

원인과 결과를 포착할 수 없는 이 세계이기에 세계를 반영하는 방식 또한 달라지지 않을 수 없다. 작가가 할 수 있는 일은 다만 현전하는 사실들을 세밀하게 추적하는 방법뿐이다. 따라서 작가는 "나는 어떤 사소한 것도 일반화하기를 주저한다"(작가의 말, 603면)고 말한다. 현실 세계의 모든 사상事象은 '그렇게 기능적이지도 일사불란하지도 않'기(같은 곳) 때문이다. 이럴 때 재현represent은 불가능하다. 그것은 인간과 인간이 처해 있는 현실을 임의로 자작하고 왜곡하는 것이 되고 만다. 단지 제시present만이 작가의 가능한 일로 남는다. 『경마장』 시리즈 전편에 등장하는 미시적 묘사의 거듭된 반복은 이로부터 비롯한다. 『가는 길』에 나타난 지루할 정도의 세부적 장면 묘사—가령 R의 대구 본가의 셋방 정경, J의 변심 이후 전화하는 장면 등이 인상적이다—와, 『네거리』에서 거듭되는 자기 행위의 과정에 대한 집요한 추적은 총체적 인식이 불가능해진 이 세계에서 자신의 현존을 확인하려는 불안한 자아의 강박적 사유의 소산으로 이해된다.

그렇다면 세계는 왜 이리도 지리멸렬한 것이 되어 버렸을까? 자아의 현존 너머로 총체성은 사라져 버렸다는 인식의 체험적 근거는 무엇일까? 우리는 그것을 세 작품에 공통적으로 미만한 현상적 불안 그 자체로부터 찾아볼 수 있다. 그 불안은 존재가 대상 세계에 침투하지 못하고 끊임없이 미끄러지는 데서 오는 불안이다. 대상의 현존을 확인할 수 없음, 그리고 그것에 침투할 수 없음—달리 말해 『경마장』을 감싸는 불안의 핵심은 '소외'이다.

『가는 길』의 R을 절망케 하는 것은 J, 또는 J라는 익명으로 대변되는 이 세계와 결코 합일할 수 없음이다. J로 말하자면 R이 한때 그와 한 몸이나 마찬가지로 여기고 그녀를 "기쁘게 해주기 위하여"(299면) 학위논문까지 써주었던 인물이고, R이 "필요로 하는 것이 무엇인가를 알아내고 무엇이든 해 준"(268면), 분리된 타자가 아니라 '이당티테identite'를 같이했던 인물이었다. 그 J에게 한국에 돌아온 R은 가까이 다가가지 못하고 계속 그녀의 주변을 미끄러진다. J는 이미 옛날의 J가 아닌 것이다. 아니, J는 옛날 그대로의 J이다. 프랑스에서 R이 그녀의 논문을 대신 써주면서 작업의 고통 때문에 짜증을 부릴 때 J는 다급함 때문이기도 했지만 이미 "돈을 줄 테니 제발 화를 내지 마라"(267면)고 할 줄 알았던 인물이다. 그리고 이제 한국의 J는 "남들처럼 시집가고 싶은"(241면), 인격 시장에 내어놓을 수 있는 자신의 가치를 인식하는 J이다. 다시 말해 그녀는 현대사회를 지배하는 교환의 원리를 본능적으로 감각하고 있는 인물인 것이다. 그녀에게 이제 R은 가난하고, 까탈스럽고, 사랑의 이름으로 끝없는 헌신을 요구하는, 교환가치를 상실한 인물이다. 이러한 J로부터 R이 소외당하는 것은 자연스런 일이다.

그러나 R이 소외당할 수밖에 없는 조건은 R 자신의 내부에도 있다. R 역시 J를 인격을 가진 교환의 대상으로 인식한 혐의를 다분히 가지고 있기는 마찬가지다. 그에게 J가 필요한 것은 자신이 필요한 것이 무엇인가를 알아 옆에서 보조해 줄 수 있는 인물이기 때문이고, 그런 점에서 "늘 어떤 실제적인 연대의식"(377면)을 가질 수 있었던 인물이기 때문이다. 그러므로 R이 프랑스에서는 두 사람이 완전히 합치할 수 있었다고 믿었던 것은 그 자신의 환상이었을 따름이다. 사랑이란 실로 E. 프롬이 갈파한 것처럼 종종 인격시장에서 그들의 가치를 생각하면서 그들이 기대할 수 있는 것을 서로 이용하는 두 사람 간의 선의의 교환 이상의 것이 아닐 때가 많다는 지적은[2] R과 J의 관계에서 확연히 엿보이는 진실이다. 그러나 작품을 찬찬히 보면 R은 사실 인간 관계의 이러한 불모성을 진작 감지하고 있는 인물이다. 그는 "당사자의 인격을 최대한 배려"(267면) 하기 위해서 J에게 자신과의 관계를 지속할 것을 요구하는데 이는 그러한 교환가치로서의 사랑을 초월하려는 역설적 의지의 발로라 할 것이다. 그렇지만 그의 욕망은 달성될 수 없다. 인격시장의 상품은 그만이 소유할 수 없는 것이며 그 자신 하나의 상품으로 취급되는 것을 면할 수 없기 때문이다. W. 카우프만이 지적한 대로 소외는 이제 인간조건의 본질인 것이다.[3]

『네거리』의 K는 부당한 관례로 인하여 세계로부터 소외당한다. 대학전임에 응모하기 위하여 그에게는 세례증명서가 필요하다. 그리하여 그는 급조된 세례 교인이 된다. 그러나 이러한 위장은 스스로를 자신으로부터 소외시키는 원인이 되며 사회를 자기 자신으로부터 밀어내는 원인이 된다. 대상과 자아의 일치를 얻지 못하고 일탈된 자아는 한 소녀를 추행하는 도착된 백일몽에 끝없이 빠져든다. 여기서 추행이란 대상세계와 일치를 구하지 못하고 사회로부터 일탈된 자아가 경험하는 소외의 환유적 이미지이다. 『위하여』의 K는 강압적이고 부조리한 조직 또는 제도로부터 소외를 체험하는 인물이다. 군입대를 위한 신검을 받던 중 그는 조직의 질서 있는 운영과는 아무 상관이 없는 부당한 지시에 반발하다가 정신과적 정밀진단을 받고 군입영이 취소된다. 그는 단지 부당한 소외로부터 주체를 지키려

---

2 E. Fromm, 이규호 역, 『건전한 사회』(삼성출판사, 1982), 332면.
3 Walter Kaufmann, 「The Inevitability of Alienation」, 정문길 저, 『소외론 연구』(문학과 지성사, 1983), 11면에서 재인.

던 인물이었을 따름이다. 그럼에도 불구하고 정신과 군의관의 진단 소견에 의하면, 그는 "사유체계가 비현실적이고 황당무계하며, 납득할 수 없는 공상에 사로잡혀 있어서 도저히 군복무를 하기에 적절치 않은"(321면) 인물이다. 그는 일종의 정신질환자로 판정받은 것이다. 소외라는 말의 고전적인 의미가 정신이상자를 지칭한 것이었다는 견해를 참조한다면 조직에 반발한 K가 정신이상자로 판정받은 것은 참으로 시사적이다.[4]

지금까지 살펴본 바와 같이, 이유도 원인도 그 의미도 알 수 없는 이 세계의 모습은 바로 자아의 욕망이 세계와 일체화를 얻지 못한 인물이 포착한 이 세계의 모습이다. 자아가 바라보는 이 세상의 모든 사물들은 시간의 경과에 따라 그 정체성을 지속적으로 유지하고 있는지 의문스럽다. 하물며 사물이 물신으로 전화되고 사람과 사람 사이의 관계가 공동체적 일체화의 의식으로부터 이미 멀어진 불모의 이 세계에서 대상과의 합일을 바라기는 어려운 일이다. 소외는 그리하여 필연적이고, 대상세계의 총체성은 저 멀리 사라진다. 『경마장』 시리즈의 열려 있는 형식, 제시에의 집착, 미시적 세부의 치밀한 복원 등은 바로 이러한 소외가 결과한 오늘의 소설미학이라 해도 좋을 것이다.

3

R 또는 K의 참담한 소외를 보면서 우리는 자연스럽게 이러한 의문을 갖는다. 소외가 일상사처럼 되어 있는 오늘의 현실에서 그것을 극복하고

---

4 프랑스에서의 'aliene'이나 스페인어의 'alienado'는 원래 정신이상자를 기리키는 옛말이었다. 영어의 'alienist'는 아직도 정신이상자를 치료하는 의사를 가리키는 말로 쓰이고 있다. 프롬, 같은 책, 332면 참조.

그것으로부터 자유롭게 되기란 불가능한 일인가? 불행하게도 이 점에 대해 작가가 제시하는 보편적 구원의 방식은 없다. 모순된 삶의 관행에 처하여 주인공이 도착된 백일몽 속을 헤매는 『네거리』는 말할 것도 없고, 부조리한 규율과 집단을 고발한 『위하여』에서도 구체적인 비전의 제시는 드러나지 않는다. 그리고 이는 당연한 현상이라 할 수 있다. 왜냐하면 이유도 원인도 알 수 없는 총체성 부재의 세계에서 소외를 극복할 보편적 대안을 찾는다는 것은 무모한 노력일 것이기 때문이다.

그러므로 『경마장』 시리즈는 소외 극복의 보편적 대안을 제시하지 않는다. 그것은 보다 단편적이고 개별화한 양상으로 드러날 따름이다. 그 특수한 양상은 R이 J의 앞날을 위해 R과 타협하러 온 J의 부모에게 자신의 심경을 전할 때 단서를 드러낸다.

> 물론 제가 J선생 논문을 많이 도와주었던 것은 사실입니다. 그러나 저도 J선생의 도움을 많이 입었던 것도 사실입니다. 가령 J선생 때문에 저는 어쨌든 객지에서 몸 건강히 잘 지냈는지도 모릅니다. 게다가 J선생은 제가 논문을 쓸 때 여러 가지 귀중한 자료들을 저보다 더 잘 찾아다 주었습니다. 그 덕분에 제 논문도 질이 많이 높아졌다고 할 수 있을 것입니다. 사실 말이 나왔으니 말인데, J선생은 비록 논문을 쓰는데 제 도움을 많이 입었다고는 하지만 충분히 박사라고 할 만한 여러 가지 능력이 있는 사람입니다.
>
> ─『경마장 가는 길』(567면)

R은 이제 이해와 관용으로 J와 화해하고자 한다. 이와 같은 이해의 이면에는, 시장의 원리가 지배하는 이 사회에서 서로가 욕망의 달성을 위해 서로를 수단으로 간주하였다는, 초연해진 자아의 반성적 자아의식이 자리하고 있다. 자신의 내부에 자리한 욕망의 정체를 확인한 자아에게 이제 나와 너의 경계는 허물어진다. 나만이 진실했던 것도 아니며, 너만이 허위였

던 것도 아니다(R이 J의 부모를 만나기 직전 절에 다녀왔다는 것은 시사적이다). R의 이러한 초탈한 의식은 R의 아버지의 입을 빌려 더욱 강조된다.

> ─그런데 한 가지 부탁할 것이 있는데, 주사가 따님한테 가시거든 이 말 한마디는 꼭 전해주십시오. 그게 뭔고 하니 …(중략)… 만약 주사 따님이 차를 타고 가다가 우리집 애가 걸어가고 있는 것을 본다면 그냥 차 안에서 손을 들어 인사하지 말고 차에서 내려 악수도 하고 인사도 하라고 전해주십시오.(같은 책, 574면)
> ─내가 언제 그 처녀를 한 번 만날 수만 있다면 고맙다는 인사를 할텐데.(같은 책, 575면)

R의 아버지는 삶의 체험적 지혜로, 이해를 넘어선 인간관계의 회복을 설유한다. 요컨대 인간을 인간 자체로 보자는 인간회복 선언이 온건한 항의조에 실려 전달된다. R이 J와 화해키로 한 계기를 이런 곳에서 찾아볼 수 있으므로 우리는 『가는 길』의 갈등해소가 결국 초연한 자아가 획득한 이해와 사랑이라는 휴매니스틱한 지점에서 풀린다는 암시를 받을 수도 있다.

그러나 이것은 『경마장』 시리즈가 제시하는 진정한 구원의 방식은 아니다. 왜냐하면 R은 J가 "무엇인지는 모르지만 혹시 무엇인가 오해하고 있는 것이나 아닐까?"(577면), 그리고 덧붙여 "무엇인가를 확인하기 위해서 다시 한 번 J를 만나"고픈 미련과 집념의 끈을 여전히 끊지 못하고 있기 때문이다. 이처럼 질긴 미망을 끊고 진정한 주체적 자유를 회복하는 방식을 그는 그러므로 다른 곳에서 찾지 않으면 안 된다. 그것은 자신의 일을 하는 것이다. 더 구체적으로 그것은 글쓰기이다.

R은 프랑스에서 돌아온 이후 자신의 일을 빨리 시작해야 한다는 사고에 거의 강박적으로 사로잡혀 온 인물이다. 그는 자신의 본분이 무엇인지를 명백히 자각하고 있다

> 나는 이 땅에서 무엇을 위해 살아야 하나? 나도 언젠가는 삼십 평 또는 사십 평짜리 공간을 소유할 수 있을지도 모른다는 희망 때문에 살아야 하는가? … (중략)… 그러나 나는 그런 것을 위해서 내 인생을 탕진하고 싶지는 않아. 나에게 보다 중요한 것은 내 일을 하는 것이다.
>
> ―『경마장 가는 길』(434면)

R이 갈망하는 것은 자신이 배운 전문―생각하고 쓰는 것―을 살리는 것이다. 그런데 자신의 이 일을 그는 J와의 관계를 "형상화해야겠다는 강한 충동"(576면)으로부터 발견하게 된다. 자신의 일을 하기 위해 J에게 유대의 지속을 끈질기게 요구했던 R은 아이러니컬하게도 J와 단절됨으로써 자신의 일거리를 찾은 것이다. 이러한 작업인 만큼 그것을 J에 대한 한풀이로 읽는 것은 적합하지 못하다. 그것은 교환가치가 판을 치는 이 세계에서 자신의 들끓는 욕망과 타자와의 그것 사이에 생기는 치열한 갈등을 배설해 버림으로써 자유롭게 되고자 하는 한 자아의 주체 회복의 전략이다. 다시 말해 글쓰기로써 R은 자아의 현존을 확인하고 스스로의 중심이 되며 대상세계와 자신의 합일을 구하고자 한다. 이와 같은 욕망은 『위하여』에서도 유사하게 드러난다.

『위하여』의 K는 군입영을 위해 신체검사를 받던 중 사병의 무리한 지시에 반발한다. 그의 반발은 완강하여 정신과에서 정밀진단을 받게끔 되는 사태로 발전한다. 여기에는 주체적 개인을 용납하지 않는 조직의 관행이 개입해 있다. 장군도 채송화 씨앗과 다름없다고 말하는 초연한 주체 K는 그러나 다행스러운 배척을 당한다. 그의 기질을 이해하는 도량있는 정신과 군의를 만나 "사회에 돌아가거든 좋은 작품 많이 쓰라"(301면)는 배려와 함께 귀향 처분을 받게 되었기 때문이다. 이 군의관이 K에게 장차 무엇을 하기를 원하느냐고 물었을 때 K는 자신의 욕망을 다음과 같이 우회적으로 드러낸 바 있다.

> ―가령 이렇게 생각합시다. 저는 훗날 극동예술학교 교장이 되기를 원한다고요.
> K가 말했다.
> ―극동예술학교?
> 소령이 물었다.
> ―예, 극동예술학교로 말하자면 장차 이 나라에 세워질 세계적인 천재학교입니다. 그 학교의 설립취지로 말하면 이 땅의 젊은 천재들을 모아 그들이 가지고 있는 천부적 능력을 계발하는 데 있습니다. 말하자면 이 땅에 가장 완전한 문화를 생산해 낼 사람들을 키워낸다는 말이지요.
> ―『경마장을 위하여』(229면)

이 대답은 비유적이므로 K가 자신의 현실적 소망을 말한 것이라 하기는 어렵지만 자신의 욕망의 편린을 보여주기는 한다. 그는 역시 글쓰기를 포함하는 정신노동 일반―문화를 계발하고 육성하는 일을 자신의 본분으로 삼고자 하는 것이다. 상호텍스트성을 가진 『경마장』 시리즈들에서 K는 R의 흔적을 가진 인물이며 R은 작가 자신의 흔적임을 밝혔거니와, 이렇게 볼 때 글쓰기가 자아의 소외를 극복하고 대상세계에 자신을 합일시키는 노동의 개념임을 이제 짐작하기 어렵지 않은 일이다.

그러나 글쓰기는 개인적 작업이다. 그것은 공동으로 이룰 수 없는 일이며 노동과 그 생산물이 일치하기를 바라는 수공업적 소생산자의 노동방식이다. 달리 말해 글쓰기는 그에 합당한 수공업적 천분을 타고난 자만이 할 수 있는 작업이다. 그러므로 R 혹은 K가 소외를 극복하기 위하여 자신의 일로 돌아간다는 것은 극히 개인적인 전략이다. 이것은 한편 솔직한 전략이기도 하다. 소외를 당하는 개개인의 욕망의 동기는 저마다 다를 것이기에 그것을 넘어서는 자유의 획득 방식은 저마다 다른 방식으로 체험할 일이다. 『가는 길』의 대단원에서 R이 자루를 들어 올리고 있는 시골 아낙들의 엇갈리는 시선에서 강렬한 인상을 받은 것은 이러한 인식과 관계되어 있다. 그는 타자의 엇갈리는 시선―서로의 내면을 침투하지 못하고 비끼는 욕망들의 산일散佚을 범상한 장면에서 우연히 포착한 것이다.

이제 글쓰기를 대상에 침투하여 개인의 소외를 극복하는 한 방식이라 보았을 때 우리는 경마장이 무엇인가 단서를 잡아볼 수 있는 지점에 이르렀다.

'경마장'은 『가는 길』의 해설자가 풀이한 것처럼 글쓰기의 공간, 소설적 공간이라 할 수도 있을 것이다. 그러나 이러한 규정은 협소해 보인다. '경마장'은 "내가 본 것에 대하여 이야기 해"(115면)줄 수도 있는 곳이며, 언젠가 누구에게선가 들은 기억이 있어 "다만 그 이야기를 기억하고 있을 뿐인"(같은 책, 562면) 곳이기도 하고, "지금 그 길을 걷고 있다는 증거"(『네거리』, 8면)가 필요한 곳이기도 하다. 가 보았으며, 간 적이 없고 그러기에 증거가 필요한, 역설로 가득 찬 공간―이곳은 바로 욕망의 집결지이다. 그 욕망은 구체적 보편성을 득한 그것이 아니라 개별화한 욕망의 총화이다. 총체적이며 보편적 소망이 집적된 이상향이란 이제 무망하다.

그리하여 세계에 의하여 종종 찢길 수도 있는 그 욕망의 공간은 때로 신문지처럼 공중에 떠서 흐른다.

> 나는 아직 한 번도 경마장에 가본 적이 없다. 따라서 나는 경마장이 어디에 있는지 알지 못한다.
> 오래 전에 언젠가 한 번은 누가 나에게 경마장에 대하여 이야기해 준 적이 있다. 나는 그에게서 들은 이야기를 다만 기억하고 있을 뿐이다. 그러나 나는 그가 누구였던지 지금 알 수 없다. 그가 말한 경마장은 어쩌면 이 도시에 있는 경마장이 아닐지도 모른다. 바람 부는 오후에 하늘 아득히 떠가고 있는 신문지처럼 경마장은 지금 공중에 아득히 흐르고 있다.
>
> ―『경마장 가는 길』(562면)

4

 그동안 하일지의 『경마장』 시리즈에 가해진 비판들 가운데 되새겨 볼 만 한 것 중의 하나는 그의 소설에 박래성이 다분하다는 지적이다. 이에 대해 작가 자신은 비판자들의 "다소 비정상적인 구석이 있는" 논리와 태도를 격렬히 반박했지만(「작가의 말」, 『네거리』, 243~245면 참조), 실상 이 작품이 드러내는 사고의 층위와 제작의 기법에서 박래적 요소가 배어 있음은 부인할 수 없는 일이다. 가령 작품을 일관하는 중요한 인식기반인 세계의 파편성과 현존의 불확실성에 대한 주목이라든지 구성에 있어 상호텍스트성의 의도적 채택은 서구에서 발생한 포스트모더니즘으로부터 전략적 입지를 계발 받은 흔적이 짙으며 상호 대칭적 구성의 기법은 역시 그러한 기법이 특징이 되어 있는 로브그리에의 「반사된 세 개의 장면(Trois visions reflechies)」과 같은 작품에서 기법적 힌트를 얻은 흔적이 엿보인다. 그러나 이처럼 서구적 사고와 기법의 흔적이 엿보인다 하여 그의 소설을 박래품이라 배척하고 말 수는 없는 일이다. 그의 소설들은 오히려 그러한 것들을 원용하여 오늘 이곳의 불모적 현실과 불안의 징후를 구체적으로 변용하는 데 탁월한 솜씨를 보여주었다. 그가 포착한 소외의 제증상과 고통은 우리가 직면하고 있는 우리들 자신의 모습인 데서 깊은 공감을 유발한다. 타자의 흔적이 없는 주체란 불가능하다면 그가 외래적 사고를 변용하여 현실의 구체성을 포착한 것은 비난할 일이 아니다.

 문제는 그의 소설이 박래적 흔적을 가졌다는 것에 있지 않다. 그보다 나는 그의 소설이 우리의 문제적 현실을 다성적多聲的으로 제시한 점을 높이 사면서도 그의 소설쓰기가 작가 자신의 소외를 극복하는 하나의 개인화한 전략의 차원으로 폐쇄되어 있음을 우려한다. 앞에서도 지적한 있듯이 작가는 현실에 미만한 소외를 극복하는데 있어 글쓰기를 통한 주체의 회복이란 방식으로 회귀하였다. 이와 같은 주체 회복의 전략은 작가 자신에게 고유한 문제 해결의 방식일 수는 있겠으나 그것이 이 세계에서의 소외와 불안을 체험하는 수많은 다른 주체들에게도 진정한 불안 해소의 계기가 될 수 있을지는 의문스럽다. 물론 본래의 자아를 확인하고 그것으로 돌아간다는 것은 욕망들의 충돌로 빈번히 찢김을 경험하는 산업 사회 속의 개인에게 그러한 고통을 걷어내는 중요한 기제임은 부인할 수 없다. 그러나 개인의 욕망에 대한 솔직한 응시가 우리들 삶의 불모성과 부조리를 걷어내기에는 그에 내재된 한계 또한 명백함을 본다.

가령 우리는 『경마장 가는 길』에서 초연한 주체 R이 자신을 포함한 등장인물들의 속물성을 남김없이 배설해 버림으로써 자신의 주체와 자유를 회복함을 보았다. 그러나 과연 욕망의 솔직한 배설이 모든 문제를 무화시킬 수 있을까? R과 J의 갈등은 R자신이 J를 초연한 주체의 입장에서 포용함으로써 끝났다고 하겠지만 R이 J를 위해 논문을 대필해 주었다고 하는 대사회적 규범이탈 행위조차 솔직한 폭로로써 면책되는 것일까? 폭로가 최선이라면 그는 유사한 실수 이후에 다시 또 폭로할 수 있을 것이다. 폭로는 또한 그의 글쓰기의 재료이므로 폭로를 위한 실수가 또 필요할지도 모를 일이다.

또한 폭로하는 주체의 솔직성은 누가 보장할 것인가? 글을 쓰는 주체 스스로 거듭 그 솔직성의 보증인이 될 수는 없는 일이다. 이러한 오류의 고리를 끊기 위해서 초월적 주체는 인간 공동의 생존이 요구하는 일치된 규범과 도덕률에 관계하지 않으면 안 된다. 그것은 주체를 회복한 자아가 대상에 자신의 노동과 정열을 투입함으로써 대상과 자아의 상호 삼투를 용인하는 방식이다.

나는 이제 기의와 기표의 불일치에 대해 생각한다. 과연 기의는 기표를 미끄러질 뿐이며 서로 양립할 수 없을까? 이러한 사고는 현상의 추출물이므로 현상적 차원에서는 부인할 수 없는 정합성을 가지는 듯이 보인다. 그러나 그 현상적 이론의 정합성을 넘어서는 또 하나의 이론은 그것을 거부한다. 왜냐하면 우리는 기표들의 연쇄를 통하여, 다시 말해 문맥을 통하여 최종적 기의에 다가갈 수 있기 때문이다. 가령 기호들은 흔히 불명료성 속에 감싸여 있지만 그 기호들의 연쇄는 – 문맥은 우리에게 그것들이 지시하는 의미의 포착을 가능케 한다. 대화의 중요성이란 이러한 사고로부터 오는 것이다. 대화는 현재보다 나은 미래를 지향하고자 하며 그럴 때 역사의식이 발생한다. 역사는 초월이란 이름 속에 자아와 비아를 방기하는 무책임을 용납하지 않는다. 만약 역사의 그물망 속에서 R의 글쓰기를 고찰한다면, 그것은 타락한 사회에서 있을 법한 하나의 진실을 드러내기는 했지만 방법적 측면에서 타락의 도가 지나친 측면 또한 없지 않음을 지적할 수도 있다. 한 주체의 초월을 위하여 희생된 이름 또한 그 글쓰기 속에서 선명히 보이기 때문이다.

나는 마지막으로 삶을 오연하게 굽어보는 초월한 주체 R에게 묻는다. 그대가 위치한 자리는 너무 높지 않은가? 그리하여 『경마장을 위하여』에서 한 철학도가 지적했듯이 "눈이 있어도 보지 못하고 귀가 있어도 듣지 못"할(211면) 위험은 없는가를. 소외된 자아가 주체를 회복한 것은 옳고도 바람직한 일이다. 그러나 이제 주체는 삶의 현장으로 내려와야 한다. 그리고 삶의 불안에 떠는 수많은 타자들과 대화를 나누어야 한다. 그럴 때 경마장은 공중에 떠서 흐르는 신문지가 아니라 더 많은 사람이 읽고 공감하는 진정한 욕망의 텍스트가 될 수 있을 것이다.

이해조 신소설의 재평가
— 소설미학적 성취와 한계 및 그 연원에 대한 분석을 중심으로

1. 머리말

이해조의 신소설에 관해서는 개별적인 연구 분석뿐만 아니라 신소설 전반에 걸친 연구에서도 반드시 거론되는 실정이어서 그에 관한 업적은 방대하게 축적되어 있는 실정이다. 이에 따라 임화가 이해조의 탁월한 시정 묘사를 고평함과 동시에 그 절충적 성격을 들어 비판한 이래[1] 이해조가 이룬 성취와 한계에 대해서는 많은 지적이 있어 왔다.[2]

---

1 임화, 「개설 조선신문학사」, 『인문평론』 15호, 1941.2, 140~143면.
2 이해조에 관한 연구 서지는 간접적으로 거론한 것까지 들면 방대한 양을 이룬다. 그러므로 그를 직접 연구대상으로 삼은 것 중에서도 두드러진 것만을 간략히 정리하고 다른 연구들은 본문 각주에서 언급한다.
임화, 같은 책.
전광용, 「자유종 – 신소설 연구」, 『사상계』 4권 8호, 1956.8.
이용남, 『이해조와 그의 작품 세계: 신소설의 갈등 양상 연구』(동성사, 1986).
최원식, 「이해조 문학연구」(박사학위논문), 『한국근대소설사론』(창작사, 1986).
한기형, 『한국근대소설사의 시각』(소명출판, 1999).
이용남 외, 『한국개화기 소설연구』(태학사, 2000).

그러나 이해조에 관한 다수의 연구 분석이 있어 왔음에도 불구하고 그의 신소설의 미학적 측면, 다시 말해 소설기법적 측면에서의 성취는 등한시 하고 있음이 의외롭다. 이것은 아마도 신소설이 정론적이거나 계몽적 성격이 강한 과도기적 장르라는 성격의 선입견이 작용하였거나 신소설은 구소설의 형식을 완전히 벗어나지 못했다는 시각이 이러한 측면의 평가를 심도 있게 기하지 못한 이유로 생각된다. 그러나 이러한 시각이 지닌 문제는 신소설 작가 및 작품의 수준을 총체적인 안목에서 평가하여 제대로 된 문학사의 서술을 기하는 데 있어 중요한 결함을 초래하게끔 한다는 데 있다.

이러한 반성으로부터 시작할 때 이해조의 신소설은 소설미학적 측면에서의 좀더 심도 있는 고찰이 요구되는 대표적 텍스트들이다. 왜냐하면 이해조가 창작한 신소설 중에서도 「구마검驅魔劍」(『제국신문』, 1908.4.25~7.23)[3], 「산천초목山川草木」(『대한민보』, 1910.3.10~5.31), 「화의혈」(『매일신보』, 1911.4.6~6.21) 이 세 편은 필자가 판단하기에 근대 리얼리즘 소설에 거의 근접한 미학적 성취를 보여주는 텍스트들이기 때문이다.[4] 임화는 이인직을 두고 "같은 신소설 시대의 작가 중에서도 가장 현대문화에 가깝고 또한 현대문학의 생탄을 위하야 직접의 산모"[5]라 평하였지만 신소설 발표상의 선점성을 제하면 사실 이러한 평가는 이해조에게 주어져야 마

---

3 「구마검」은 기왕에 단행본으로 발표된 것으로 알려졌으나 권영민에 의해 신문연재로 이루어진 것임이 확정되었다. 권영민, 「『제국신문』에 연재된 이해조의 신소설」, 『문학사상』, 1997.8, 180면 참조.
4 이 세 편이 이해조의 작품 중에서도 수작에 속한다는 것에 대해서는 위에서 언급한 논의들이 대체로 일치된 견해를 보인다. 그러나 미학적 측면에서 근대 리얼리즘적 성취를 평가하는 것은 기존의 논의와 이 글이 변별력을 갖는 지점이다.
5 임화, 앞의 책, 141면.

땅한 것이라 판단된다. 실상 개인의 자유와 평등이라는 근대적 가치를 전통적 교양-실학사상과 동양적 사고의 전통 위에 정립시킨 민족주의적 측면에서 그는 신소설사의 기술에서 이인직 보다 더 고평되어야 할 작가임은 이미 규명된 바 있다.[6] 그러나 이에 더해 더욱 눈여겨 볼 점은 그가 이인직보다 소설미학적 측면의 완성도에 있어서도 더 높은 성취를 보여주었다는 것인데 이를 입증할 수 있는 작품이 언급한 세 편의 텍스트이다.

이 세편의 미학적 완성도에 대한 분석을 거치게 되면 이념이나 가치관의 우위만으로 문학사의 구도를 확정할 때 내용 중심주의 혹은 정신주의로 흐를 가능성이 있다는 문제 제기에[7] 대한 명료한 답변이 마련되어 질 수 있을 것이다. 그리하여 이해조가 당시로서는 20여 편에[8] 가까운 놀라운 분량의 작품을 생산한 다작의 작가라는 이유로 '신소설 최대의 작가'라 규정한 다소 막연한 지칭이[9] '신소설 최고의 작가' 라는 지칭으로 바뀌어야 마땅한 근거도 마련되어질 수 있을 것으로 본다.

그러나 이 글이 세 편의 텍스트로 그의 리얼리즘적 성취를 규명한다 하더라도 그가 남긴 다른 수다한 작품들은 왜 미적 성취의 수준이 떨어지며 통속성으로 기울고 있는가란 의문은 그대로 남는다. 이해조는 1906년에

---

6 이에 대해서는 주2)의 최원식, 「이해조 문학연구」의 결론 부분 참조. 최원식의 논의로부터 이인직과 이해조의 문학적 우열관계는 재평가되는 결정적 계기를 얻는다.
7 한기형, 「신소설 작가의 현실인식과 그 의미」, 『한국근대소설사의 시각』(소명출판, 1999), 120면에서 제기한 문제이다. 그는 매우 적절한 문제 제기를 했으나 같은 책에 실린 그의 후고인 「신소설의 양식 특질」에서 이해조와 이인직 두 사람 모두가 계몽주의적 아이디얼리즘에 침윤됨으로써 신소설의 형식적 완성도를 이루지 못했다고 평가하여 소설미학적 측면에서 이인직 보다 한 수 위인 이해조를 동렬에 놓는 아쉬움을 남겼다.
8 외국 소설의 번역, 우리 소설을 각색한 것 등을 합하면 그의 소설은 40편에 이르나 신소설에만 한정할 경우 25편 정도가 된다. 최원식, 앞의 책, 31~33면 참조.
9 권영민, 앞의 글, 166면.

「잠상태」를 처녀작으로 내놓은 이후 1913년 무렵 신파소설의 성행으로 신소설의 세가 꺾일 무렵까지 20여 편에 가까운 작품을 내놓을 정도로 왕성한 활동을 보여 주었으나 위의 세 작품을 제하면 구성에 있어 산만하며 주제 의식 또한 통속적 성격을 노정하고 있어 당시의 신소설 일반이 보여준 한계에 머물고 있음을 부인할 수 없다. 그렇다면 이해조는 어떤 연유로 수작과 범작이 혼효된 작품 세계를 일구었는가란 의문에 대한 해명을 시도하지 않을 수 없다.

이 글은 이러한 문제들을 규명하기 위하여 소설 구성적 측면에서 그의 미학적 성취를 평가하고, 이인직의 신소설과 비교하여 구성 측면의 우열을 점검해 본다. 그 연후 이해조의 성취와 한계의 연원을 밝히고 이러한 분석의 총합을 통하여 그에 대한 문학사적 재평가를 시도하려는 것이 이 글의 목적이다.

2. 이해조 신소설에 나타난 소설미학적 성취의 사례

소설미학이라는 측면에서 텍스트를 분석할 때 가장 먼저 고려되는 개념은 구성의 문제일 것이다. 왜냐하면 구성은 소설의 스토리를 이끄는 '갈등, 소설적 긴장, 인물, 소설적 분위기, 이야기 전개의 효과적 단계' 등을 통털어 일컫는 총체적 개념이기 때문이다.[10] 소설미학적 측면에서 이해조 신소설의 성취를 규명하려는 이 글도 그러므로 이러한 측면에서의 성취 여부를 문제 삼되 더욱 초점을 좁히는 것은 그의 텍스트가 얼마나 인과적으로 구성되어 있느냐고 하는 협의적 의미에서의 구성개념이

---

10 전상국, 『소설창작강의』(2판 1쇄)(문학사상사, 2003), 111면.

다.[11] 소설의 인과적 구성과 그것이 빚어내는 개연성은 사건전개의 필연성, 인물 설정의 적절함, 설득력 있는 성격 묘사 등으로부터 온다. 이러한 요인들의 충족 여부를 밝히는 것은 우연성으로 점철된 구성이 가장 두드러진 특징인 신소설의 일반적 한계를 얼마나 극복했느냐는 것을 가늠하는 중요한 잣대가 된다.

1) 복선을 활용한 첫머리의 의미

이런 측면에서 볼 때 이해조는 당시의 신소설 작가들에서 볼 수 없는 소설 첫머리의 복선 활용이라는 두드러진 특징을 보여준다. 소설의 첫머리는 작품 구상의 마지막 단계라 할 정도로[12] 소설의 개연성, 전체적인 분위기, 작품의 결말까지를 결정하는 중요한 도입부이다. 사건전개에 필연적인 복선도 첫머리에 은밀히 장치된다.[13] 첫머리의 복선은 뒤에 올 결말을 작가가 충분히 준비하고 있느냐를 가늠케 하는 요인이고[14] 이것은 결국 작가가 얼마나 인과성을 의식하느냐는 문제와 연관된다. 이 글이 다루고자 하는 세 편의 텍스트들은 신소설들에서는 예외적일 정도로 모두가 작품 첫머리의 설정이 이러한 조건에 부합한다.

「구마검」부터 살펴보자. 이 작품은 주인공 함진해가 종로 베전 거리에

---

11 신소설의 문체는 아는 바와 같이 전근대적인 '~더라' 체이다. 이해조의 신소설 역시 이러한 문체에서 벗어나지 못하고 있음은 재언의 여지가 없다. 이런 점에서 언급되는 세 편의 텍스트는 '리얼리즘적' 성취를 이룬 것이지 리얼리즘을 온전히 구현한 것은 물론 아니다. 따라서 문체는 이글의 분석 요인이 아니다.
12 전상국, 앞의 책, 265면.
13 같은 곳.
14 권택영, 『소설을 어떻게 볼 것인가』(동서문학사, 1991), 4면.

서 난데없는 돌개바람을 만나 갓이 땅에 떨어져 당황해 하는 장면으로부터 시작한다. 그리고 함진해가 떨어진 갓을 황황히 주워 쓰고 갈 때 그것을 몰래 엿보는 여인을 등장시킨다. 다름 아닌 무당 '금방울'로, 이 여자는 이 장면을 우연히 목도했다가 나중에 함진해를 점복에 혹하게 하는 미끼로 요긴하게 써먹는다. 여기서 함진해가 회오리바람에 갓을 날리고 당혹해 하는 장면은 나중에 미신에 혹해 영락하는 함진해의 앞날에 대한 복선이다. 서두에서부터 복선을 깔고 차후에 등장할 인물을 미리 배치하여[15] 독자의 궁금증을 자극할 뿐 아니라 사건을 논리적으로 연결해 나갈 줄 아는 솜씨는 신소설 시대를 한 발 앞서 연 이인직도 쉽사리 발휘하지 못한 근대적 창작기법에 근접한 그것이다.[16]

「산천초목」 또한 그러하다. 이 작품은 연흥사에서 관객을 불러 모으느라 시끄러운 취군악대聚軍樂隊의 연주행렬을 묘사하는 것으로 시작한다.

"에잉, 저놈의 소리가 또 나노. 세상, 귀가 듣그러워 사람이 살 수가 있나? 기왕 연극을 하려거든 학문적, 역사적으로 아무쪼록 풍속을 개량하거나 지식을 발달할 만한 것으로 하지 아니하고, 마치 음담패설로 남의 집 부녀와 젊은 자식들을 모두 버리게 하는 와굴을 만드니, 경무청에서는 왜 저런 것을 엄금하

---

15 인과관계, 즉 소설의 논리성은 인물의 등·퇴장에서도 꼭 지켜져야 할 요소이다. 등장인물의 숫자와 적절한 등·퇴장 시기를 가늠하는 것은 소설의 논리성-구성의식의 산물이다. 송하춘, 『발견으로서의 소설기법』(고려대출판부, 2002), 34면 참조.
16 제한된 분량 때문에 일일이 인용치 못하지만, 이인직의 「혈의 누」, 「치악산」, 「귀의성」 등의 첫머리는 작품의 공간적 배경을 평면적으로 서술하는 데 그치고 있다. 「은세계」의 경우 "겨울 저녁 기운에 푸른 하늘이 취색한 듯이 더욱 푸르렀는데, 해가 뚝 떨어지며 북새풍이 슬슬 불더니 먼 산 뒤에서 검은 구름 한 장이 올라온다"(『한국신소설선집 2』, 서울대출판부, 2003, 1면)라고 작품 첫머리를 열어 사건 전개를 암시하는 복선을 유일하게 배치하고 있는데 그러나 이 대목도 최병도가 포졸들에게 압송되는 장면이 연이어짐으로써 복선의 기능을 떨어지게 하고 있다.

지 아니하누?"17)

　취군악대의 연주에 행인들이 짜증을 내는 장면을 첫머리에 배치한 것은 장안의 난봉들, 특히 이 작품의 주인공인 '이시종'과 같은 인물이 연흥사 주위를 무대로 부리는 난봉질이 시정인들의 심사를 거스르는 패덕한 짓임을 미리 암시하는 대목이다. 이 장면에 이어서 엽색행각을 일삼는 권력층 자제인 이시종의 몰염치하고 간특한 성격을 길 가던 박참령의 첩실 강릉집을 염치없이 뒤따라가 염탐하는 정황으로써 독자들에게 전해 준다. 이로써 두 사람의 관계가 어떠한 결말에 이를지 독자들에게 궁금증을 자아내면서 눈치 빠른 독자에겐 그 결말이 어떠할지를—강릉집이 간특하고 교활한 호색한 이시종에게 결국 버림받을 것이라는 결말을 은근히 암시해 준다.
　「화의혈」에서는 봄꽃이 떨어진 것을 보고 슬픈 심사를 가누지 못하는 주인공 '선초'를 묘사하는 것으로부터 첫머리가 열린다.

　　천하에 보고 볼수록 어여쁜 것은 향기로운 꽃이라. 꽃이 한 번 피면 …(중략)… 몇 밤 몇 날만에 간신히 피인 그 꽃이라서 …(중략)… 사나운 바람과 모진 비에 못 견딘 바이 되어 열흘 있을 것을 이레나 여드레에 흔적이 없어지면 그 섭섭하고 원통함이 어떠하며 …(중략)… 범상한 무리는 그 꽃이 피어도 피었나 보다, 이울고 떨어져도 이울고 떨어졌나 보다 …(중략)… 범상히 지나는데 어떠한 여자 하나이 꺾어진 그 꽃가지를 들고 한없이 가여이 여기며,
　　"에그 아까워라 어느 몹쓸 아이가 이런 못할 노릇을 했을까? 겨우내 풍설 중

---

17 『한국신소설선집 5』(서울대출판부, 2003), 222면. 본고의 텍스트는 모두 서울대출판부에서 펴낸 한국신소설선집에 실린 것으로 한다. 문체는 따로 문제삼지 않기 때문에 현대역으로 펴낸 이 선집을 텍스트로 한다. 앞으로 텍스트의 인용은 이에 의거해 선집의 권수와 면수만 표기함.

에 천신만고를 다 겪다가 봄철을 인제 만나 간신히 피인 너를 사정없이 뚝 꺾었구나."[18]

이는 선초가 호색한이자 탐학한 관리인 이시찰에게 정절을 꺾이고 제 목숨을 스스로 꺾는 스토리의 전개를 미리 암시하는 대목이다. '꽃이 흘리는 피'라는 작품 제목과도 일치하도록 꺾어진 꽃을 두고 아쉬워 해 마지않는 선초를 첫머리에서부터 등장시키는 것은 복선의 기능을 선명히 보여주는 대목이다. 앞에서도 언급한 바와 같이 작품의 전반적 얼개에 대한 구상과 그에 따른 인과적 사건 전개의 준비가 없으면 이러한 첫머리가 열리기는 어렵다.

물론 작품의 초반이 이처럼 열리는 것만을 두고 구성의 치밀함을 운위할 수는 없다. 인물의 설정과 그 인물이 만들어내는 사건들이 개연성을 담보해야 하는 바 이 점에서도 이해조는 충분한 설득력을 보여준다.

2) 인물 설정의 개연성

「구마검」의 함진해는 '미신타파'라는 작가의 계몽의식을 충족하기 위하여 창조된 인물이다. 그러나 이 인물은 작가가 단순히 자신의 계몽적 메시지를 전하기 위하여 만들어낸 도식적 – 혹은 유형적 – 인물형이 아님으로써 독자들에게 설득력있게 다가온다. 함진해는 중인 출신의 부자로, "무능하지마는 선부형先夫兄 문견聞見"[19]은 있어 "여보, 무당, 판수라 하는 것은 다 쓸데 없는 것이외다. 저희들이 무엇을 알며, 귀신이라 하는 것

---

18 『선집 5』, 279면.
19 『선집 5』, 5면.

이 더구나 허무치 아니하오? 누가 눈으로 보았소?"[20] 라며 애초에는 점복에 혹한 자신의 아내를 나무라는 위인이다. 그러나 함진해는 "회사를 발기하든지 학교를 설립하든지, 고금이나 보조를 청구하면, 당장 굶고 벗는 듯이 엄살을 더럭더럭 하여 가며 한 푼 돈내기를 떨던 규모"[21]의 인색하고 각성하지 못한 인물이다. 이기적일 뿐 아니라 자기중심이 없는 함진해는 마누라가 죽은 아이의 천도재薦度齋를 한다며 금방울을 불러 굿판을 벌이자 처음에는 "이런 미친 무당년도 있나, 여인들을 속이다 못하여 나까지 속여 보려고. 대관절 그 년의 거동을 구경이나 해 보아. 정 요사시럽거든 당장 내어 쫓으리라."[22]고 굿판에 참례했다가 금방울이 자신의 떨어진 갓이 전실 처들의 빙의로 그리된 것이라 수작하자 결국 넘어가고 만다. 인물의 성격이 결국 미신에 침혹할 수밖에 없는 것, 그 침혹의 과정이 개연성 있게 처리되고 있는 것이다.

마누라인 최씨 부인이 당시에 유명한 무당판수들의 마을인 '노돌'(지금의 노량진:필자 주)에서 성장했기에 무속에 탐닉하는 것 또한 개연성있는 설정이다. "남북촌 굵직굵직한 집에서 단골 아니 정한 집이 없"[23]을 정도로 점복이 기세를 떨치고 있는 시정의 형편이니 노돌에서 늘 무당 판수들의 굿거리를 보며 자랐을 최씨 부인이 점복에 침혹한다는 것은 자연스러운 일로 이해되는 것이다. 그리고 함진해의 집안을 등쳐먹기로 작정한 안잠자기 노파가 평소의 단골무당인 대묘골 만신으로부터 "내야 사흘이 멀다 하고 그 댁에를 북 드나들 듯 하였으니 세상없이 영절시러운 말

---

20 같은 곳.
21 같은 책, 22면.
22 같은 책, 19면.
23 같은 책, 13면.

을 하기로 누가 믿겠소"[24])라면서 국수당 만신으로 이름난 금방울을 소개 받는 것 또한 사건의 개연성을 더한다. 대묘골 만신은 최씨 부인의 단골 무당으로 함진해의 집안에는 너무 알려져 있고 금방울만큼 큰 무당이 아니어서 그 집안을 등치기에는 적절치 못하므로 금방울을 등장케 한다는 설정이다. 단지 작가 자신의 계몽적 메시지를 전하는 데 몰두하는 것이 아니라 사건의 개연성 있는 전개를 위해 치밀한 인물 설정과 전개를 도모해 나가고 있음이 돋보이는 대목이다.

「산천초목」의 경우는 어떤가? 「산천초목」의 이시종은 앞서 언급한 것처럼 돈 있는 세력가 자제로 자신의 호색 취미를 충족키 위해서는 수단방법을 가리지 않는 간특한 인물이다. 강릉집의 미색을 우연히 접하고 혹한 이시종이 그녀의 거처를 염탐하려고 계교를 부리는 장면의 묘사는 이 작품 이전에는 어떤 신소설에서도 볼 수 없던 탁월한 장면이다.

> 이시종이 십여 일 전에 장동(壯洞)가서 새로 장만한 집 구경을 하고 경복궁 대궐 앞으로 황토마루를 향하여 내려오는데, 인력거 위에서 지날결에 힐끗 보니 앵무 같은 아이종이 따르는 사인교 하나가 지나가는지라, 지각이 인사체면을 차릴 만한 자이면 사인교 속이 보일세라 하고 고개를 돌려 외면을 한다든지, 외면은 아니 한대도 본체만체 하고 지날 것이언마는, 이시종은 그 정도에 가자면 죽었다 회생하기 전에는 가망 밖인 위인이라. 고개를 간좌곤향이 되며 입을 딱 벌리고 속마음으로,
> "저것 보아라, 내가 계집은 남의 밑에 아니 들게 많이 보았어도 조 모양으로 나무에서 똑 딴 것은 처음 보겠는 걸. 에라, 다시 한 번 자세 보리라."
> 하더니 인력꾼더러,
> "이애, 이애 인력거 거기 얼풋 놓아라. 오줌이 급히 마렵다."

---

24 같은 책, 12면.

> …(중략)… 이시종이 창황히 내려 남 보기에는 오줌을 누러고 으슥한 곳이나 찾아가는 듯이 사인교 옆으로 슬쩍 지나며 눈이 뚫어지도록 들여다 보니 그 사인교를 따라갈 생각이 불현듯이 있지마는, 하인소시에 차마 그럴 수도 없고……[25]

이처럼 하인들의 눈을 기어가면서도, 결국 볼 일이 있다는 핑계로 하인들은 먼저 돌려보낸 뒤 강릉집의 뒤를 몰래 밟아 그녀의 거처를 알아내는 호색한 이시종의 집요하고 간특한 성격을 내면의 심리까지 들추어 드러내는 것은 어떤 신소설과 비교하더라도 발군이다. 이러한 인물 묘사가 가능한 것은 이해조가 그만큼 인간 심리와 세태에 대해 뛰어난 통찰력을 가진 작가였음을 짐작케 하는 대목이 된다.

여자 주인공인 강릉집이 이시종의 유혹에 빠져 불같은 사랑에 빠졌다가 마침내 신세를 버리게 되는 것도 개연성 있는 인물의 성격 설정에서 비롯한다. 그녀는 애초에 나이 어린 기생 신분으로, 자신뿐만 아니라 늙은 부모의 생애까지도 감당해 주겠다는 박참령의 물질적인 조건 제시에 자신의 젊음과 미래를 접고 첩실의 길을 택한 인물이었다. 그러나 이시종이라는 잘생기고 젊은, 게다가 재력까지 갖춘 인물이 나타나자 그녀의 불같은 욕정은 박참령을 죽여서라도 젊은 애인과 끝까지 맺어 보리라는 독기서린 욕망으로 확대되는 것이다. 타고난 환경적 조건 때문에 억제되고 있던 젊은 여인의 애욕이 어떤 동기를 만나게 되자, 그리고 기생도 어느 정도 자신의 권리를 주장할 수 있는 시대 환경을 만나게 되자 자신의 욕구에 충실한 인물로 전변한 인물상을 강릉집은 보여주는 것이다. 이와 같이 애욕에 눈 먼 인물의 설정은 이 소설 이전에 일찍이 없었던 것으로, 자신의 욕구를 강렬히 발산코자 하는 적극적 여인상이라는 측면에서 "보바

---

25 같은 책, 225면.

리 부인이나 안나 까레리나로 발전할 소지를 다분히 갖춘 여인이니, (그들보다도:필자 첨가) 현대성은 오히려 「산천초목」에서 더 두드러진다"는[26] 지적을 가능케 하는 이유가 된다.

「화의혈」에서 두드러지는 인물 설정은 모란에게서 찾아볼 수 있다. 모란은 언니의 복수를 위해 이시찰이 참석한 주연에 기생으로 참례하여 마치 언니의 억울한 혼이 자신에게 빙의된 듯이 가장하여 이시찰의 악행을 낱낱이 고발함으로써 이시찰을 몰락지경에 빠지게 하는 당찬 인물이다. 이런 복수를 감행한 모란의 집요하고 당찬 성격은, 언니 선초가 이시찰에게 버림받고 자포자기가 된 상황에 자기를 귀치 않게 여긴다고 "나 미워하는 그놈의 언니, 진작 죽기나 했으면 좋겠지."[27]라는 험구를 어머니에게 쏟아놓다 면박을 당하는 데서 이미 암시되어 있다. 어린 아이의 이런 독설은 뒤의 사건 전개를 접하지 않을 때는 잘 이해가 되지 않는다. 그러나 언니의 복수를 당차게 이루어내는 후반부를 보면 작가가 사건 전개의 개연성을 위해 주도면밀한 성격 부여를 미리 해 놓은 것을 알 수 있게 되는 것이다. 또한 이시찰의 몰락도 모란의 계교에 의해 전적으로 달성된 것이 아니라 자신의 수뢰혐의 때문에 이미 반은 패가망신지경에 있다가 모란의 계략으로 철저한 몰락에 빠지는 것으로 되어 있으니 이 역시 개연성을 더하는 인물 설정이요 구성이다.

이 시찰의 인물 묘사 또한 눈여겨 볼만 하다. 사람들이 선초의 미색을 운위하며 혹은 선초의 절조를 칭찬하고 혹은 기생 신분에 불과한 선초의 절행을 매도하는 중에 끼어 앉아 딴 속을 차리는 이시찰을 작가는 다음과 같이 그리고 있다.

---

26 최원식, 앞의 책, 113면.
27 『선집 5』, 342면.

얼굴이 검푸르고 수염이 많도 적도 않고 키는 중길은 되는 사람 하나이 눈을 깜작깜작하고 가커니 부커니 아무 말 없이 가만히 앉아 들으며 손에 든 합죽선을 폈다 접었다 하다가 가장 범연스러운 체 하고 "에, 이사람들, 상스러운 소리 고만 두게, 점잖은 사랑에서 외하방 기생년의 이야기는, 응, 창피스러워! 제가 잘 났으면 얼마나 잘 났겠으며, 설혹 잘 났기로 무어 그리 떠든단 말인구."[28]

표리부동하고 이중인격적인 이시찰의 성격을 외모 묘사와 행동거지로 실감 있게 드러내 주고 있는 것이다.

이와 같은 인물 묘사와 설정은 사건 전개의 개연성과 맞물려 세 작품들이 현실의 문제성을 핍진하게 드러내는 리얼리티를 획득하기에 이른다.

3) 사건 전개의 인과성

세 편의 작품들은 지금까지 언급한 이러한 특성에 더하여 사건 전개 또한 인과성의 법칙에 의거하여 배열함으로써 신소설 작품들이 일반적으로 봉착하는 우연성의 남발이라는 한계를 넘어서 리얼리티를 획득해내고 있는 점이 특징적이다. 이 대목이야말로 이해조 신소설의 문학사적 위상을 가늠해 줄 중요한 요인이다.

우선 「구마검」부터 살펴보자.

「구마검」은 점복에 혹한 함진해와 최씨 부인이 안잠자기 노파와 연통한 금방울에 사기를 당해 결국 패가망신에 이르는 것으로 사건이 전개된다. 그나마 간신히 구명도생에 이르는 것은 이들이 자신들의 점복 침혹을 나무란다고 사갈시하던 사촌 동생 함일청이 구호의 손길을 내밀고 그 아들인 함종표를 양자養子까지 주어 병든 최씨 부인까지 소생토록 하는 정

---

28 같은 책, 285면.

리情理를 발휘했기 때문이다. 그리고 이들을 등친 금방울은 평리원 판사가 된 함종표에 의해 징치를 당한다. 흔히 복선화음福善禍淫 또는 권신징구勸新懲舊의 결말로 지적되는 이러한 사건전개가 얼마나 개연성을 획득하고 있는가는 ① 과연 함진해의 패가망신이 그처럼 속수무책으로 일직선적으로 행해질 수 있는가? ② 또 함일청이 베푼 정리와 ③ 평리원 감사가 된 함종표의 징치가 과연 얼마나 설득력이 있는 것인가라는 의문을 해소하는 데 달려 있다.

우선 ①에 대해 한 연구자는, 미신의 폐해를 알리기 위해 금방울과 임지관의 사기 행각에 함진해가 아무런 저항이나 의문없이 말려들게 하여 현실을 조작한 혐의를 지적하고, 이는 결국 이해조 역시 계몽적 아이디얼리즘에 머무른 증거라 본다.[29] 그러나 이러한 견해에 동의할 수 없는 것은 함진해가 금방울에게 속수무책으로 당한 것이 단지 금방울의 수가 뛰어나서가 아니고 안에서 함진해 집안의 사성을—이른 바 정보를 일일이 전해주는 내부의 첩자가 있었기 때문이다. 그리고 특히 함진해는 금방울이 끌어들인 사기꾼 풍수가인 임지관에게 철저히 당하는데, 이것도 임지관이 천하길지天下吉地를 창졸간에 구하려는 함진해의 다락 같은 욕심을 적절히 이용했기에 가능한 일이었다. 임지관은 승지勝地를 얻어 금시발복하려는 함진해의 욕망 달성을 온갖 수를 써서 지체시키니, 자신의 욕심에 눈 먼 이기적인 한 인물이 이러한 계략에 넘어가 더욱 애가 달게 되고 급기야 재산을 모두 잃는 데 이른다는 것이 무리한 설정일 수는 없는 것이다. 더구나 이 작품의 금방울·임지관 등은 고종 무렵 진령군, 이유인, 수련이 등 고종과 민비에게 유착하여 그 위세를 떨치던 점복가들을 모델로

---

29 한기형, 「신소설의 양식 특질」, 앞의 책, 69면.

하고 있으며,30) 장안의 부호·세도가들이 단골 아니 정한 집이 없는 현실을 배경으로 하고 있으니 함진해처럼 식견이 부족한 중인 출신의 부호가 재산을 탕패하는 것은 개연성 있는 일인 것이다.

다음으로 ②는 놀부 같은 사촌 형 함진해(함일덕)에게 그토록 박대당하던 함일청이 일거에 흥부형 인간으로 변할 수 있는가라는 의문을 불러올 법 하나 이 또한 필연성을 가진 변화이다. 함일청은 비록 점복에 혹해 자신을 박해하는 사촌 형이지만 윗대들이 한 집안에 살던 당시의 정리를 잊지 못하고 있으며, 더구나 문중 종회가 열려 집안의 종손인 함진해를 도와주고 양자까지 주라는 결론이 내려졌으므로 유교적 가문 의식에 긴박된 그로서는 도리 없는 변화였다.

③의 경우 함종표가 판사가 되어 금방울을 징치하게 되는 것은 그가 굳이 요무妖巫를 추적했기 때문이 아니라 우연히 송사에 걸려든 대묘골 만신이 지레 겁을 먹고 전죄를 토설함으로써 가능했던 일이다. 이로부터 단서를 잡아 금방울까지를 치죄케 된다는 설정이니 이해조는 이처럼 논리적 구성―인과적 구성으로써 독자들을 충분히 설득하고 있는 것이다. 사건 전개가 우연성에 의한 비약을 거듭하여 작가의 의도에 짜 맞추어진 구성은 아이디얼리즘에 기운 것이라 하겠으나 이만한 필연성과 인과성을 갖춘 전개라면 근대적 구성의식에 박두한 감을 줄 정도인 것이다. 더구나 무속에 혹해 패가망신한 함진해에 대한 비판은 당시의 지도층들조차 무속에 혹해 사회 기강과 풍속을 오탁시키고 있던 점에 대한 비판으로 이어지고 있다는 지적을 고려하면31)「구마검」은 상당한 수준에 이르는 리얼

---

30 최원식, 앞의 책, 96~97면 참조.
31 같은 곳.

리즘적 성취까지도 이루었다는 평가를 받아도 지나치지는 않으리라 본다. 요컨대 이 작품의 주제는 분명히 계몽적인 것이나 인과적 구성에 의한 치밀한 사건 전개는 오히려 리얼리즘적 성취에 박두하고 있는 것이다.

「산천초목」은 "신소설 중에서 단연 이채를 발하는 시정소설의 정점"[32], "근대 사실주의로 나아가는 제계기와 추동성"을 갖춘 소설[33], "아이디얼리즘으로 인한 서사구조의 인과성 결여, 해피엔딩의 결말구조, 상투적인 우연성과 같은 신소설의 일반적 특징에서 벗어"[34]난 소설이란 평가들에서 알 수 있듯이 가장 리얼리즘 소설에 근접한 작품이란 점에 논자들의 의견이 일치한다. 이 글에서도 앞서 그러한 성격은 이미 언급한 바 있으므로 재언을 피하고 「화의혈」을 분석키로 한다.

「화의혈」은 봉건 유학자와 관료들의 표리부동을 비판 풍자한 그 주제의식의 측면에서 "전반적으로 수준이 저하된 1910년대 초의 신소설 속에 단연 돋보이는 작품"[35]이란 평가를 받지만, 선초의 복수담이 "설득력이 부족"[36]하다거나 "복선화음의 서사구조에 타락한 양반 지배층의 몰락을 염원하는 대중의 이상을 마치 실재하는 사실인 양 담아낸"[37] 안가한 방식이라는 점 때문에 리얼리티가 부족한 작품으로 인식되어왔다.

물론 동학봉기 당시 안핵사에 임명된 이용태―이 작품의 반동인물인 부패관료 이시찰의 모델 격으로 최원식은 추정한다[38]―같은 인물이 민란

---

32 같은 책, 114면.
33 양문규, 「1910년대 한국소설 연구」, 연세대 박사논문, 34면. 한기형, 앞의 책, 159면에서 재인.
34 한기형, 「한문단편의 서사전통과 신소설」, 앞의 책, 174면.
35 최원식, 앞의 책, 130면.
36 같은 책, 136면.
37 한기형, 「신소설의 양식 특질」, 앞의 책, 72면.
38 최원식, 앞의 책, 134~135면.

수습을 빌미로 농민들을 구타하고 부자들을 얽어 재산을 약탈한 혐의로 면직 구금되었으나 동학당의 압살 이후 사면되고 오히려 내부대신까지 오른 점[39]을 감안하면 모란이 이시찰을 파멸에 이르게 하여 언니의 복수에 성공하는 것은 현실과 동떨어진 안가한 사건 전개란 지적을 피하기 어렵다. 그러나 모란의 복수가 전혀 관념적 승리랄 수 없는 것은 이시찰이 이미 "막중 국세를 중간 환롱한 죄"[40]로 이미 감옥살이를 3년이나 하고 첩실에게 붙어 근근히 호구할 정도로 몰락지경에 이른 것으로 설정한 작가의 주도면밀한 사건 전개 때문이다. 다시 말해 이시찰은 모란이 파멸시킨 것이 아니라 스스로 저지른 부패 때문에 법의 치죄를 받은 탓으로 이미 몰락상태에 처해 있었던 것이다. 다만 모란은, 상가집 개 마냥 안면 있는 관리들의 연회를 돌아다니던 이시찰의 소문을 접하고, 기회를 노려 언니의 혼이 빙의된 양 가장하여 그의 악행을 고발함으로써 그의 몰락을 완전하게 한 것일 뿐이다. 이 빙의는 또한 선초가 자살할 당시 모란의 입을 빌려 자신의 원념을 토한 장면을 이미 설정해 둔 바 있으므로 돌연한 설정으로 볼 수 없다. 이처럼 전개될 사건의 선후를 미리 장악하고 사건의 필연성을 담보했으니 그럼에도 모란의 복수담을 안가한 해결책이라 평할 수 있을까? 빙의라는 것이 비과학적 현상이기는 하지만 과학으로 규명될 수 없는 이런 신비한 현상이 현실에서는 벌어지기도 하므로 빙의 소재를 작품에 도입했다 하여 작품의 개연성을 왈가왈부할 수는 없는 일이다. 따라서, 「화의혈」이 모란의 복수담과 이시찰의 악행담이라는 이원구조가 교직되어 이루어진 소설이라는 지적은 정당하나, 결국 모란의 승리로 귀결됨으

---

39 같은 책, 136면.
40 『선집 5』, 360면.

로써 문제 해결이 사적인 차원에서 이루어져 반근대적 요소를 노정했다는 지적[41] 또한 수긍키 어렵게 된다. 모란의 승리는 이미 몰락한 이시찰을 나락에 빠뜨리는, 개연성이 충분히 확보된 승리이기 때문이다. 또한 모란의 복수담은 이 작품에서 홀로 도드라진 구성 요소가 아니고 이시찰이라는 인물의 악행담/몰락담과 적절하게 섞이면서 작품의 결말을 오히려 설득력 있게 해 주는 요인인 것이다. 따라서 우리는 이 작품에서 기생 신분에도 불구하고 진정한 사랑을 이루고자 한 선초의 욕망이 모란에 의해 보상된 점에서 개인의 욕망이라는 근대적 의식이 추동되고 있음과, 조선조말 부패 관료의 탐학상을 날카롭게 묘사하고 비판하고 있는 점에서 역시 작가의 리얼리즘적 성취에 박두한 성과를 평가해야 할 것이라 보는 것이다.

3. 구성 측면에서 본 이인직 신소설과의 비교

그러면 인물이나 배경 묘사의 사실성과 참신함이라는 긍정적 평가에서나, 계몽적 기획을 관념적으로 교직해 내었다는 부정적 평가에서나 이해조와 동렬에 놓인 이인직은 어떠한가? 「은세계」 후반부에서 드러나는 바와 같이, 자주적이고 능동적인 제도 개혁의 가능성을 압살한 융희 원년(1907년)의 개혁을 찬양하고 오히려 의병을 비난하는 이인직의 왜곡된 역사의식은 논외로 하고 구성 측면의 문제점만 살펴보자.

우선 「혈의누」에서는 ① 김관일이 풍비박산 된 가족을 뒤로 하고 갑작스레 유학을 결심하는 것. ② 자살하려던 최씨 부인이 예전에 자신이 부

---

41 홍성식, 「〈화의혈〉에 나타난 인물의 행동양식의 모순성」, 주2)의 이용남 외, 『이해조와 그의 작품 세계:신소설의 갈등 양상 연구』, 190~191면.

리던 하인 고장팔에게 구원을 받는 것. ③ 고장팔의 구원으로 구명한 최씨 부인이 집에 돌아올 때 마침 친정 부친이 나타나 기다리다 그녀를 맞는 것. ④ 이노우에 군의관의 부인이 옥련을 친딸 못지않게 키우다 남편 이노우에가 전사하자 갑자기 표변하여 옥련을 비운의 주인공으로 만드는 것 등의 문제를 지적할 수 있다. ①과 ④는 인물 성격의 개연성이 부족하다. 부인이 살아있음을 감지하면서도 가족의 안위는 뒤로 한 채 유학을 떠난다거나, 친어머니와 다름없던 인물이 남편의 사망으로 악한 계모형으로 표변하는 것은 멜로드라마적 사건 전개를 위해 사실성을 희생시킨 경우이다. ②와 ③은 우연성으로 사건을 조작하는 경우이다. 이는 신문물과 신사상의 흡수를 위해 외국유학을 감행하는 주인공 옥련에만 초점을 맞추다 보니 사건 전개의 다른 인과성은 부차적으로 여긴 결과이다.

「귀의성」에서는 ① 자살하러 나선 춘천집이 김승지 부인에게 쫓겨난 침모와 길거리에서 부딪혀 연을 맺는 것. ② 점순이가 춘천집을 살해한 뒤 딸을 찾아온 강동지와 우연히 조우하여 범죄의 기미를 누설하는 것. ③ 강동지가 침모도 음모에 참여한 것으로 알고 죽이려다 침모가 정한수를 떠놓고 춘천집의 넋을 비는 장면을 보고 결백함을 알게 된다든지 하는 것 등으로 우연성에 의지한 사건전개가 두드러진다. 고전적 복선화음의 스토리를 넘어 오히려 선인형인 춘천집이 처참하게 살해당하는 쪽으로 사건을 이끌어 간 것은 눈여겨 볼 만한 점이나 선/악 간의 대결을 극단적으로 부조시켜 대중적 흥미에 치중하다 보니 인과적 구성이란 문제는 뒷전으로 밀어버린 결과이다.

「치악산」에서는 이씨 부인이 치악산 속에서 위기를 당했을 때 ① 장포수의 구원을 받는 것. ② 표변한 장포수가 이씨 부인을 해하려 할 때 오히려 호랑이에게 호식虎食을 당하는 것. ③ 수월당이 이씨 부인의 최종적인 구원자로 등장하는 것 등으로 우연성에 의지한 구소설적 사건전개가 두드러진다. 역시 흥미있는 사건전개에만 매몰되어 인과적 구성이라는 근대적 소설기법에는 미치지 못했음을 보여주는 경우이다.

「은세계」의 경우 전반부는 당시 부패관료들의 학정이 어떠한지를 그에 맞서는 최병도라는 강개한 인간형을 설정하여 참으로 실감나게 그려내었다. 그러나 옥순·옥남 남매의 유학길을 마련하기 위하여 설정된 사건 후반부는 역시 무리한 구성을 드러낸다. 우선 최병도가 강원감사에게 당한 악형으로 명이 다하는 날 한 번도 그를 찾지 않던 부인이 반 년만에 야 그를 찾아가 만나게 되는 것, 최병도의 친구 김정수가 두 남매의 유학자금을 얻기 위하여 귀국했다가 치산治産을 잘못한 아들 때문에 돈을 구하지 못하게 되자 강건하던 사람이 술에 빠져 있다 갑자기 죽는 것은 사건의 극적인 전개만 염두에 둔 비인과적 구성이다. 옥순·옥남 남매가 유학에서 돌아와 실성한 어머니를 두고 "지금은 백성의 재물을 뺏어먹을 사람도 없고 무리한 백성을 죽일 사람도 없는 세상"[42]이라 외치자 근 20년간을 실성해 있던 본평 부인이 갑자기 제정신을 차린다는 것은 아예 인과적 구성의식이란 증발해 버린 상황을 보여준다. 「모란봉」과 「빈선랑의 일미인」은 중도반단中途半斷이 된 미완성작이라 거론의 대상에서 제한다.

지금까지 살펴 본 이인직 신소설의 비인과적 구성은, 부권父權 부재라는 설정 하에 극단적인 사건 전개를 일삼아 멜로드라마적 상황으로 대중의 흥미에 영합하려는 신소설의 성격에[43] 정확히 일치한다. 가족의 안위는 염두에 두지 않고 불쑥 유학길에 오르는 「혈의누」의 김관일, 돈 때문

---

42 이인직, 「은세계」, 『한국신소설선집 2』(서울대출판부, 2003), 87면.
43 김석봉, 『신소설의 대중성 연구』(역락, 2005), 85면.

에 딸을 양반의 첩실로 넘기는 「귀의성」의 강동지, 착한 며느리를 모해하는 자기 아내의 말만 믿고 며느리를 박해하는 「치악산」의 홍참의 등이 모두 그러한 상황 설정에 부응하는 인물의 전형들이다. 「은세계」에서는 최병도의 죽음 이후 두 남매의 아버지역을 자임한 김정수의 돌연한 죽음이 이에 해당한다.

이에 비해 앞서 언급한 이해조의 세 작품들은 이러한 혐의에서 자유롭다. 단지 「화의혈」의 선초의 아비 — 최호방이 선초가 이시찰에게 억지로 정조를 꺾일 때 이를 방임하는 듯 하는 것이 문제이나, 그것도 이시찰의 권력을 이용한 협박에 그 나름의 저항을 하고, 선초와 그 어머니가 최호방을 살리기 위하여 사세부득함을 설득한 끝에 딸이 이시찰의 후실이 되는 것을 묵인하는 것으로 되어 있어 개연성이 담보된 설정이다. 지금까지 논의된 이러한 이유들로써 우리는 소설미학적 성취의 측면에서도 이해조의 손을 들어주지 않을 수 없다.

4. 사실주의적 성취의 연원

이해조의 신소설이 물론 언급한 세 편의 작품처럼 두루 사실주의적 성취를 이룩한 것은 아니다. 그의 다른 작품들은 우연성과 작위성이 가득한 에피소드들로 구성의 일관성을 유지하지 못한 것이 대부분이며 이에 따라 주제의식도 통속성을 면치 못한 경우 또한 많은 것이 사실이다. 그렇다 하여도 우리의 근대문학 초기에 — 그것도 거의 유아기라 할 시기에 — 이 세편이 보여준 성취는 고평하여 지나치지 않으리라 생각한다. 적어도 소설의 형식미에 있어 이 세 편이 이룬 성취는 당대의 역사전기물들은 물론이고 신소설에서 어깨를 같이한 이인직, 최찬식들의 작품들에서도 발

견할 수 없기 때문이다.[44]

그러면 뚜렷한 문학적 전범이나 모델이 없었던 상황에서 이해조는 어떻게 이 정도의 성취라도 이룰 수 있었을까? 그의 작품이 범작 또한 다수인 이유는 뒤의 항목에서 다루고 우선 이 항목에서는 이 의문에 대해 분석해 보고자 한다.

이에 대한 답을 먼저 정리하면 ① 그가 한문과 일어에 능통하여 중국과 일본의 근대소설을 다수 섭렵한 것[45]. ②「자유종」에 명백히 드러나는 그의 이성적이고 객관적인 사고[46]. ③ 기자의식과 어우러진 소설의 허구성에 대한 인식 ④예인 정신 등으로 정리할 수 있다. 이 중에서 ①과 ②는 기존의 논의에 의지하되 ③, ④는 부연 언급이 필요하다.

우선 ③과 관련된 논의를 위해 잘 알려진 이해조의 소설관을 검토할 필요가 있다.

> ① 기자記者왈 소설이라 하난 것은 매양 빙공착영憑空捉影으로 인정에 맞도록 편집하여 풍속을 교정하고 사회를 경성하는 것이 제일 목적인 중……[47]
> ② 花의 血이라 하난 소설을 새로 저술할 새 허언낭설은 한 구절도 기록하지 아니하고 정녕히 있는 일동일정을 일호차착없이 편집하노니……[48]
> ③ 소설에 성질이 눈에 뵈이고 귀에 들리는 실적만 더러 기록하면 취미도 없을 뿐 아니라, 한 기사에 지나지 못할 터인 즉 소설이라는 명칭할 것이 없고……[49]

---

44 최찬식은 신소설사에서 비중이 작지 않으나 "통속소설을 쓰는 데 전념한 작가"란 지적에 합당한 작가여서 논외로 한다. 조동일,『한국문학통사4』(지식산업사, 1986), 361면 참조.
45 최원식, 앞의 책, 13~14면.
46 조남현,「애국계몽운동가·작가·유교주의자-이해조론」,『문학수첩』, 2005, 86~87면 참조.
47 「화의혈」후기,『한국신소설전집5』(을유문화사, 1968), 100면.
48 같은 책, 서언, 25면.
49 「탄금대」후기, 같은 책, 268면.

인용문 ①과 ③에서 이해조는 소설은 허구임을 분명히 한다. 소설은 빙공착영이며 눈에 뵈이고 귀에 들리는 것만 적으면 소설이라 할 것이 없다는 데서 소설의 허구성에 대한 인식을 명백히 보여준다. 그러나 글 ②에서 그는 자신을 '있는 일동일정을' 기록하는 '기자記者'로 환원시킨다. 이 '기자 의식'은 눈여겨 볼 대목이다. 이는 소설가를 하나의 기록자로 치환시키는, 그리하여 소설의 허구성을 부정하는 것으로 받아들여질 소지도 있다. 그러나 이러한 의견 표명은 실상 소설에 대한 일반의 인식을 보다 전향적인 것으로 돌리기 위한 작가의 책략이라 할 수 있다. 왜냐하면 1900년대에도 소설이 '가공구허架空構虛'라는 특질을 가진 장르라는 의식이 없었던 것은 아니었지만 허탄무거虛誕無據하다는 부정적 자질로 인식될 따름이었다. 이에 이해조는 자신의 소설이 허구를 벗어난 것은 아니지만 소설 일반의 가치를 높이기 위해서 '사실'의 가치를 강조할 필요가 있었던 것이다. 많은 신소설들이 '기記' 의식을 내세운 것은 이 때문이었다.[50] 그렇지만 이러한 책략만이 아니라 실제로 이해조가 『제국신문』과 『매일신문』에 입사해 기자로 활동한 사실도[51] 중요한 고려 사항이다. 그가 신문기자로 활동했다는 것은 현실 비판적 안목을 가다듬는 데 중요한 역할을 했을 것이기 때문이다. 그가 '기記'로서의 소설을 강조한 데에는 이러한 두 가지 의도가 동시에 반영된 것으로 보인다.

마지막으로, 이해조의 예인정신藝人精神이다. 이해조는 지금까지 애국계몽운동가, 언론인, 문학인 등의 다양한 역할을 행한 선각자로 평가되어 왔다. 그런데 필자가 판단하기에 이해조의 이러한 면모 중에서 가장 두드

---

50 신소설의 허구에 관한 이 같은 인식은 권보드래, 『한국현대소설의 기원』(소명출판, 2002), 224~225면 참조.
51 최원식, 앞의 책, 26~28면 참조.

러진 것은 그의 문학가적, 혹은 예인적 면모이다. 앞서 지적한 이해조의 소설관에서도 그의 장인적 안목은 두드러지지만 그가 생애의 마지막까지 매진한 것이 문학 활동이란 데서도 그의 예인적 면모는 잘 드러나고 있다. 잘 알려져 있다시피 이해조는 20여 편 가까운 신소설을 창작한 당대 최대의 다작가多作家였으며, 「자유종」에서 음탕교과 처량교과로 비판한 바 있으나 결국 우리 고전에로 회귀해 「춘향전」, 「심청전」 등을 새로 정리하여 제2의 신재효 역을 감당한 바 있으며, 작품성이 보잘 것 없다는 평을 듣긴 하지만 그의 말년기인 1925년에 이르기까지 「강명화실기」를 내놓을 정도로 문학에 매진한 것이다. 그의 가장 중요한 역할은 문학인 혹은 예인에 집중되어 있는 것을 알 수 있게 하는 대목이다.

필자가 보기에 이러한 요인들이 가장 잘 조합되어 그의 작가적 자질이 최대한으로 발휘되었을 때 이 글이 고평하는 세 편의 소설이 가능하였을 것이라 판단된다. 특히 작가가 당대의 세력가들이나 지도층에 대한 날카로운 비판의 칼날을 들이댈 때 성공적인 작품을 내놓고 있음은 유의할 대목이다. 이 세 편 모두는 당대의 부자나, 세력가들—사회 지도층의 부패와 악행에 대한 비판이 주제의식의 근간이다. 이러한 비판은 앞서 언급한 그의 기자 의식—현실의 모순에 민감하고 이를 비판적으로 구성하려 한—의 소산이다. 여기에 그의 논리적 이성과 장인 의식, 폭넓은 독서력이 조합되어 정채를 발휘했을 때 인과성과 개연성이 담보된 세 편의 수작이 나올 수 있었던 것이다.

5. 범작 양산量産의 연원

지금까지 우리는 이해조의 신소설이 상당한 사실성과 구성적 미학까지 갖춘 소설적 성취를 이룬 연원을 살펴보았다. 그러나 이해조의 나머지 신소설들은 일부의 구성적 완성도는 갖추었으나 그것이 전편에 구현되지 못한 경우가 많고, 아예 작품 전편이 우연성과 작위성으로 이루어져 통속성과 대중성에 매몰되었다는 지적을 많이 받는다. 이러한 사정은 실상 이해조뿐만 아니라 다른 신소설 작가도 마찬가지였으나, 이미 논한 바처럼 세 편의 뛰어난 성취를 보여준 이해조가 왜 그 이상의 성과는 보여주지 못했는가라는 의문을 갖게 한다.

이에 대해서는 우선 기왕에 지적된 것처럼, 당시의 상업적 출판 환경,[52] 이에 영합함에 따른 신소설 일반의 구성과 분량의 부조화[53], 일제의 국권침탈에 따라 순응주의적으로 변모한 이해조의 전락[54] 등의 이유를 참조할 수 있다. 이러한 주장은 충분한 개연성을 갖고 있는 것들인데, 그러나 최원식이 제기한 이해조의 순응주의는 다른 원천에서 찾아져야 할 필요가 있다. 최원식은 이해조의 전락이 1910년의 한일합방 이후로 이루어졌다 보고 그 분기를 설정하고 있는데 이는 수정될 필요가 있다. 그가 1910년 이후 제작되었다는 전제 아래 역사의식의 퇴보와 통속성의 강화를 읽어낸 「만월대」, 「모란병」, 「쌍옥적」 등이 각각 1910년→1908년, 1911년→1909년, 1911년→1908년으로 제작연대가 변경되어져야 함이 밝혀졌기 때문이다.[55] 그렇다면 그가 이해조의 전락 요인으로 대입한 일제에 의한 국권침탈이란 요소는 소거되어야 하고, 이해조는 그의 창작 활동 기간 내내 수작과 범작의 경계를 오갔다는 것이 정확한 평가가 된다. 이 글은 이해조가 이러한 문제를 드러낸 이유를 유교주의자인 그의 면모에

---

52 이에 대해서는 김종현, 「신소설의 상품화 전략 연구」, 『현대소설연구』, 제23호, 2004.9, 192~194면 참조.
53 한기형, 「신소설의 양식 특질」, 앞의 책, 58~74면 참조.
54 최원식, 앞의 책, 55~58면 참조.
55 권영민, 앞의 글, 159~161면 참조.

서 찾을 수 있다고 본다.

이해조는 알려진 바와 같이 인조의 셋째 왕자 인평대군의 10대 손으로 왕족 출신이다.[56] 이러한 출신 배경이 작용한 탓으로 이해조는 「자유종」에서도 양반을 무조건 폄하할 일이 아니라 인간의 도리와 사회 질서를 지키고 유지해 나가는 미덕을 평가하여 양반을 혁파하기 보다는 '전국이 다 양반'[57]되기를 권한다. 이러한 맥락에서 그는 동시에 공자교를 제창하고도 있는 것이다. 공자의 말씀이 정대한 부자, 군신, 부부, 형제, 붕우애, 일용상행하는 일과 사람이 사람 되는 도리를 다 비추이고 있기 때문이라는 것이다.[58]

이와 같은 유교주의는 그가 『기호흥학회보』에 연재한 논설문인 「윤리학」에도 잘 드러난다. 이 글에서 그가 '천天'을 유독 강조하고 있음이 주목되는 부분이다.

① 處世云者 는 社會發達의 <u>天則</u>으로 本을 作하야 吾身으로써 先導함이나……[59]

② 人智가 漸進하고 識見이 稍廣함에 及하여 비로소 自己가 何物에 屬함을 求할 새 遲之又久한 後에야 己도 <u>天然中</u>에 一物됨과 <u>天然</u>의 現狀으로 더부러 吸力과 拒力이 有하야 須臾도 可離치 못할 勢를……[60]

③ 自己와 社會의 官契는 吾人이 生함에 반드시 社會에 生存하나니 是 社會의 境遇가 實로 <u>先天</u>으로 出함이라 吾人이 社會에 對한 義務도 또한 前定이 되야……[61]

---

56 이용남, 『이해조와 그의 작품세계 – 신소설의 갈등양상 연구』(동성사, 1986), 16면.
57 『선집 5』, 213면.
58 같은 책, 196면~197면.
59 「윤리학」 제1장, 『기호흥학회 월보』 제5호, 1908.12, 315면.
60 「윤리학」 제2장, 『기호흥학회 월보』 제6호, 1909.1, 374면.
61 「윤리학」 제4장, 『기호흥학회 월보』 제8호, 1909.3, 106면. 이상, 굵은 글씨 및 밑줄은 필자.

위 인용문에 드러난 '천'과 더불어 '천품天稟', '천부天賦'란 어휘 또한 같은 논설에서 종종 사용되고 있는바 이때의 '천'은 『중용』 첫머리에 언급된 '하늘天이 부여한 것(선한 본성)을 성性이라 하며 이를 따르는 것을 도道라 하고 도를 닦는 것을 교敎라 한다'(天命之謂性 率性之謂道 修道之謂敎)라 할 때의 그 '천'이다. 이는 인간과 세계의 본질이 선성善性에 있음을 언명하는 대목으로써 유교의 근본을 이루는 명제이다. 인간의 본성이 선성에 있다고 보고 이의 근거를 '천명'에서 찾고자 하는 데서 유학은 하나의 교敎─종교로 성립 가능하게 되는 것이다. 이해조가 「자유종」에서 공자교를 제창하고 있는 것도 유교의 이러한 종지宗旨가 어지러운 시대에 사람이 되는 도리를 비추일 수 있는 것으로 생각했기 때문이었을 것이다.

그러나 유교는 이처럼 인본주의적이면서, 세계의 불가측성이나 기존의 권력에 대한 순응주의를 조장하는 측면 또한 포함하고 있다. 이것은 '천명'의 또 다른 측면인데, 하늘이 명한 바이므로 어쩔 수 없다고 하는 운명론적이며 수동적인 사고가 바로 그것이다. 이는 공자가 한 인간의 태어남과 죽음 및 평생 동안 누리는 목숨은 물론 나라의 운명까지도 '명'이라 부른 데서 잘 드러나는 사고이다.[62] 이러한 사고는 "위태한 나라에는 들어가지 말고 혼란스러운 나라에서는 살지 말라. 천하에 도가 행해지면 자신을 드러내고, 도가 행해지지 않으면 숨어라"[63]고 하는 수동적이고 순응주의적인 처세의 근본이 된다.

이해조가 수작과 범작을 불문하고 신소설 최대의 다작가가 된 것은 물론 앞장에서 언급한 것처럼 그의 장인적 기질과 이 장에서 언급한 당시의

---

62 김승혜, 『유교의 뿌리를 찾아서』(지식의 풍경, 2002), 164~165면.
63 『논어』 중 태백 13장, 김승혜, 같은 책, 161면에서 재인.

상업적 환경이 중요한 요인으로 작용했을 것이다. 그러나 그의 다작은 시세에 순응하는 유교주의자로서의 자질도 작용하였을 것으로 보인다. 당대의 독자들이 재미있는 읽을거리를 요구하고 출판 환경 또한 그러했으므로 그의 순응적 자질이 이에 부응하여 범작과 수작을 가리지 않는 다작의 양산을 가능케 한 것으로 보는 것이다. 특히 그가 일제에 국권이 넘어간 1910년 이후 2, 3년 동안 다작을 하다 그 열정을 꺾는 것은 신파소설의 득세 때문이라는 외부적 조건도 가세한 것이겠지만 자신의 내부에 있던 순응주의적 자질이 작용하여 미래의 전망이 보이지 않는 시대현실에 좌절함과 동시에 순응주의로 돌아서 버린 데 이유의 일단이 있는 것으로 추정된다.

한편 이러한 유교의 한계를 탈각하지 못한 채 공자교에 그가 머물고 있는 것은 「자유종」에서 그가 애써 보여준 민주주의적 합리성과 객관성 – 논리적 이성이 온전한 근대적 이성에 이르지는 못했음을 보여주는 사례가 된다. 그리하여 이해조는 「자유종」에서 국권회복의 주체를 백성에서 국민으로부터 구하는 '국민주의'에까지 이른 진전된 사고를 보여주고 있으나,[64] 그 국민은 국가주의적 틀에 묶인 개념에 그치고 있어 이해조가 '개인'에 기초한 근대 의식으로까지는 나아가지 못했음을 보여준다.[65] 이러한 한계는 왕족의 후손인 동시에 양반으로서 유교주의자였던 그의 세계관의 한계라 할 만한 것이다. 요컨대 그는 신분적 대립에서 계급의

---

64 최원식, 앞의 책, 54면.
65 근대는 개인의 자기동일성을 우선시하며 개인의 욕망이 집단의 그것보다 우세함을 인정하는 데서 출발하는 것이다(이안 와트, 전철민 역, 『소설의 발생』, 열린책들, 1988에서 제1장 '리얼리즘과 소설형식' 참조). 이런 측면에서 이해조의 성취를 온전한 리얼리즘이라 하지 않고 '리얼리즘적'이란 관사형을 쓴 것이다. 정도의 차이는 있으나 신소설의 작가, 아니 개화 계몽기의 모든 문필가들이 이러한 한계에 포섭된다.

대립으로 나아가는 변화의 와중-근대로의 이행기에서,[66] 왕족 출신이라는 자신의 조건을 완전히 탈피치 못하여 신분의 한계 내에 머무름으로써 근대적 전망이나 사고를 획득할 수 없었던 것이다.

이런 점을 고려하면 이해조가 여성의 개가改嫁라는 주제를 내세우거나 남녀의 결연을 내세운 소설들 대부분이 형식적 파탄을 이루는 이유를 알 수 있게 된다. 실상 그의 소설들은 이 글이 평가한 세 편을 빼면 대부분이 이런 주제나 소재를 다루고 있는데 이들 작품들은 모두 구성상에 있어 우연성을 계기로 사건이 전개되는-인과성이 결여된 구성을 드러내고 있는 것이다. 「홍도화」(1908)에서 여성 교육과 개가에 대한 새로운 의식을 대변하는 당찬 여주인공 태희가 후반에 가서 고부 갈등에 매몰됨과 동시에 구원자의 등장이라는 우연성에 의지해 행복한 결말에 이르는 것, 「탄금대」(1912)에서 주인공 만득의 여성 편력이 우연성에 의지한 숙명의 희롱에 놀아날 뿐 아니라 일부이처를 수용하는 평양집의 발언이 나오는 것 등은 이러한 한계를 보여주는 대표적 경우이다. 이것은 그의 유교주의적 의식이 무의식 속에 잠복하여 여성의 개가라는 진보적 주제를 온전히 수용할 수 없게 한 측면과 당대의 일반 대중들이 가진 봉건적 기호嗜好에 순응주의적으로 적응한 데서 그 이유의 일단을 찾을 수 있는 대표적 사례이다.

그러나 우리는 이해조가 겨우 세 편의 뛰어난 성취만 남겼다 하여 그를 폄하할 수는 없다. 어느 작가라도 수다한 작품을 고른 수준에서 생산할 수 없는 것은 자연스러운 상식이고, 근대적 의식이 미숙성한 상태에서, 또한 세 편 모두의 기법적 성취가 신문연재 소설이라는 한계를 딛고 일구어진 점

---

66 근대의 성립을 신분과 계급이라는 조건에서 정의한 것은 조동일, 『소설의 사회사 비교론 2』(지식산업사, 2001), 17~35면 참조.

에서 그가 성취한 소설미학적 완성도는 선구적인 업적으로 고평되는 데 부족함이 없다고 본다. 이광수의 「무정」이 나올 수 있었던 것은 바로 이해조와 같은 작가가 이루어 낸 미학적 성취와 수다한 범작이 거름이 되어 가능했던 것이고 신소설의 주역으로 이해조를 들어 올리는 이유는 여기에 있다.

6. 맺는말

이 글은 이해조의 신소설이 궁부 간에 많이 거론되었으면서도 정작 소설미학적 측면에서 그의 공과를 다룬 논의가 미흡하다는 문제의식에서 출발하였다. 이에 따라 이 글은 이해조가 이룬 성취 중에서도 그 중 뛰어난 「구마검」, 「산천초목」, 「화의 혈」 세 편을 소설기법적 측면에서 재평가해보았다. 그리고 그러한 성취가 가능했던 이유를 짚어 보고 아울러 이해조가 그러한 성취를 그의 전 작품에 관철시키지 못한 이유를 살펴보았다. 지금까지 논의한 바를 정리하면 다음과 같다.

위의 세 편은 구성과 인물묘사 및 설정, 사건 전개의 인과성 등의 소설미학적 측면에서 매우 뛰어나다. 구성은 복선과 인과관계를 의식한 완결성을 보여준다. 인물은 사건의 전개에 어울리게 논리적으로 등·퇴장하고 있으며 성격은 그럴만한 인물이기에 그럴만한 사건을 만들고 또 그에 휩쓸리는 논리성을 구비하고 있어 개연성을 부여해 준다. 사건은 소설 전편을 통어하는 작가의 시야에 힘입어 필연성을 담보하고 전개됨으로써 충분한 인과성과 개연성을 확보하여 근대 소설에 박두한 리얼리티를 성취해 낸다. 구성 측면의 탁월성은 신소설 평가에서 맞수를 이루는 이인직과 비교해 보아도 현저한 특장이다.

이해조의 이러한 성취는 그의 폭넓은 독서 편력, 합리적이고 객관적인 사고에 더하여 소설의 허구성을 인식한 바탕 위에 작용한 기자의식, 그의 예인 정신이 복합적으로 작용하여 일구어진 것이다.

  이해조가 이룬 상당한 사실주의적 성취가 이 세 편에 머물 수밖에 없었던 것은 상업주의적 출판환경과 그에 영합한 작가의식에 더해 유교주의를 벗어나지 못하고 전래의 가치에 함몰된 그의 태생적 한계에 기인하는 것임도 동시에 살펴보았다. 그렇다 하더라도 그가 이룬 세 편의 성취와, 한계를 드러낸 수다한 작품은 이광수로 이어지는 근대문학 형식의 진전에 결정적 밑거름이 되었다는 것이 이 글이 이른 최종적 결론이다.